Who
Speaks f
Educatio

中国教育财政研究丛书

谁为教育发声

刘明兴　主　编
冯昕瑞　副主编

社会科学文献出版社
SSAP
SOCIAL SCIENCES ACADEMIC PRESS (CHINA)

前　言

教育始终是重要的公共政策话题，1983 年至 2013 年 30 年间，众多教育政策的出台、教育政策变迁的推动，离不开人大代表和政协委员的积极参与，他们作为群众和决策层之间的纽带建言献策。习近平总书记在中国共产党第十九次全国代表大会《决胜全面建成小康社会　夺取新时代中国特色社会主义伟大胜利》的报告中指出："人民代表大会制度是坚持党的领导、人民当家作主、依法治国有机统一的根本政治制度安排"，"协商民主是实现党的领导的重要方式，是我国社会主义民主政治的特有形式和独特优势"。可见全国两会的重要地位和作用。《谁为教育发声》所分析的，正是那些处于群众和决策层之间的人们——两会代表及委员（及新闻媒体）——对于教育问题的参与。

两会议案/提案对于推动教育政策的发展起到了重要的作用。然而，是谁在关注教育的发展，并为其不断呼吁？两会议案/提案和教育政策之间呈现怎样的关联？不同身份的发声者所关注的教育议题有怎样的特点？在不同的时代和政策背景下，两会呼声又呈现怎样的特点？这些是本书关心的问题。

本书主要对六届全国人大一次会议至十二届全国人大一次会议（1983 年至 2013 年）议案和全国政协六届一次会议至十一届五次会议（1983 年至 2012 年）的提案，以及 2003 年至 2016 年上海市政协提案、新闻媒体的发声进行研究。本书收纳了 13 篇文章，对教育类两会议案/提案参与的整体特征、不同发声者的多元化呼声、不同时代和政策背景下的呼声等问题进行探讨，大致勾勒出 30 年来教育法律和政策出台过程中的两会参与特点。

人大议案和政协提案都是表达提出者诉求的正式文件，二者普遍具有相似周期，对于同一问题的议案/提案数量经常在同时段上扬或下跌。然而，议案和提案在法律约束力、提出门槛、话题内容等方面都有较大差异。旨在推动教育立法的人大议案，须由一个代表团或者30名以上的代表联名提出，议案被立案后，则要求承办机关必须办理，并向大会或其常委会报告办理情况。即使没有被审议通过，议案也会引起有关部门和社会公众的高度重视，利于问题的解决。所以，议案的题目往往是更为概括性和宏观的诉求。[①] 全国政协并不像全国人大一样具有立法功能，故而政协提案受到的约束相对较小，包括个人、个人联名、党派、小组，以及专门委员会在内，都可以提出提案。经审查立案的提案，根据其内容和有关单位的职责分工确定承办单位并送交给有关单位。政协提案的主题着眼点往往更为具体、微观和灵活，很多提案在题目中就提出了细致而明确的要求。故而，将人大议案和政协提案加以对比，能够更加充分地反映两会代表的公共政策参与的全貌。

两会议案/提案和教育政策之间呈现怎样的关联？具体观察两会议案/提案的特征，可以发现，普遍来讲，一项政策出台前，早就有相应的提案出现。例如，虽然农村义务教育免费的政策在2005年底才出台，而义务教育免费的相关政协提案早在20年前就已被提出。[②] 中央层面对于推进教育教学改革、实行素质教育的首个正式文件于1999年6月颁布，而直接呼吁推行“素质教育”的政协提案则早在1990年时便首次出现。[③] 可见，在大部分重大教育政策出台很久之前，两会中就出现了相关呼声，尽管这些历史的先声往往是零星的。

---

① 1982年通过的《全国人民代表大会组织法》确定了代表议案规则，对议案进入讨论做出限制：一个代表团或者三十名以上的代表，可以向全国人民代表大会提出属于全国人民代表大会职权范围内的议案，由主席团决定是否列入大会议程，或者先交有关的专门委员会审议、提出是否列入大会议程的意见，再决定是否列入大会议程。本书中用于研究的人大议案为一个代表团或者三十名以上的代表提出的议案，不含以人大代表个人或两人以上联名方式提出的“代表建议”。

② 1985年，陶大镛等23人提出《关于为提高全民素质，根据〈中华人民共和国宪法〉的有关规定，我国实施国民义务教育应予免费的提案》。

③ 1990年，高良润就提出了《建议采取切实措施，将基础教育由“升学教育”转到“素质教育”的轨道上来案》。

然而，关于义务教育、民办教育、高等教育财政、教育教学改革、教师待遇等教育政策制度变迁和两会提案议案的案例都表明，对于很多重大教育政策来说，临近出台前的时段，往往伴随着相关提案的高峰。例如，关于免费义务教育的提案在2000年至2005年飙升，6年间共有24件呼吁义务教育免费的政协提案（参见伍银多、刘璟《2000~2007年义务教育政策形成过程中的两会提案特点》）；2002年《民办教育促进法》出台前迎来了民办教育相关的两会呼声的明显上扬（参见王江璐《与民间办学相关的人大议案和政协提案的特点分析》）；1993年《教师法》颁布前，也出现了大量关于《教师法》的议案（参见王江璐、冯昕瑞《义务教育教师工资制度改革中教师待遇相关两会呼声变迁》）；1999年国务院出台素质教育文件前，教育教学改革的提案迅速上扬（参见冯昕瑞《全国政协提案中教学过程改革和高考招生改革呼声的一致与分化》）；2008年至2010年，形成了关于化解高校债务负担和增加对地方普通院校支持的提案的高潮，直到2010年至2012年期间，针对非重点高校的专项资金政策、“2011计划”和生均经费政策陆续出台后，才使得相关提案数量逐渐减少（参见张文玉、王江璐《高等教育财政问题在政协提案中的特点分析》）。除了全国两会议案/提案中有此规律，地方层面的政协提案也有此规律。例如，当上海市主动出台关于民办中小学、民办非学历教育机构的政策时，无论是支持性政策还是限制性政策，上海市政协提案与官方政策意图都有较多呼应（参见王江璐《上海市民间办学的政策演变与政协提案的特点分析——基于2003~2016年的数据》）。

全国人大代表和全国政协委员对推进教育政策的出台功不可没。这些在教育政策变迁过程中积极发声的代表/委员的身份背景是怎样的？不同身份的代表/委员对于重要教育问题的态度呈现怎样的特点？

更加细致地观察可以发现，30年来，对教育问题发声的两会代表/委员的发声行为，身份特征，所属领域、党派和省份等，都呈现了多元化的特征。早期（第六、第七届人大代表）提出教育类议案的代表主要为来自行政系统和事业单位的共产党员，而后逐渐演变为由多个领域的共产党员和民主党派人士、无党派人士同台建议的局面；议案也从早期由部分省份主导提出，到有更多的省份参与。1990年代中前期，在中央直属单位就职的代表主导了议案高峰年的出现，之后在地方单位就职的代表表现更为积极。出身于教育系统的代表所提出的议案占比总体上在逐渐降低，在高峰年占据的议案份额也在不断下降。在第九届全国人大前后，来自高等教育系统或教育行政系统的代表起到了主要的作用，但自第十届全国人大以后，更多的出身于基础教育系统的代表参与到了提案之中。第十、第十一届人大以来，议案代表有重新向事业单位和行政系统集中的趋势。企业单位代表占比重新上升，也是近两届人大以来的新变化（参见伍银多《全国人大教育类议案特点考察》）。

在重要教育政策出台前后的提案高峰阶段，代表的来源结构尤为多元。伍银多和刘璟在《2000～2007 年义务教育政策形成过程中的两会议案提案特点》一文中，以义务教育政策为例进行研究，发现在 2005 年义务教育经费保障新机制的出台和 2006 年《义务教育法》的修订的时段，人大和政协均出现了一波提出与义务教育相关议案/提案的明显高峰。在高峰期间，大量的来自教育系统以外的代表和委员参与到了议案/提案之中，然而在高峰年份后迅速退出了两会中的相关讨论。他们的身份更多的是共产党员（而非民主党派人士或无党派人士），且更可能是来自平时不怎么提出议案/提案的省份。

如果关注不同身份的代表/委员的发声特点，可以发现不同背景的代表/委员关注的问题有所差异。例如，对教育支出与财政收支“挂钩”的“三个增长、两个比例提高”的相关提案的分析表明，提出“挂钩”案的代表绝大多数来自教育系统。伴随着教育财政投入的“挂钩”从“各级政府教育财政拨款增长应高于财政经常性收入增长”的挂钩转变为“财政性教育投入达到国民生产总值的 4%”的挂钩，就职于中央直属单位的代表的比例的不断提高。在地方所属单位就职的代表尤其对 4% 政策缺乏兴趣（参见伍银多《全国政协教育财政挂钩提案的特点分析》）。对于中职教育的政协提案来说，在地方所属单位就职的委员的参与最为积极，占到全部相关提案的 50%。而来自东部、中部、西部的委员对于该问题的参与特征并不相同。在西部地区，无论是在地方所属单位就职的委员、在教育系统就职的委员还是各党派之间，都对中职教育的诉求有较高的地区一致性，即增加对中职的财政支持力度。然而，东部地区的委员并不存在对于中职教育诉求的共识（参见赵晓堃《中等职业教育政策议程设置中的政协提案参与研究》）。

这样的特点不仅体现在两会代表/委员对教育问题的发声上，也可以在新闻媒体对高校自主权的报道中观测到，不同属性的媒体所关注的问题呈现较强的差异性。例如，地方媒体对于招生自主权方面的关注程度越来越高；而《中国教育报》等与国家教育行政部门关系更为密切的媒体，则对于学科专业设置自主权的关注度最高。对于信息源的网络分析也表明，近年来，《中国教育报》的网络与其他群体的联系相对较小（参见于洋、冯昕瑞:《我国高校自主权的“发声”机制研究——对新闻文本的内容分析》）。

在不同的宏观背景和教育财政政策取向下，教育的发声呈现了怎样的特点？本书展示了一些重要教育议题的呼声变迁及其特点。

需要指出的是，并不是所有的中央政策的出台前后，都会伴随两会议案/提案中相应的热烈反应。对于扩大高校自主权、以法律法规的形式规定宏观教育财政公共支出政策等方面，虽然相关政策数次出台，但相关提案却寥寥无几。例如，20 世纪 80 年代中期出台一系列文件要求扩大高校的办学自主权，并在 90 年代初期形成了国家财政拨款为主、多渠道筹措教育经费的高校财政体制。但是，在政协提案中，关于要求扩大高等教育自主权以及多渠道筹资的相关提案非常有限，即使在两项政策开始推行的 1980 年代，两会相关提案分别只有 4 件和 5 件（参见张文玉、王江璐《高等教育财政问题在政协提案中的特点分析》）。在 2003 年后，高校自主招生的相关文件也陆续出台，虽然呼吁教育教学改革的提案增加，然而却鲜有政协委员直接呼吁加强高校自主招生（参见冯昕瑞《全国政协提案中教学过程改革和高考招生改革呼声的一致与分化》）。在教育财政方面，强调公共教育经费“三个增长、两个比例提高”或“占 GDP 的 4%”的“挂钩”类政策，相关提案也数量很少，在多数年份仅有 1 ~ 2 件（参见伍银多《全国政协教育财政挂钩提案的特点分析》）。

总体来说，加大教育财政投入方面的诉求在财权和管理体制上移中央时更为强烈。例如，纵观 30 年来义务教育和高等教育教师待遇相关提案，在财政责任向中央转移、教师工资标准更为集中的时期，教师待遇的呼声更为强烈（参见冯昕瑞、王江璐《义务教育与高等教育教师待遇政协提案变迁逻辑》)。可以发现，在1993年职级工资改革前，在教师工资标准向中央集权、学校不拥有灵活发放津补贴的权限时，提案中会出现更多关于增设和提高教师津补贴标准、解决高校教师年龄结构“断层”等问题的建议。在20世纪90年代中后期至21世纪初义务教育教师工资管控权限下放的时期，教师待遇相关的提案也相对较少。2001年起，中央对义务教育阶段地方教师工资的负担力度逐步增加，政协提案中关于义务教育教师待遇方面的呼声由冰点逐渐回暖。2006年后，义务教育阶段中央财政对教师工资的转移支付不断增强，并在之后进行教师绩效工资制改革，中央加大对地方津补贴政策的清理，教师工资和学校收入能力脱钩。在此背景下，政协委员对增设义务教育教师各类津补贴和待遇保障的呼声高涨。对于高等教育来说，几十年来高校的财政自主权随着时间的推移而增加，然而随着“211工程”、“985工程”在1990年代中后期的建立，纳入国家工程项目内的高校得到了更多的政府资助，相关委员也对教师待遇问题有更多发声。

近年来，对教育公平、平等权利的呼声愈发强烈，这在民办教育、高等教育、教育教学改革等领域，都有所体现。

例如，对于民办教育提案来说，20世纪80年代到90年代初期的提案主要围绕着社会集资和筹措经费、争取办学权力。在1997年《社会力量办学条例》出台后，大量出现要求出台法律和各项政策以支持民办教育的提案。2002年《民办教育促进法》出台后，人大议案呼声更多地要求给予民办教育更多“财政扶持”，以及民办和公办学校及教师的平等权利；而政协提案则以加强对民办教育管制、规范化的政策导向等内容为主，在十七大后，要求民办和公办同等权利的呼声出现（参见王江璐《从“合理回报”到“分类管理”：两会中民办教育政策制定的焦点变迁》)

高等教育财政的政协提案也有较强的“公平性”问题的呼声。90年代中后期，精英高校在“211工程”、“985工程”的支持下获得大量的财政拨款，而非重点高校则不能获得相关经费，高校两极分化趋势日益明显，2000年起，开始有愈来愈多的提案指出高等教育公平性的问题，要求增加对非重点高校投入。直到2010年前后政策陆续出台，相关提案才有所下降（参见张文玉、王江璐：《高等教育财政政策的演进逻辑（1983～2012年）——基于中央与地方关系的分析》)。

观察教育教学改革相关的提案，也可以发现近年来对于教育公平的呼声对招考改革的提案形成了微妙的影响。1990 年代末期，“素质教育”和高考改革成为国家层面的战略政策时，提案数目达到高峰。进入 21 世纪后，随着自主招生、分省命题等招生考试方面的分权化改革的推进，招考改革和课程改革方面的提案进一步走高。然而，在十七大后，非户籍人口高考、农村和中西部贫困地区考生录取率等教育公平性问题越来越多地出现在政协提案和国家政策中，课程改革相关提案依旧走高，然而招考改革开始向着“公平性”方向转变，招考改革相关提案较课程改革提案有所回落（参见冯昕瑞《全国政协提案中教学过程改革和高考招生改革呼声的一致与分化》）。

对于教师待遇相关议案来说，教师与公务员的平等权利问题也愈发凸显。人大代表在 1993 年《教师法》修订时发出教师与公务员待遇“挂钩”的呼声，并最终入法；2006 年后，部分人大代表更进一步，提出将教师列为“教育公务员”的诉求，进一步加强对教师和公务员平等权利的诉求，虽然并未写入法律中，然而却在 2018 年中共中央、国务院出台的政策中有所回应，要求“确立公办中小学教师作为国家公职人员特殊的法律地位”、“核定绩效工资总量时统筹考虑当地公务员实际收入水平”（参见王江璐、冯昕瑞：《义务教育教师工资制度改革中教师待遇相关两会呼声变迁》）。

虽然在文章中对上述教育发声的特征提供了一些解释，然而对于其背后的原因，本书的研究还较为初步，尚需进行更严谨翔实的实证。需要指出的是，本书的研究所使用的两会议案/提案的数据库包含了历年的议案/提案的标题信息、提案者的姓名、联名人数、所属省份等基本信息，而不含议案/提案中具体的内容。由于议案/提案数目众多，在进行分类统计分析时，我们所筛选的标准是标题所包含的信息，仅在条件允许下查阅了个别重要的议案/提案的全文内容。这样的方式允许我们对大量的两会发声进行梳理，然而也必然造成了一些信息的遗漏。

然而，我们希望的是，通过本书抛砖引玉，可以让读者感觉到人大和政协的呼声具有极强的多元性和前导性，在不同时代的特征下呈现令人深思的特点和规律。这些发现也许能为其他研究者加深对中国公共政策参与的理解提供一些借鉴。

目 录

全国人大教育类议案特点考察

伍银多*

人民代表大会制度是我国人民民主专政的政权组织形式和国家根本政治制度。作为立法程序的入口，代表议案是实现社会主义民主的重要途径。研究人大议案及其提出的基本特征，对于理解中国的人民代表大会制度和法律形成过程大有裨益。本文在概述全国人大议案制度沿革的基础上，选取六届一次至十二届一次（1983～2013年）全国人大会议中代表提出的教育类议案，对议案特点和代表属性特征进行简要讨论。

一　人大议案制度沿革

1954～1982年，人大实行的是代表提案制度。人大代表所提出的交付会议表决的文件被称为提案，由会议临时设立的提案审查委员会在会议期间进行审查，提出审查意见并向会议报告，最终由会议审议、表决。这一制度随着代表提案数量的不断增加而面临了一些问题。一些代表提出的提案并不属于全国人大的职权范围，大会不好通过实质性决议，只能转交有关部门处理（李伯钧，2013）。为此，1982年通过的《全国人民代表大会组织法》确定了代表议案规则，对议案进入讨论做出限制。其中规定：一个代表团或者三十名以上的代表，可以向全国人民代表大会提出属于全国人民代表大会职权范围内的议案，由主席团决定是否列入大会议程，或者

* 伍银多，管理学博士，毕业于北京大学教育学院。

先交有关的专门委员会审议、提出是否列入大会议程的意见，再决定是否列入大会议程。

代表议案规则同时确定，以人大代表个人或代表两人以上联名方式提出的对政府工作建议、批评和意见是“代表建议”。代表提出的建议、批评和意见，由全国人民代表大会常务委员会的办事机构交由有关机关、组织研究处理并负责答复。自此，人大不再使用代表提案这个说法，代表议案和代表建议有了明确区别。两者的不同在约束力、主体和内容等方面均有体现。议案凡被立案，则要求承办机关必须办理，并向大会或常委会报告办理情况。即使没有被审议通过，议案也会引起有关部门和社会公众的高度重视，利于问题的解决。而代表建议可由承办单位根据条件，区别情况，研究办理。代表建议的提出较为简便，无须30人联名。代表建议的内容也十分广泛，并不限于人大及其常委会职权范围（谭丛，2010）。1982年确定下来的代表议案制度基本沿用至今，并且写入了“八二宪法”之中。

1989年七届全国人大二次会议通过《全国人民代表大会议事规则》，对人大代表依法提出议案与建议及其办理做了更为细致明确的规定。根据议事规则，代表提出的议案还不是正式议案，在进入大会讨论之前尚需要先经主席团审议。根据审议结果，议案可能被列入人代会议程（数量极少），或者先交有关的专门委员会审议、提出是否列入会议议程的意见，再决定是否列入会议议程，也有可能被作为建议案处理，不进入大会讨论。

议案作为建议案处理、不进入讨论这种“议案转建议案”的情况在2001年之后表现得十分突出。2001～2004年，每年代表向大会提交的议案均过千件，但作为正式议案处理的不到一半。大部分因“内容不属人大职权范围，或缺乏可操作性和针对性”而被作为建议案处理。2005年5月，中共中央发出“9号文件”，转发《中共全国人大常委会党组关于进一步发挥全国人大代表作用，加强全国人大常委会制度建设的若干意见》，要求完善有关工作制度，提高代表议案与代表建议的提出和处理的质量。包括从制度上明确代表议案的基本要求和范围，规范代表提出议案的程序，改进对代表议案的处理工作，明确代表提出建议的范围和程序，认真负责地处理代表提出的建议等。

全国人大常委会办公厅配套出台 5 个相关工作文件，包括全国人大代表议案与代表建议的“两个处理办法”，从工作层面上提出了落实中央“9 号文件”的具体措施和办法。其中明确要求：国务院行政管理职权范围内的事项，应由地方各级人民代表大会和地方各级人民政府处理的地方性事务，人民法院和人民检察院审判权、检察权范围内的事项，政党、社会团体、企业事业组织和个人的事务，以及其他不属于全国人民代表大会及其常务委员会职权范围内的事项，都不应当作为代表议案提出。此外，配套文件还规定了提请审议内容、说明（缘由、目的、意义、形成过程等）和要求等固定格式，对于法律案还要求同时提出法律草案文本及其说明和必要的相关资料。

据此，全国人大将议案的确认工作前移，对代表提出议案做出了严格规范。议案的数量甚至内容都面临一定的约束，代表议案不再在交付专委会审议后转作代表建议处理。这一政策导致人大议案数量规模迅速下降。地方各级人大及其常委会也参照中央 9 号文件的要求和全国人大常委会的做法，在代表议案与代表建议工作的制度化、规范化方面，提出了具体的要求。2010 年《中华人民共和国全国人民代表大会和地方各级人民代表大会代表法》（简称《人大代表法》）做了修改，把“9 号文件”的一些规定，包括有关代表议案与代表建议工作的内容，上升为法律，将这一制度更加具体明确地确定了下来。

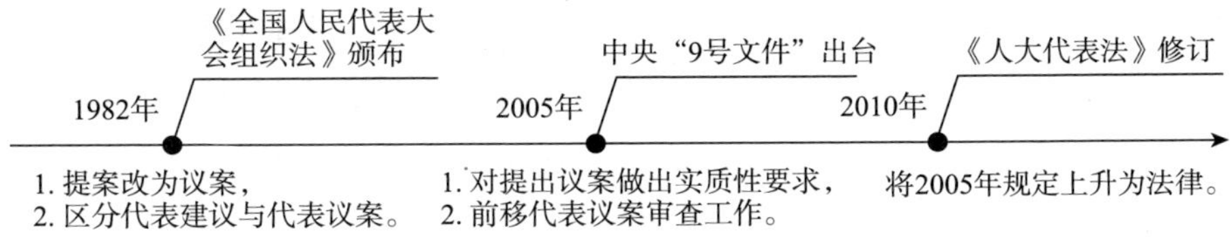

图 1　全国人大代表议案制度变动的重要时间节点

总体而言，从 1954 年第一届全国人民代表大会召开迄今，代表工作的制度化、规范化和程序化不断加强，议案提出主体从代表个人演变为代表团或者 30 人以上的代表联名，代表议案的内容从广泛的立法建议、批评意见逐渐明确为符合人大职权范围、具备可操作性和工作性的议题。代表议案与代表建议制度在实践中的不断演进，一方面，加强了议案文本的规范性、针对性和适用性，促使了议案质量的不断上升；另一方面，要求议案经过代表所在代表团的全体会议审议讨论通过和将大会审查前移，有利于将代表议案行为引导到全国人大的工作规划之中。

二　议案数量的整体变化

本文以教育类议案为例，对议案及其提出的特点进行分析。所选取的议案为六届一次至十二届一次（1983～2013年）全国人大代表提出的正式教育类议案。所谓“正式”议案，是指由全国人大常委会公布的、交付各专门委员会审议的议案。[①] 一般来说，代表议案由专门委员会审议就意味着能够得到人大的审议和答复，而能够直接进入大会讨论的议案很少。按规定，人大代表有权监督自己或他人的提案及时被专委会讨论，改变提案讨论顺序须由专委会全体成员多数同意。因此，本文将全国人大交付专门委员会审议的议案界定为正式议案。

本文涉及的人大教育类议案，包括但不限于提交给教科文卫委员会审议的议案[②]，共计526件，其中由代表团（非30名及以上代表联名）提出的议案有8件[③]。历年来议案数量波动十分明显。图2展示了1983年至2013年全国人大所有议案数量、交付专门委员会审议的议案数量，以及其中教育类议案数量的变化。自1982年通过《全国人民代表大会组织法》确定了通行至今的代表议案规则以来，代表们提交的所有议案、交付专门委员会审议的议案，和教育类议案的绝对数量都大致呈现不断增长的趋势，分别在2004年、2005年和2006年达到最高峰；此后绝对数量均迅速下降。

① 数据来源于1983～2013年全国人大关于代表提出议案处理意见的报告，及全国人大各专门委员会关于人大会议主席团交付审议的代表提出的议案审议结果的报告。

② 教育问题议案主要由教科文卫委员会负责；但除了教科文卫委员会审议的议案外，其他专委会审议的议案如涉及教育问题，也纳入研究。

③ 实际上在这30年中，由代表团提出的议案共有9件，其中2001年安徽省向全国人大提交的《关于制定“义务教育投入法”的议案》，实际上是安徽省人大代表胡平平（时任安徽省教育厅副厅长）提出的，改为由安徽省代表团提出是为了获得“一号提案”的荣誉。本研究仍然将该件议案视为由胡平平牵头提出（武侠，2002）。

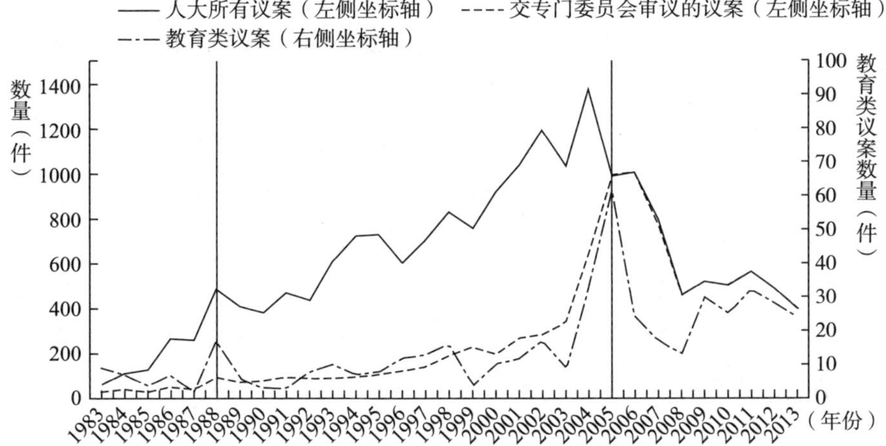

图 2　1983～2013 年全国人大历年议案数量和交付专门委员会审议的议案数量

议案数量在 2005 年前后的波动深刻反映出了全国人大有关代表议案与代表建议制度上的变化。如前所述，在 2005 年“9 号文件”出台之后，全国人大正式议案数量仅为 991 件，并且全部为法律案，“质量有明显提高”。[①] 教育类议案数量在 2005 年尚未受到影响，但是在此之后，短短三年内议案数量从 2005 年的 65 件跌落至 16 件。2005 年之后，基本上所有议案都交由专门委员会审议（2007 年，有 26 件议案交给国务院下属各部门处理）。因此，专门委员会审议的议案与教育类议案数量在 2005 年前后发生了十分突出的变化。

30 年中，教育类议案数量的最突出高峰分别出现在 1988 年、1998 年和 2005 年，除了 2005 年的高峰一定程度上是由于中央“9 号文件”的出台以外，前两个高峰的出现都伴随着关键的政治时间节点。据此，将研究覆盖的 31 年分割成为 80 年代、90 年代、2005 年之前和 2005 年之后四个时间段。分别来看，在 1980 年代里，教育类议案数量不多，多数年份里不足 10 件，并且整体上呈下降趋势，直至 1988 年出现了一波提出议案的高潮，高潮过后再次沉寂。1990 年代初期里教育类议案数量一度走低到不足 10 件，之后缓慢上升；这一时期议案数量总体比较平稳，在 1993 年和

① 详见《关于第十届全国人民代表大会第三次会议代表提出议案处理意见的报告》，2005 年 3 月 12 日第十届全国人民代表大会第三次会议主席团第四次会议通过。

1998 年议案数量较多。1998 年之后，议案数量再次陡降；进入 21 世纪后，议案数量有了突飞猛进的增长，特别是从 2003 年到 2005 年，议案数量增长了数倍。2005 年之后，在中央“9 号文件”出台之后，议案数量大大减少，在短短 3 年里跌落至 16 件。从 2009 年开始，议案数量再次缓慢增加。

这个描述结果展示出，教育类议案数量的增减波动与政治周期有比较明显的呼应态势；相较于所有类型议案和所有交付专门委员会审议的议案，教育类议案的这一特征表现得尤为明显。高峰年份的议案数量曲线更为陡峭和尖锐，高峰的出现很多时候并无前期缓慢增长的铺垫，并且在每一次高峰出现之后，议案数量往往会有一个比较明显的快速衰减。议案数量在关键年份的突然变化，暗示着代表在这些年份采取了一致行动。

三　提案代表情况

研究者就 526 件教育类议案提出代表的个人属性进行了手动编码，获得了包括性别、民族、政治面貌（党派和党派职务）、职务类型、职务层级、当期和前期的教育系统工作经历在内的个人属性数据，并以此为基础分析教育类议案提出代表的属性特征。[①] 为了方便，一般按届次进行讨论。由于第十二届全国人大会议在 2013 年召开，数据中仅有第十二届一次会议的信息，为避免样本量过小带来的偏差，将 2013 年合并到第十一届中进行分析。

总体上，全国人大提出教育类议案的代表，在身份上表现出了日益复杂的特征，代表的来源更加多元。在不同时期里，占据优势地位的代表身份特征各有不同，不同职务类型的代表进出与代表政治面貌比例构成相关

---

① “中国人大网”（www. npc. gov. cn）公布的历届全国人民代表大会代表名单提供了代表的姓名、性别和民族三项资料。代表身份的其他信息编码操作参考政治精英的一般量化研究方法（寇艾伦，2014）。由于两会代表一般都具有比较显著的政府或社会精英身份，因此大部分代表的个人身份信息都可以从网络途径获得。研究者尽可能地补充了代表个人身份的关键变量。根据公开渠道可获得的代表信息，得到了包括性别、民族、政治面貌（党派和党派职务）、职务类型、职务层级、当期和前期的教育系统工作经历在内的个人政治身份和职业身份的属性数据。其中未能获取到信息的有 4 名代表，他们共提出 9 件议案。

密切。大多数高峰年来临之前，中央的代表[①]会积极发声，但是在高峰当年则一般表现平平。具有教育系统工作经历的代表中，地方代表的参与在整个时间跨度上有先缩后张的趋势，近些年来尤为显得活跃。以下具体说明。

从政治面貌来看（见图3），共产党员和民主党派的代表所占比例呈现出此消彼长的态势。在早年，二者波动比较大。大多数时期，共产党员的比例在40%以上，1988～1993年（第七届）是共产党员比例最低的一届，2000年是共产党员比例的最高峰，之后便持续下降，直到最近两年才有所回升。代表中民主党派的情况与此相反，第七届的低潮过后，21世纪开始的十年里民主党派人士非常活跃。无党派人士的比例一直很低，2004年以来有逐渐增加的迹象。

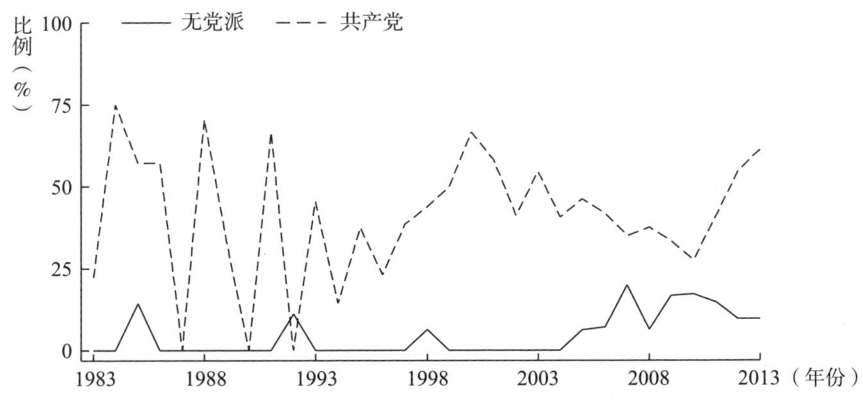

图3　全国人大历年教育类议案提出代表所属党派比例

工作单位属性（以下用“职务类型”代指）方面，来自事业单位（图表中简称“事业”）和社会团体（图表中简称“社团”）的代表占据了优势地位，在几乎所有的时期里都是比例最高的两个群体。事业单位代表在1993年、2006年前后表现得格外突出；社会团体代表比例波动较大，他们提出教育类议案集中于1993年至2000年（第八、第九届）这段时

① 中央地方两级的划分依据代表工作单位级别来确定：凡是工作单位属于中央党政机关、中央事业单位、中央金融机构、部属院校及其附属学校、中央企业及其附属单位（包括下属企业、学校）、国家级行业协会和社会团体，以及军队系统，定义为中央层级。不属于以上的为地方层级。由于代表可能身兼多职，因此存在代表同时在中央和地方交叉任职的情况。

期。其他四种职务类型的代表所占比例总体上都不高，基本维持在 20% 以下（图 4）。

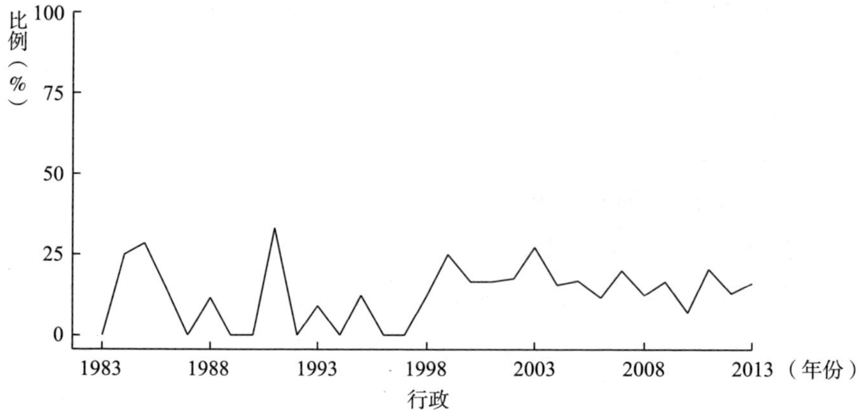

行政

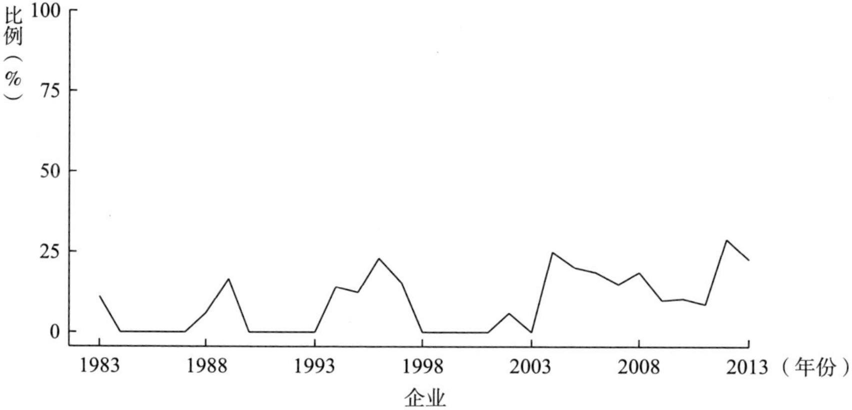

企业

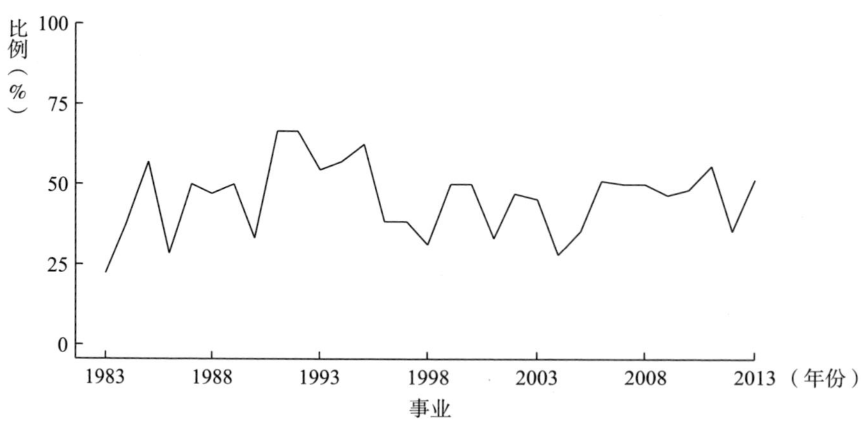

事业

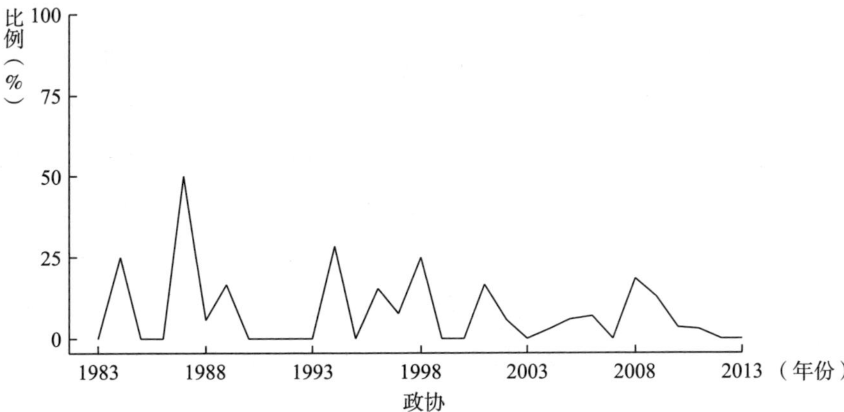

政协

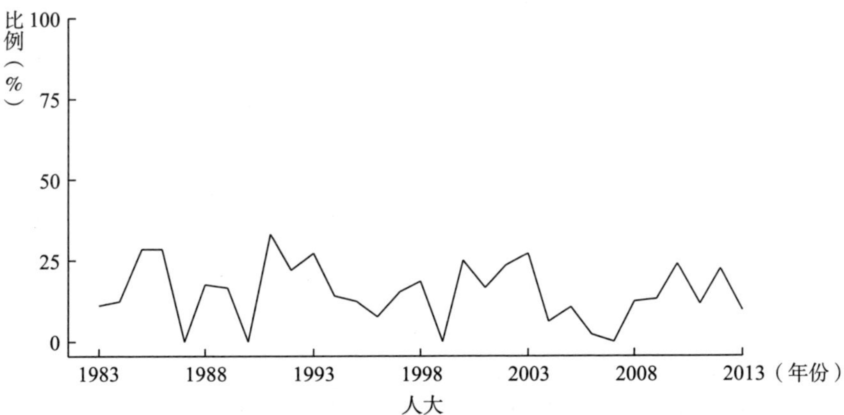

人大

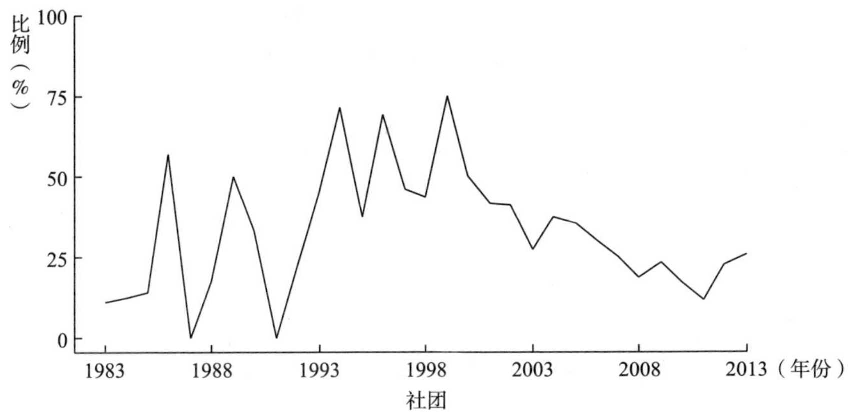

社团

图 4　全国人大历年教育类议案提出代表职务类型比例

以全国人大届次为序，将议案代表的政治面貌和职务类型结合起来分析：从第六届到第八届，是共产党员代表比例降低、民主党派人士比例快速增长的时期，与此同时伴随着来自社会团体、企业单位（图表中简称“企业”）的代表的比例的不断增加，而行政系统（图表中简称“行政”）出现了较为明显的衰落；特别是在第八届，社团、企业的代表比例达到了峰值，行政的代表比例跌至谷底，这直接导致共产党员代表比例的下滑。到了第九届，行政系统代表比例有所增加，企业和社团代表的比例有了明显下降，因而第九届是共产党员比例再次上升的时期。

从第九届到第十届，作为民主党派人士主要来源之一的社会团体代表的比例在持续下降，但是民主党派人士代表的比例基本上保持了稳定。其中大量来自事业系统的民主党派人士的非常活跃的表现，在一定程度上为民主党派的占比提供了补充。共产党员的比例在这一时期里持续下降，这主要源于行政系统代表和事业单位的代表比例的小幅下滑，而行政系统代表中共产党员为绝大多数。

从代表工作单位的中央－地方层级划分来看，地方代表无疑是提出议案的主体。不考虑中央地方交叉任职（即在中央层级和地方层级都有职务）的情况，在早年，中央代表和地方代表占比波动较为明显，从1990年代中叶起，两级代表比例大致稳定了下来。在三次议案提出高峰（1988年、1998年和2005年）中，除了1988年是中央代表表现得格外突出的年份外，其他议案高峰年份里来自地方的代表比例都要更高（见图5）。此外，交叉任职的情况并不普遍，这种类型的代表占比基本稳定在10%～20%。

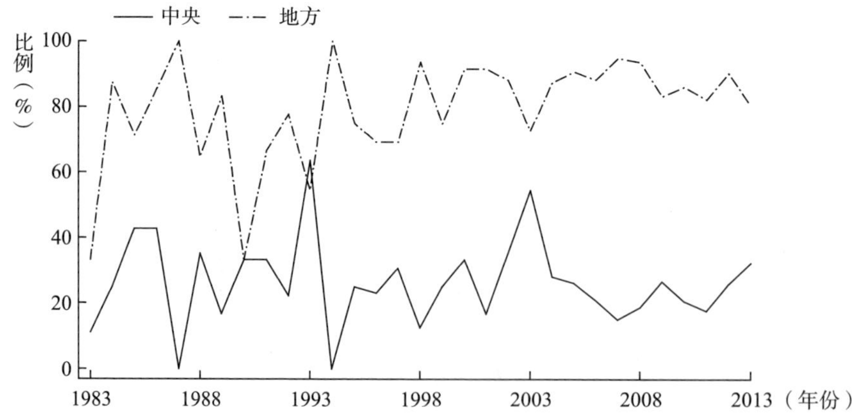

图5　全国人大历年教育类议案提出代表在中央和地方单位任职比例

与教育系统相关的代表提出的议案的占比波动十分明显，近年来出现了下降的趋势（见图6）。围绕议案高峰年份来看，这类代表在高峰年提出的议案占所有教育类议案的比例也在不断降低：1988年，几乎所有议案的提出代表都与教育系统相关，之后比例越来越低。另外，“广义”上与教育系统相关和“狭义”上与教育系统相关的这两类代表的议案占比的差距可以反映出基础教育系统代表的参与程度，差距越小，说明基础教育的代表参与得更少。在1998年前后，能够十分明显地观察到二者差距有先缩小再扩大的趋势，这意味着在这段时期里，来自基础教育系统的代表参与程度较低，代表更多的是来自高等教育或者教育行政系统。从2008年（第十届）之后，两条曲线愈显背离，越来越多的基础教育系统代表参与到了提案中来。

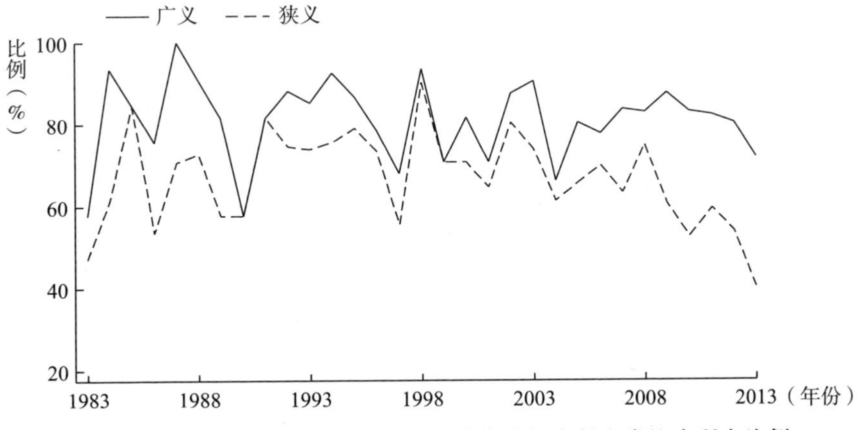

图6　全国人大历年与教育系统有关的代表提出教育类议案所占比例

四　议案数量与政策变动

我们选取1983年以后颁布的几部主要教育类法律，结合全国人大的议案数据来对此分析，考察法律起草颁布时间节点上有关议案的提出情况。这些法律包括《义务教育法》、《教师法》、《职业教育法》、《民办教育促进法》、《高等教育法》，基本涵盖了研究所涉及的时间跨度。同时，我们还将未能设立的“教育投入（投资）法”和“义务教育投入法”，以及相关的立法规划也纳入分析。

图 7 以全国人大教育类议案为例，统计了相关法律颁布、修改时间节点的前后五年里，不同主题的议案出现数量的变化。图 7 中反映出，在法律颁布、修订的前后，议案数量会有比较明显的波动。

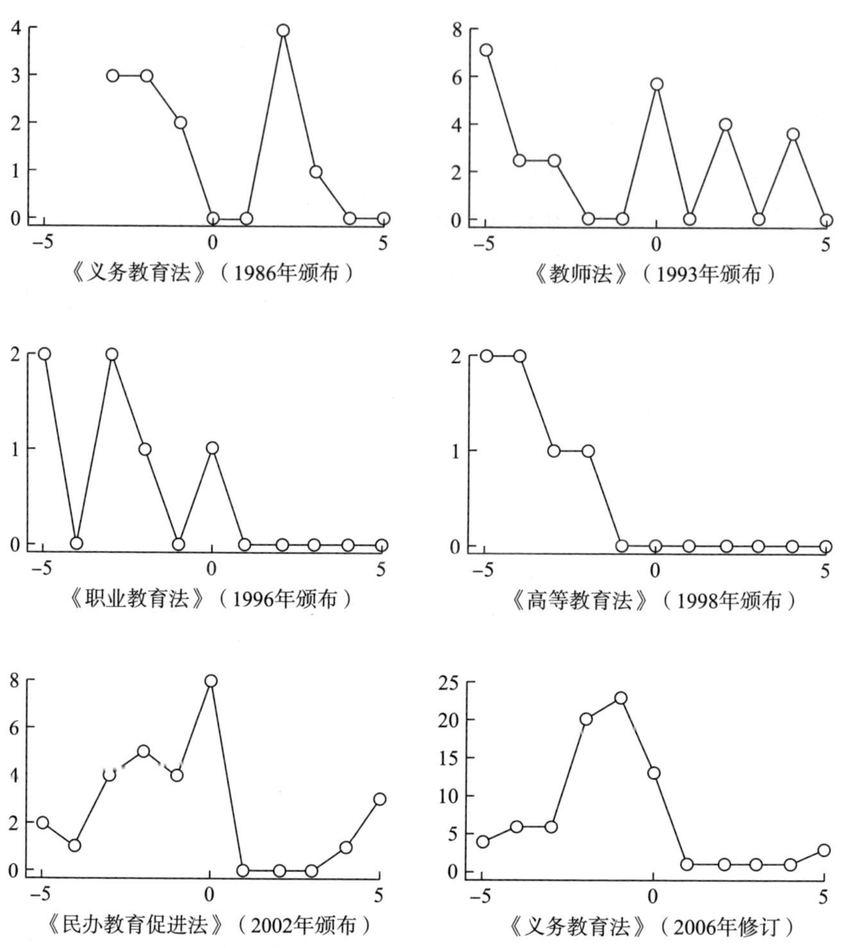

图 7　人大各类教育类议案在所涉及立法颁布/修订时间节点前后数量

《义务教育法》于 1986 年颁布，之后此类议案数量就基本呈现下降趋势下降。1992 年，有多个省份的代表均提出“要求帮助贫困地区发展义务教育”的议案，其时伴随着中央科技教育兴农战略的提出（中央教育科学研究所，1984）。2000 年后，随着对农村义务教育经费保障问题的关注和 2006 年义务教育法（修订）的临近，代表的义务教育有关议案又形成了一个高潮，在 2003 年甚至达到了接近所有教育类议案 70% 的比例。图 7 中，在1986年和2006年之前，此类议案数量都有比较显著的增长。

《教师法》于1993年出台，在出台之前同样形成了代表议案的热潮，并于1986年达到了最高峰。此后1990年代里，基本没有出现和教师法相关的议案（个别与“教师”相关的议案，主要是围绕教师待遇问题展开）。直到2004年后，才又开始有代表提出修改《教师法》，但是总体上比例都并不高。

《职业教育法》于1996年颁布，在1990年代初关于职业教育的议案形成了一个高潮；之后相关议案都较少出现，直到近几年，代表们才再次对该问题给予关注。1998年出台的《高等教育法》、2002年出台的《民办教育促进法》的情况都与此类似，在出台前有大量有关议案涌现，法律制定之后热度都很快降了下来。

从1980年代、1990年代、2005年之前，以及2005年之后四个时间段来看，在早期代表们比较关心整体教育的问题，但随着教育的部门立法的推进，对教育总体的关注热度在不断下降。1980年代里，议案关注的重点依次是教育总体问题、义务教育和教师问题；在1990年代，议案关注的重点首先还是教育总体，其次是民办教育促进法制定、义务教育问题和教师法的制订；2005年以前，代表重点提出修订义务教育法和修订教育法的议案；在2005年以后，代表们关注的重点转向了职业教育和学前教育。

前述法律出台时点的议案数量变化，反映出代表对于教育立法动向的敏锐把握；议案数量的变化会早于政策变动，并且表现得颇为敏感。有关教育投入的议案尤其能体现出这一特点。在2000年以前，全国人大曾经出现过大量围绕“教育投入（投资）法”和“义务教育投入法”话题，要求立法对政府财政教育投入给予保障的议案，形成过有关经费投入的议案的高潮。但是在2001年教科文卫委员会明确指出“现阶段暂不考虑另行制定教育投入方面的法律”[①] 后，代表就不再提出这类明确要求教育投入立法的议案[②]。

---

① 见于，全国人大教育科学文化卫生委员会关于第九届全国人大第四次会议主席团交付审议的代表提出的议案审议结果的报告（2001年10月27日第九届全国人民代表大会常务委员会第二十四次会议通过）。

② 2002年以后又出现过大量关于教育经费投入的议案，但主要是针对农村义务教育经费保障的议题。

国家教育财政政策的宏观指导也与教育类议案的提出呈现出密切的联系。中央纲领性文件的颁布和实施都会影响到教育立法以及有关的教育类议案的提出。早在1984年10月，时任教育部副部长张承先在全国人大教育科学文化卫生委员召开的教育立法座谈会上，做了《为保障教育事业的改革和发展，教育要立法》的讲话，其中对于教育基本法、义务教育法、教育经费法和教师法等立法规划做了阐述，并且对这些需要制定的教育法律的内容提出了具体建议。除了教育经费法以外，其他法律在此后的十年里基本都被制定颁布。

1985年，作为80年代中央关于教育最重要的文件《中共中央关于教育体制改革的决定》出台，这项文件直接影响到了80年代教育立法的格局。其中明确指出，由全国人大制定九年制义务教育法，同时还提出了义务教育分级管理、教育经费的“两个增长”等内容，这些原则都被直接写入到1986年出台的《义务教育法》之中。

90年代里，《中国教育改革和发展纲要》（1993年发布，以下简称《纲要》）是指导90年代至21世纪初我国教育改革和发展的纲领性文件，其中对于多类教育发展都做了规划。譬如针对教师待遇的问题，《纲要》指出，要“改革教育系统工资制度，提高教师工资待遇，逐步使教师的工资水平与全民所有制企业同类人员大体持平”，据此国家教委会同国务院法制局对“教师法”草案进行修改，并经国务院常务会议通过，正式提交当年人大常委会会议审议，同期关于教师法的议案出现了热潮。

2000年以后，最重要的教育文件就是《国务院关于基础教育改革与发展的决定》（2001年），提出要“完善管理体制，保障经费投入，推进农村义务教育持续健康发展”。围绕此项文件精神，中央着手推动农村义务教育经费保障机制改革，进而促使了《义务教育法》的修订和大量有关义务教育的议案出现。

概而言之，在教育立法酝酿出台之前，会出现代表提起相关议案的高潮。随后有关问题的讨论就会沉寂一段时期；法律出台若干年后，根据实际情况有需要修订时，可能会再次形成议案的高潮。中央关于具体法律的表态和立法规划对于议案提出的影响也显得十分重要。

五 提案大户省市的情况

按照《人民代表大会组织法》的规定，全国人大共有35个代表团，包括34个省区市代表团以及解放军代表团。我们重点关注不同地区提出议案的情况，特别是某些省份集中提出议案的情况。为了度量各个省份提出议案的集中度，研究者计算了不同年份里不同省份（代表团）提出议案的赫芬达尔—赫希曼指数（Herfindahl-Hirschman Index，简称HHI或HHI指数）①，作为衡量比较的指标。HHI越高，表明提案越集中在少数代表团，反之提案就越分散②。

这30年里，HHI指数只在1987年、1990年、1994年和1999年出现了较为明显的高峰，其他年份里HHI都在0.2以下。这意味着在这四个年份里，某些代表团是议案提出的主体。但是值得注意的是，这几个年份都不是议案提出的高峰年；恰恰相反，在1988年反而有一个议案提出的高峰。此外，研究者进一步计算了代表在地方任职情况下的各省份代表团提案份额的HHI指数，发现地方层级代表议案的省份HHI与全样本HHI曲线基本吻合。这意味着：一方面，较多的省份是集中在议案高峰年才提出议案，其他时期里较为沉寂；另一方面，HHI指数总体上不断走低，表明有越来越多的省份代表团参与到了提案中，不同省份代表团提出议案的数量日渐均匀（见图8）。

对于那些提出议案数量格外多的“提案大户”，我们重点讨论提出议案的情况。界定的标准是：计算出每一届中代表团提出议案总数的均值（第十二届一次会议的数据合并进第十一届），对在任意一届中提案总数超过当届均值1个标准差的代表团，标识为提案大户。统计这样的大户共有

---

① 赫芬达尔—赫希曼指数，是一种测量产业集中度的综合指数。它是指一个行业中各市场竞争主体所占行业总收入或总资产百分比的平方和，用来计量市场份额的变化，即市场中厂商规模的离散度。赫芬达尔—赫希曼指数是产业市场集中度测量指标中较好的一个，是经济学界和政府管制部门使用较多的指标。

② 需要指出的是，当系统中个体数目有限时，HHI指数受个体数目影响较大。在80年代，全国人大教育类议案数量较少，平摊到各个省份就更少；各省份议案数量的占比随年份变化较大，因此计算出的HHI指数在这一时期里波动十分剧烈。

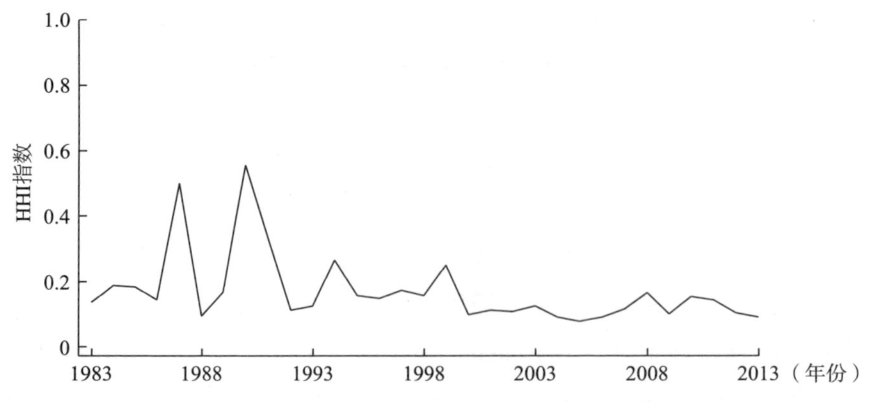

图 8　历年各省份（代表团）提出教育类议案的 HHI 指数

11 个，它们在所有时期里总共提出了 322 件议案，占到了总议案数量的 60% 以上。

表 1　历届提案大户提出的议案数量

单位：件

省份	六届	七届	八届	九届	十届	十一届	合计
安徽	1	2	9	10	13	18	53
福建	1	1	6	2	5	10	25
河南	1	5	1	3	3	6	19
江西	0	3	0	4	4	0	11
解放军	1	3	0	0	1	1	6
山东	4	1	1	2	18	32	58
陕西	1	2	6	7	7	1	24
上海	2	2	2	2	16	5	29
天津	0	2	5	6	5	3	21
浙江	5	2	0	3	22	20	52
重庆	0	0	0	1	15	8	24
总计	16	23	30	40	109	104	322
占比	48.5%	60.5%	57.7%	65.6%	63.7%	60.8%	61.2%

注：该表统计了这些提案大户在所有届次里提出的议案数量，如果某个大户在某届提出议案超过当期均值一个标准差，那么用灰底区分出来。

从第六届到第十届，大户提案数占比从不足 30% 起伏上升，在第十届的时候达到了最高，接近所有议案数量的一半。之后出现下滑。我们分析了大户省市提出议案的代表的所属党派。发现在大户代表中，共产党员和民主党派人士比例变化与全样本的情况在波动方向上基本是一致的，但是大户省份中民主党派人士的比例相对非大户省份来说要更高一些（图9）。

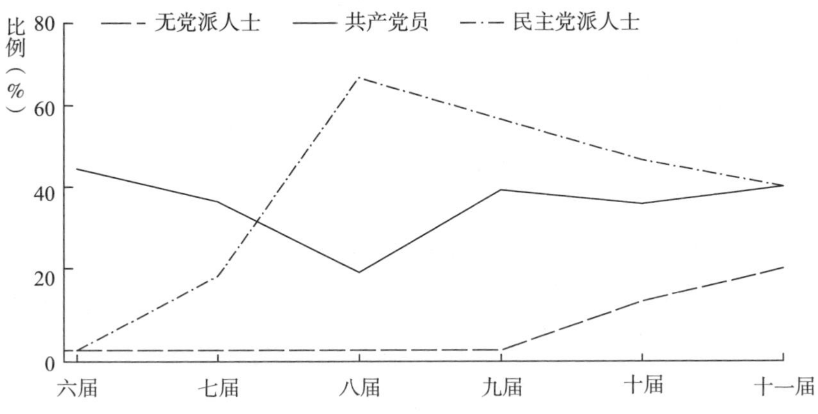

图9　全国人大历届大户省市代表所属党派比例

从职务类型占比上来看，大户省份代表在一些职务类型上表现出了与全样本代表职务类型不同的特点。来自事业单位的大户省份代表，在第七届的时候比例有大幅的降低，而同期是全样本中事业单位代表提出议案的高峰年。来自企业单位的大户省份代表占比，自第八届出现以来就不断走低，这也与全样本特征不同。来自行政系统的大户省份代表，从第十届才有明显增加，并且在第十二届没有出现，这与全样本中来自企业单位的代表占比在近年来不断上升也差异明显。大户省份中来自社团的代表在第六届到第七届有明显的衰落，与全样本中社团代表占比波动方向相异。除此之外，大户省份代表没有表现出其他特征（见表2）。

表2　全国人大历届提案大户代表职务类型的数量和占比

		第六届	第七届	第八届	第九届	第十届	第十一届
行政	数量（件）	2	1	1	1	9	6
	比例（%）	22.22	9.09	4.76	4.35	10.71	8.57
企业	数量（件）	0	0	6	0	20	12
	比例（%）	0.00	0.00	28.57	0.00	23.81	17.14
事业	数量（件）	4	1	7	8	32	43
	比例（%）	44.44	9.09	33.33	34.78	38.10	61.43

续表

		第六届	第七届	第八届	第九届	第十届	第十一届
政协	数量（件）	2	1	4	4	5	2
	比例（%）	22.22	9.09	19.05	17.39	5.95	2.86
人大	数量（件）	3	0	2	6	5	8
	比例（%）	33.33	0.00	9.52	26.09	5.95	11.43
社团	数量（件）	2	1	15	13	27	4
	比例（%）	22.22	9.09	71.43	56.52	32.14	5.71

从第八届和第十届这两个高峰期的表现来看，大户省份代表身份没有统一识别特征。在第八届，民主党派人士是大户省份提案比例上升的主要增长来源，安徽、福建都是当时民主党派人士为主的省份，议案代表的职务类型集中于社会团体，议案关注的议题比较单一；同期另一个提案大户陕西省则以共产党员代表居多，主要来自企业和事业单位，议题相对来说更加驳杂。到了第十届，大户代表的身份就更为复杂。当期安徽、山东、浙江是提案大户。安徽省在这一时期代表不再是集中来自民主党派，共产党员和民主党派人士平分秋色，职务类型也十分分散。浙江省是共产党员企业家的集中地区。山东省代表中民主党派人士占了多半，大多数代表来自事业单位。这一时期大户代表们提出的议案内容都十分分散。

六　小结

在回顾我国人大议案制度沿革的基础上，本研究利用 1983 年至 2013 年全国人大教育类议案数据，对议案数量、内容、议案代表个人属性特征进行了时间序列分析和省份间比较。根据以上描述分析，可以归纳得到以下结论。

第一，人大议案制度历次改革，都对议案进入大会或者专门委员会讨论进行了规范。1982 年的人大议事规则改革以人数限制提高了代表议案进入大会讨论的门槛，并且提供了议案转为建议的分流渠道；2005 年中央“9 号文件”和配套的议案制度改革，进一步从形式和内容上加强了议案规范。后者更是扭转了 1983 年以来代表议案数目不断增长的趋势。

第二，教育类议案数量呈现出与政策周期相关联的波动。1988 年、1998 年、2005 年是主要的议案提出高峰年份。中央关于教育立法的表态，有关教育发展的纲领性规划与议案数量增减密切相关。纲领性文件出台前后，往往有与此相关的议案大量出现；国家对于教育立法的消极回应，会降低有关立法议案的提出频率。同时，代表对直接关系经费投入的议案给予了更多关注。

第三，从 1983 年至今，人大代表的来源结构愈显复杂。从早期主要由来自行政系统和事业单位的共产党员代表提出议案的情况，逐渐演变为出身于多个领域的共产党员和民主党派人士、无党派人士同台建言献策的格局；从部分省份主导议案的提出，到有更多的省份参与。人大代表履行职责的热潮不断涌现，代表所属领域、党派和省份都呈现出了多元化的特征。

第四，90 年代中叶以前，中央代表主导了议案高峰年的出现，之后地方代表表现要更为积极。出身于教育系统的代表所提出的议案占比总体上在逐渐降低，在高峰年占据的议案份额也在不断下降。在第九届前后，来自高等教育系统或教育行政系统的代表起到了主要的作用，但自第十届以后，更多的出身于基础教育系统相关的代表参与到了提案之中。

第五，在早期（第六、七届全国人大），来自事业单位和行政系统的共产党员代表是教育类议案的主要来源。第八、九届全国人大时期，民主党派人士的教育类议案比例上升，来自社会团体、企业单位的代表是其主要增长点；之后议案代表的身份愈显多元化，促成了历史上议案数量的最高峰。第十一、十二届全国人大以后，议案代表有重新向事业单位和行政系统集中的趋势。企业单位代表占比重新上升，也是第十一、十二届全国人大的新变化。

第六，提出议案较多的省份并非议案高峰的主要来源，有较多的省份集中在议案高峰年提出议案，其他时期里较为沉寂。大户省份占据的份额总体上在降低，越来越多的省份参与到了提案中，不同省份提案份额日渐均匀。大户省份的代表身份在政治面貌上与全样本接近，民主党派人士比例偏高；在职务类型上与全样本有较为明显的差异，但是不同省份差异较大，没有统一的识别特征。

参考文献

寇艾伦，2014，《当代中国政治研究》，中国社会科学出版社。

李伯钧，2013，《代表工作制度化规范化程序化的最大体现——全国人大代表议案、建议制度建立 30 周年》，中国人大网，http://www.npc.gov.cn/npc/zgrdzz/2013-06/26/content_1798443.htm，2013 年 6 月 26 日。

谭丛，2010，《关于人大代表议案，建议提出和处理的有关问题》，《云南人大》第 11 期。

武侠，2002，《教育，永远的“一号议案”》，http://www.people.com.cn/GB/shizheng/7501/7555/20020304/678410.html，2002 年 3 月 4 日。

中央教育科学研究所编，1984，《中华人民共和国教育大事记：1949-1982》，教育科学出版社。

2000～2007 年义务教育政策形成过程中的两会议案提案特点

伍银多[*]　刘　璟[**]

自 2001 年《国务院关于基础教育改革与发展的决定》颁布起，至 2006 年《义务教育法》修订案通过，这段时期内，义务教育公共政策的制订形成了一个高潮。《进一步推进义务教育均衡发展的若干意见》、《关于深化农村义务教育经费保障机制改革的通知》等一系列重要政策文件相继出台，在明确政府责任、创新教育财政体制方面均有所突破，进一步强化了义务教育运行的财政保障。2006 年修订的《义务教育法》，将“新机制”的若干原则，特别是关于中央地方政府投入责任的规定，以立法形式确立了下来。2000 年之后的这段时期在我国义务教育政策变迁史上具有十分深远的意义。

本文基于全国人大和全国政协涉及义务教育问题的相关议案、提案，对这一时期内义务教育政策形成中的两会议案提案的特点进行分析，描述两会相关议案提案的数量增减、议案提案人特征的重要变化，比较两会代表参与的典型特征，同时结合政协提案对代表发声的具体内容加以讨论，以丰富我们对 2000 年至 2007 年间义务教育政策形成过程的基本特点的认识。

---

* 伍银多，管理学博士，毕业于北京大学教育学院。

** 刘璟，哲学博士，教育经济学专业，毕业于斯坦福大学。硕士毕业于北京大学中国教育财政科学研究所。现为布朗大学安南贝格学院博士后。

一　全国人大义务教育议案的基本情况

2000 年至 2007 年，全国人大提交各个专门委员会审议的有关义务教育的议案共有 77 件，其中有 64 件被提交到教科文卫专门委员会。2005 年以前，议案数量整体处于不断上升的趋势。但是在 2003 年以前，议案数量比较稳定，每年大约只有 5 件与义务教育有关的议案出现。此后至 2005 年，义务教育议案数量出现了快速增长，从 6 件迅速攀升至 23 件，达到有史以来的最高峰（实际上，在过去 30 年中绝大多数时期内，每年义务教育类议案都没有超过 5 件）。2005 年之后议案数量快速下降，到 2007 年就只有 1 件，此后义务教育类议案的数量基本就维持在每年 3 件以下的水平。

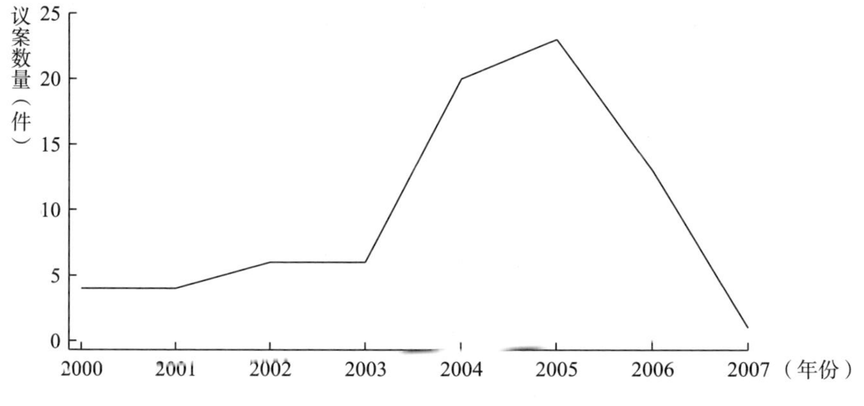

图 1　全国人大 2000～2007 年每年义务教育类议案数量

2005 年最高峰的出现，除了与政策制订的历史背景紧密联系以外，也在一定程度上受到全国人大所有议案数量的整体变动的影响。历史上，无论是所有议案的总数，还是教育类议案的数量，都在 2005 年达到了最高点。但是这段时期的义务教育类议案仍然具有十分特殊的意义，这在于：1983 年至 2013 年的 30 年中，从占比来看，义务教育类议案仅仅出现过两次高峰，分别是在 1990 年代初和 21 世纪初，前者伴随着当时中央科技教育兴农战略的提出，后者则反映出代表对于义务教育法修订和农村义务教育经费保障问题的关注；这一点从历年义务教育类议案数量占所有教育类议案数量的比例中可以明显地看出来（图 2）。在后面这一段时期里，到了

2006 年《义务教育法（修订）》出台后，相关议案就迅速地沉寂了下来。

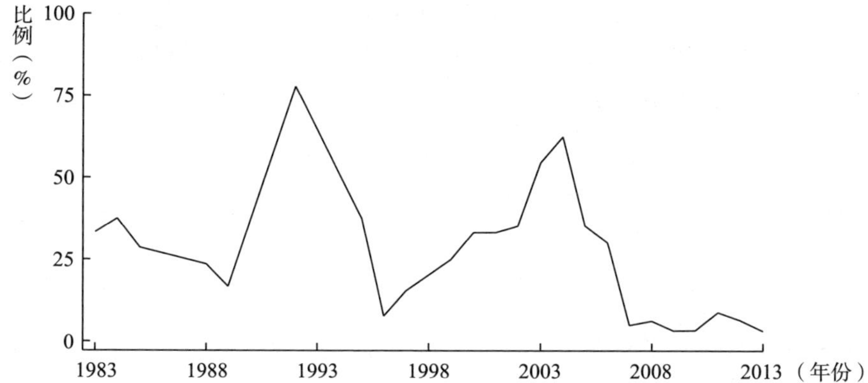

图 2　全国人大 1983～2013 年每年义务教育类议案占所有教育类议案的比例

来自教育系统的代表在这一时期里有一个比较明显的集中现象。2000 年和 2007 年，都没有来自教育系统的代表提出义务教育议案。2002～2003 年以及 2005 年里来自教育系统的代表都达到了约一半的比例，但是在 2003～2004 年这段时期，来自教育系统的代表占比有了一个明显的下滑，其时却恰逢义务教育议案数量快速增长，这表明有较多的非教育系统代表涌入进来。此外，观察“广义”① 上与教育系统相关和“狭义”上与教育系统相关的这两类代表的议案占比的差距，可以看出在 2005 年前后，两者

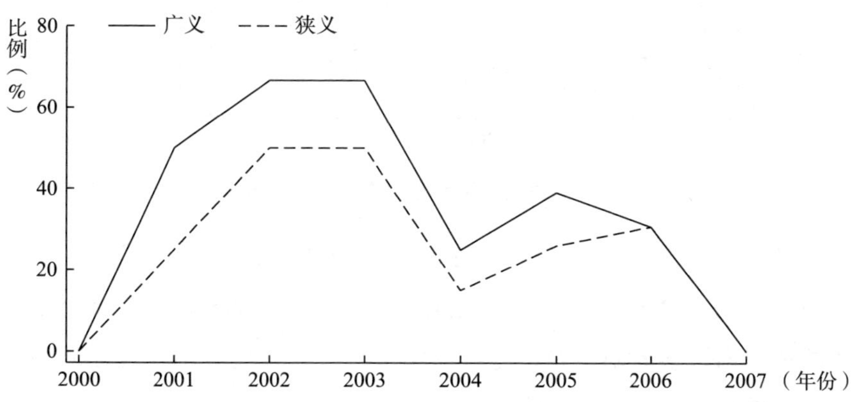

图 3　全国人大 2000～2007 年与教育系统相关的代表所占比例

① “广义”的教育系统包括基础教育系统在内；“狭义”的教育系统则不包括基础教育系统，仅包括高等教育系统和教育行政系统。

占比之差有较明显的先扩大再缩小的趋势，特别是在 2006 年和 2007 年，两条线基本上重合在了一起，这表明有比较多的基础教育系统代表一度参与到了义务教育议案高峰的形成之中，并且在高峰年之后迅速地退出。

分析代表在中央地方任职的情况：如果不考虑央地交叉任职的情形，在地方工作的代表是这一时期议案提出的主体。多数年份里，地方工作的代表提出的议案占比都在 70% 以上，尤其是在 2003 年以后，这一占比始终保持上升趋势。2005 年的义务教育议案高峰无疑是以地方代表为主导。结合其他数据计算，从 2000 年到 2007 年，在全国人大由地方代表提出的义务教育议案超过了 92%；同期所有教育类人大议案中，地方代表提出的比例为 73%。后者要明显低于在义务教育问题上地方代表的参与比例。从这一对比来看，针对义务教育问题，在地方任职的代表明显要活跃许多。

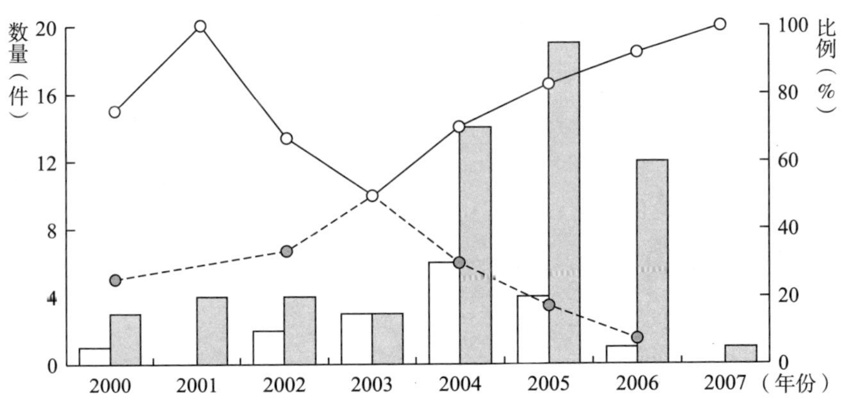

图 4　全国人大 2000～2007 年中央代表和地方代表所提议案数量和比例

此外，从数量上来看，中央代表提出的议案数目先升后降的节点是 2004 年，地方代表提出议案数目先升后降发生在 2005 年；总体上中央的代表集中提出议案要稍早些，退出也要稍早，地方代表则在这之后仍然保持了一定的热度。

在代表所属党派方面，共产党员代表和民主党派人士代表的分布呈现出了类似的特征。从 2001 年到 2003 年，两者的数量基本是持平的；趋近高峰年，共产党员代表和民主党派人士代表的数量都有较大幅度的增长。

在2005年这个高峰时间点，主要是有大批共产党员身份的代表参与到提出议案中来，并且在2005年的高潮过后迅速消失。

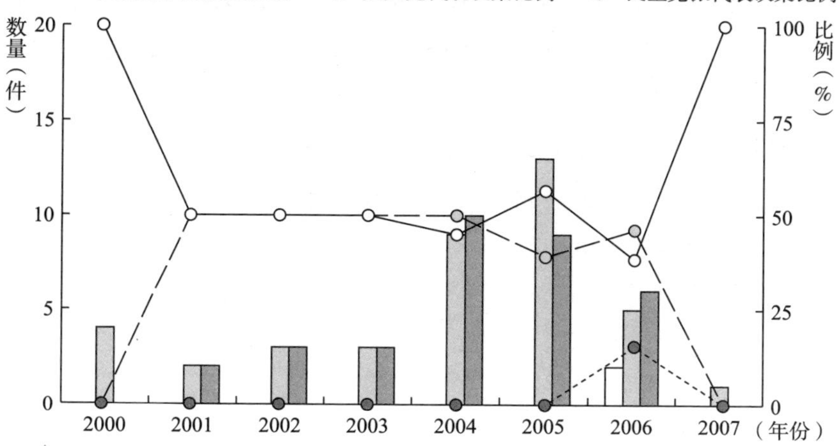

图5　全国人大2000～2007年各党派的代表所提议案数量和比例

在2000～2007年这八年里，在事业、行政和社团工作的代表占了大多数。政协和人大工作的代表的数量和比例始终都比较稳定。在企业中担任职务的代表长期以来均不是提出议案的活跃人群，但在2004年有7件议案横空出现，此后基本上呈逐年下降的趋势。事业单位、行政系统代表在2005年以前基本上都是上升趋势，之后就逐渐下降，他们的数量波动非常明显，是促成提交议案高峰出现的主要人群。特别值得注意的是，行政系

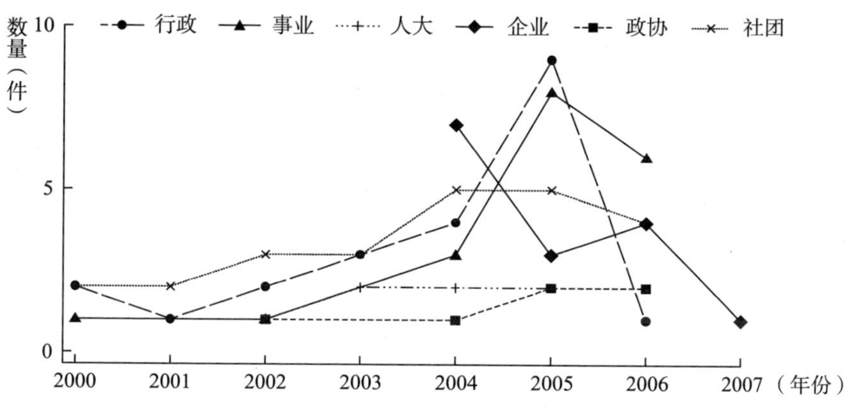

图6　全国人大2000～2007年不同类型职务的代表所提议案的数量

统的代表，他们在这一段时期内提出议案的数量要比来自事业系统的代表更多，但是在 2005 年高潮之后，他们也更早地退出。

研究者计算了不同年份里各省份（代表团）提出议案的赫芬达尔—赫希曼指数（HHI），以此度量省份提案的集中度。从 2001 年开始，HHI 指数就从接近 0.4 而逐渐下降，至 2005 年仅为 0.1，之后又再次上升[①]。这意味着在 2005 年之前，随着时间推移，代表来源省份（代表团）日渐变得更加多元，以往从不提出义务教育议案的省份开始有代表对义务教育表示出关注，提出议案少的省份则开始提出了更多的议案；而在高潮之后，代表的来源省份就趋于单一。

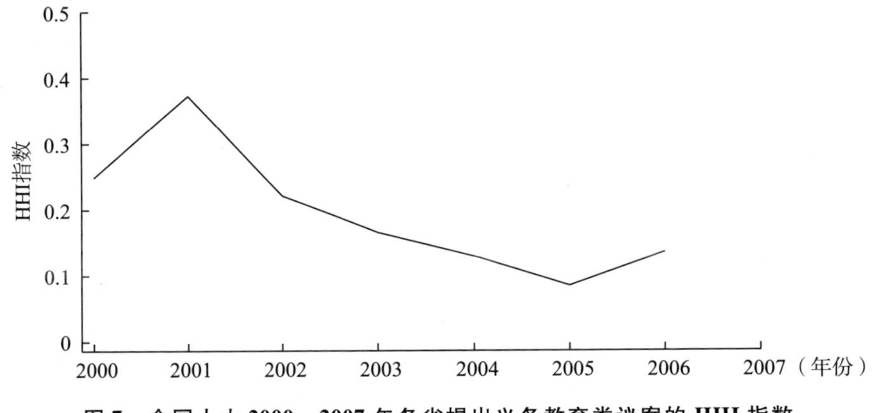

图 7　全国人大 2000～2007 年各省提出义务教育类议案的 HHI 指数

以上的分析基本展示出，在 2000 年到 2007 年的八年间，义务教育类议案围绕 2006 年出台的《义务教育法（修订）》和 2005 年的农村义务教育保障新机制，在 2005 年形成了一个提案高潮。议案数量的迅速变化，以及省份集中度的持续下降，都体现出代表身份和参与省份的多元化特征。在 2005 年前后，有一大批代表集中到了义务教育相关议案的提出上，但在高潮之后其中的大部分就又迅速地离开。来自非教育系统、来自基础教育单位、在地方任职、身为共产党员，以及来自行政系统，是这类人群的主要特征。

① 2007 年人大仅有一件议案，故该年不计算 HHI。

二　人大议案和政协提案的共同特征

在中国政治制度下，人民代表大会制度和政治协商会议制度分别体现着选举民主和协商民主两种民主形式。政协在我国公共政策制定和公共事务讨论中的介入越来越深、影响越来越大。无论是全国人大还是全国政协，事实上都是公共政策对话发生的重点场域，从中都可以观察到公共政策的形成过程。本部分就二者集中进行讨论。

在 2000～2007 年间，全国政协有关义务教育的提案共有 567 件①，其中个人提案占大多数，有 321 件，其次为个人联名提案，共 221 件，其余则为少量党派提案和小组提案。从每年提案数量来看，自 2001 年开始，全国政协每年有关义务教育的提案数量大体呈稳定上升的趋势，到 2006 年达到顶峰，有 118 件相关提案出现。随后提案数目就开始下降。这与全国人大有关义务教育议案的数目变化基本上是一致的，后者的高峰出现在 2005 年，前后的增减趋势也基本一致。

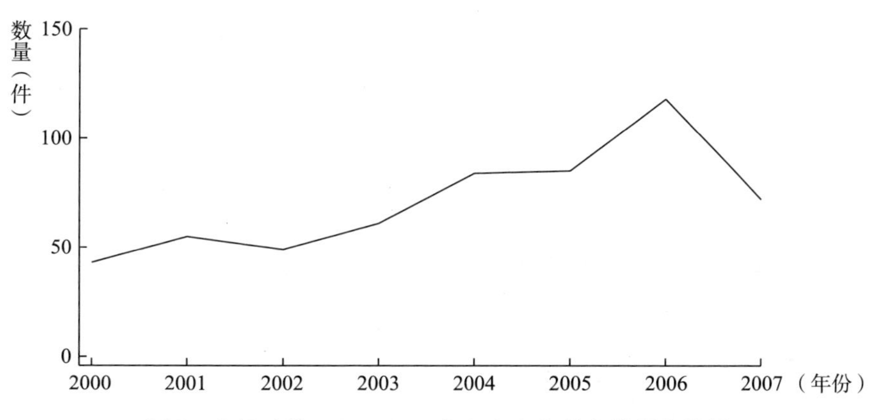

图 8　全国政协 2000～2007 年每年义务教育类提案数量

在 2000 年到 2007 年这段时期里，来自教育系统的代表的占比总体上是稳定的，但是始终伴随着波动。其中，在 2002 年，“广义”的教育系统

① 实际上，分析时将涉及教育财政的提案一并纳入。这是因为这一时期的教育财政提案基本上都是针对义务教育财政问题。而义务教育政策调整的核心内容之一也是财政问题。

代表占比出现了一个小高峰，同年“狭义”教育系统代表占比则处于低谷，这意味着来自教育系统的政协代表率先对义务教育问题表现出了关注。其后，至2004年，来自教育系统的代表的比例逐渐下降（“狭义”代表的占比从2003年开始下降），在2004年达到最低，而这段时期内义务教育类提案的数量处于持续上升之中，并且在2003年至2004年有一个较为明显的飞跃，因此可以认为有大量非教育系统的代表在这段时期内涌入了进来。之后“狭义”教育系统代表占比开始回升，“广义”代表占比则处于波动之中。这与全国人大义务教育议案的情况基本上是吻合的，即：教育系统代表率先发声，后在2004年左右涌入了大量教育系统外的代表；在高潮年份前后，教育系统代表占比回升，非教育系统的代表则退出了提案活动。

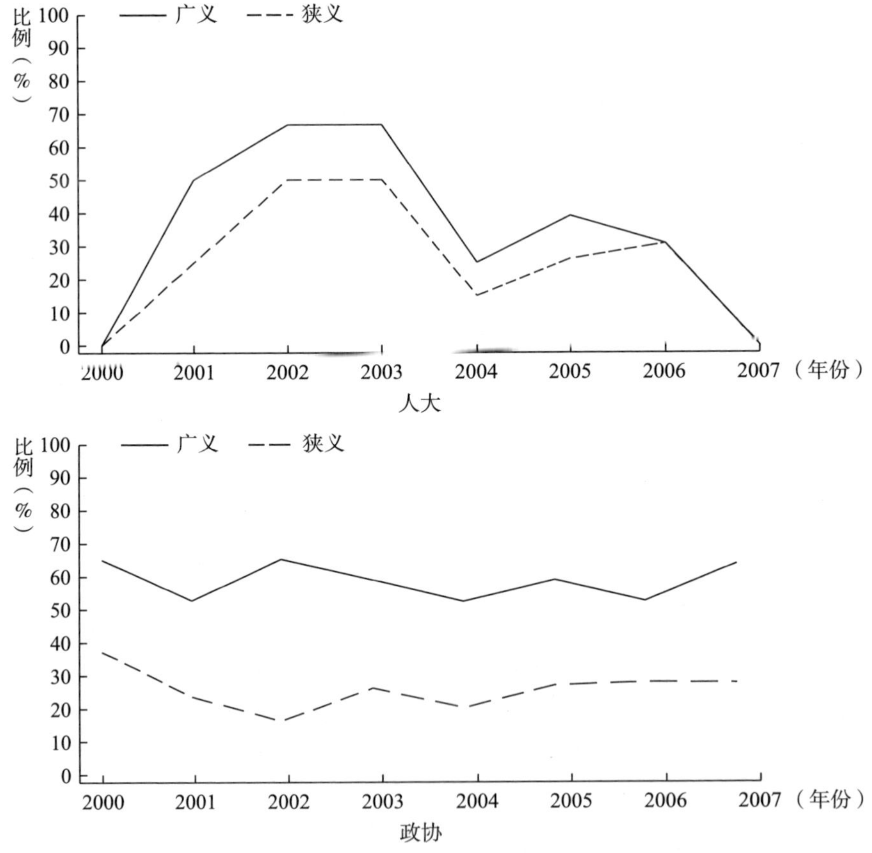

图9　全国人大与全国政协2000～2007年教育系统相关的代表所占比例

在代表集中的问题上，全国人大和全国政协的情况也有类似之处。全国政协代表所属省份的 HHI 指数从 2002 年开始下降，之后大体上就保持波动的趋势。这意味着，随着义务教育问题讨论的不断深入，越来越多不同省份的代表参与到了有关的议案/提案的提出当中。这一结论也可以从本世纪初的情况中得到验证：在 2001 年到 2002 年，全国人大有关议案数量有小幅增长，同时期 HHI 指数即明显下降；全国政协有关提案数量在当时有一定下降，而 HHI 指数出现了明显的攀升。因此，在本世纪初出现的这波义务教育议案/提案高潮中，无论是在全国人大还是全国政协，都有一些原本不提议案/提案，或者提出的数量较少的省份更多地参与了进来。

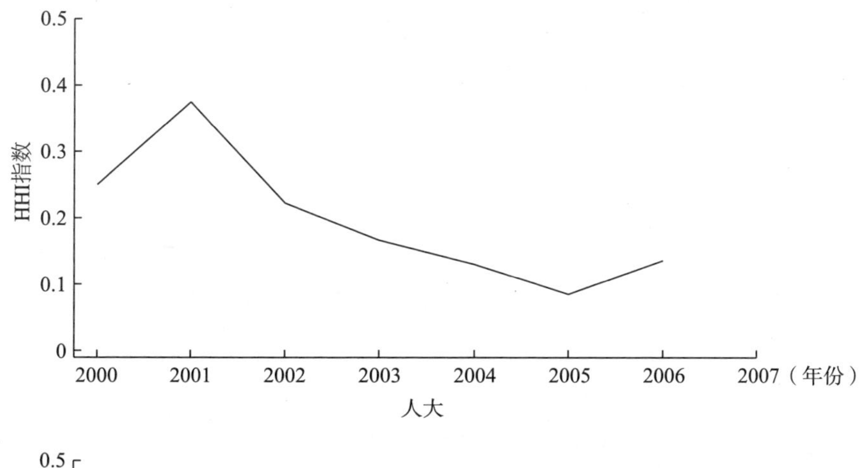

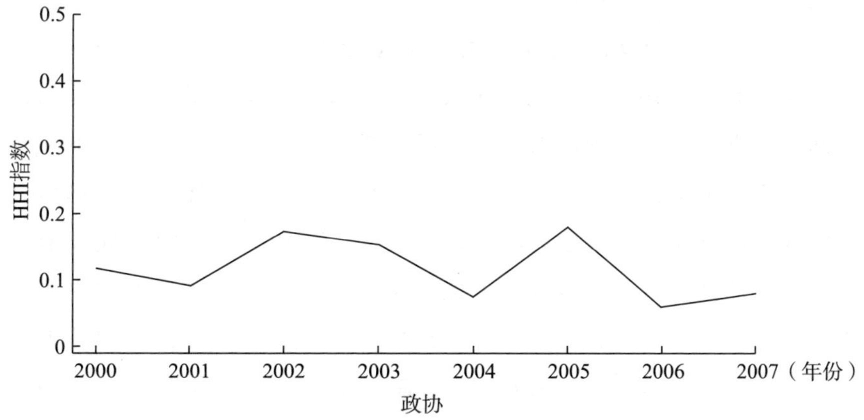

图 10　全国人大与政协各省提出义务教育类议案的 HHI 指数

在政协的代表中，在事业、行政和政协工作的代表是政协提案的提出主体。企业代表在 2004～2006 年集中提出了一些提案，而人大和社团的代表提出的提案始终很少。与人大的情况类似，在 2006 年高峰年以前（全国人大议案高峰年在 2005 年），事业、行政代表所提提案数量基本上都是上升趋势，之后就逐渐下降。

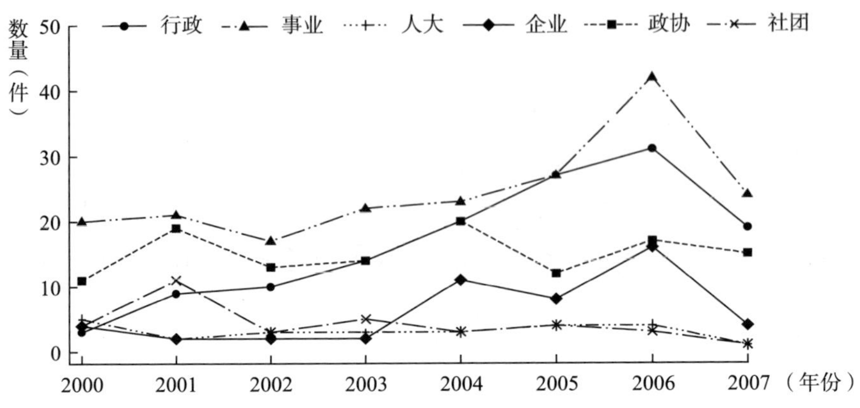

图 11　全国政协 2000 ~ 2007 年不同类型职务的代表所提提案的数量

在代表所属党派方面，政协和人大的代表构成有相当大的不同，前者主要是由民主党派人士代表和无党派人士代表推动着义务教育提案。围绕 2006 年的高峰，民主党派人士代表所提提案的数量和占比都显现出十分明显的先升后降的变化，无党派人士代表较多出现于高峰之前的 2004 年和 2005 年，共产党员代表的数量则变化较小。但是仍然可以观察到的是，高峰年前后共产党员代表数量有先增加后减少的表现，并且在 2006 年民主党派人士代表的占比出现了小幅下滑。这意味着和全国人大议案的情况相比，同样是有一些共产党员代表加入了义务教育提案高潮的推动行列，但是不同的地方在于，全国政协中在高峰年里涌入并随后退出的，不仅有共产党员代表，无党派人士代表也表现出，并更明显地表现出类似的特征。

将代表的党派做更细致的刻画，不考虑无党派人士在政协代表中的巨大的占比，那么无论是在全国人大还是全国政协，居主体地位的主要是共产党员代表和民进党员代表。2000 ~ 2007 年这八年里，这两者累计提出的议案/提案在全国人大和全国政协相关提案/议案中的比例分别为 73.3% 和 41.6%（均排除无党派人士）。政协中两者总和比例稍低的原因在于政协中其他民主党派人士也提出了不少议案。但是总体上来说，共产党员代表和民进党员代表都是义务教育议案/提案的推动主体。

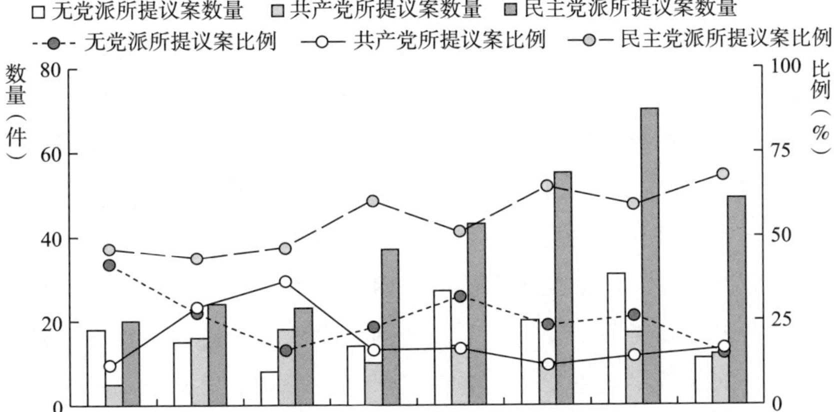

图 12　全国政协 2000～2007 年各党派的代表所提议案数量和比例

表 1　全国人大和全国政协 2000～2007 年各党派的代表所提议案总和

	人大		政协	
	数量（件）	比例（%）	数量（件）	比例（%）
民进	15	19.48	74	13.05
民盟	4	5.19	66	11.64
民革	0	0.00	65	11.46
民建	2	2.60	38	6.70
致公党	6	7.79	12	2.12
农工民主党	3	3.90	18	3.17
九三学社	3	3.90	43	7.58
共产党	40	51.95	102	17.99
台盟	0	0.00	5	0.88
无党派	2	2.60	144	25.40

更进一步地，分别计算全国各省份代表所提议案总数。全国人大义务教育议案提出省份前五位分别是安徽省、浙江省、江苏省、湖南省和山东省，政协则是北京市、新疆维吾尔自治区、江苏省、四川省和云南省（见附表）。对人大和政协前五位省份代表身份的分析显示，在高峰年之前事业和行政系统的代表都有明显的增加。另一个共同的特征是在高潮年份前后，民进党员代表都表现得较为活跃，持续不断地提出相关提案；相比之下，共产党员代表显得更为谨慎；这也意味着我们所观察到的一些共产党

员的突然进入，可能更多是来自不怎么提案的省份。

总之，通过对人大议案和政协提案的集中讨论，可以看出人大和政协的代表在行动上有颇多一致之处。二者都产生了一个较为明显的提案高峰，并且伴随着高峰年前后的起伏。同期都有大量非教育系统代表、“散户”共产党员的进入或快速退出；事业、行政单位的代表和共产党员、民进党员代表是高峰年份主要的参与主体。同时也需要指出的是，两者也有诸多不一致的特征，例如全国政协的 HHI 指数在高峰年之后仍然下降，政协代表的身份也显得更加复杂，不及全国人大代表的身份特征变化那么明显。此外，人大议案数量变化趋势在 2005 年出现的巨大转折，很大程度上受到中共中央“9 号文件”和全国人大常委会配套文件的影响，这给人大议案数量变化带来了相当不确切的影响因素，这为分析带来了一定的难度；但即便如此，我们仍可观察到这一时期里两会代表提案行动的诸多一致之处。

三　全国政协义务教育提案的内容特点

研究者对政协提案的案由进行编码，试图反映出提案内容倾向性的差异。在技术上主要通过三个维度来对提案进行分类。其一，考虑政策建议反映的“现实事态”，根据提案界定的范围，区分为“反映具体某个地区的问题并要求解决的提案”和“提出一个总体性问题和解决方案”。前者是为了局部的矛盾和问题解决，后者则呼吁一种大范围的改革和政策倾向。反映在义务教育财政问题上，即强调提案话语里，对义务教育财政作为一个系统性问题的判断。其二，根据政策建议体现的价值观念和价值判断，将案由中出现涉及教育公平的意识形态类词语（如“公平”、“均衡”、“平衡”、“平等”、“公益”、“免费”等）的提案标识为一类，其他问题划归一类。其三，根据案由是否直接强调中央和国家在义务教育中的财政责任，将案由中出现了“中央”、“国家”或者“财政体制”，以及“经费”、“投资”、“投入”、“资金”、“拨款”等词语的提案，划分为强调中央和国家财政投入一类，其他为另一类，以反映决策者应当动用公共资源来采取行动的意见变化过程。

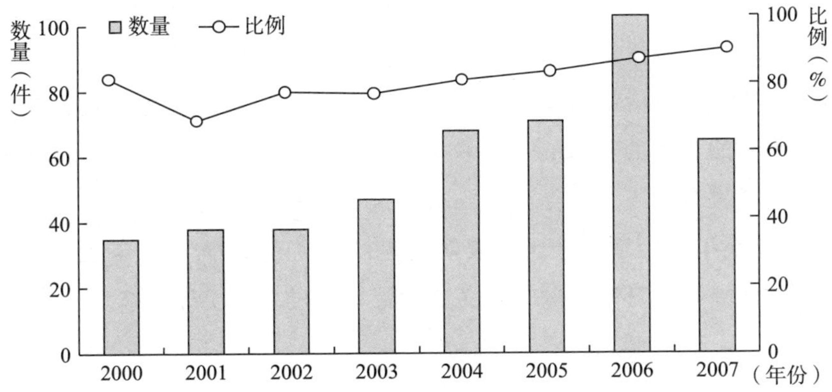

图 13　全国政协 2000～2007 年涉及全国问题的提案的数量和比例

首先，根据提案的地域性，如果在案由中出现了具体的省份、县市或其他地名，将其划归为一类，称之为“地方性问题”；而没有指名具体地点的提案被归为一类，称之为“总体性问题”。从占比来看，总体性问题在政协议案中基本占一半以上。从 2001 年到 2005 年，除了 2003 年相比 2002 年下降了 0.5 个百分点外，总体性提案比例呈明显的上升趋势。相应的，地方性提案的比例则下降了近一半。这意味着一个基本的趋势是，提案话语在向系统性地解决义务教育财政问题会聚，而关注地方或局部性问题的提案在逐渐萎缩。

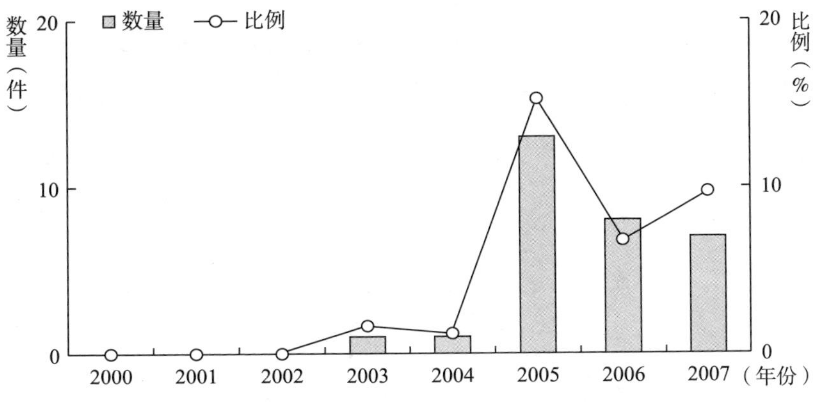

图 14　全国政协涉及教育公平、公益、平等的提案的数量和比例

其次，根据围绕“教育公平”的意识形态话语进行划分。全国政协涉及教育公平、公益、平等的提案从 2003 年开始出现，到 2005 年激增到 13

件，同年教育部出台《关于进一步推进义务教育均衡发展的若干意见》，到次年此类提案数量就开始回落；占比也有一个比较明显的起伏，在2006年有一个明显的下滑。与之相对应的，研究者还计算了政协涉及教育投入均衡、平衡的提案的数量，这一类提案不仅强调“教育公平”的价值主张，同时对教育投入责任提出了要求。这一类提案始终处于增长态势，特别是在2006年之后增幅较大，表明代表的“价值标准”从会聚于教育公平和均衡的呼吁，日渐收敛于对义务教育均衡投入的明确诉求。

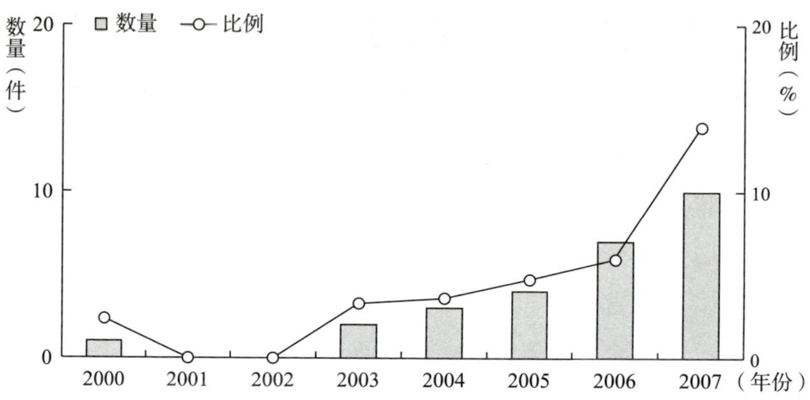

图15　全国政协涉及教育投入均衡、平衡的提案的数量和比例

再次，分析直接强调中央和国家在义务教育中的财政责任的提案。从2000年到2007年，这一类型的提案无论是绝对值还是比例的趋势都呈现出复杂的波动。2002年相比2001年此类提案的数量和比例都有所下降，2003年在频率上有所增长而在百分比上持平；2004年频率上涨了一倍，

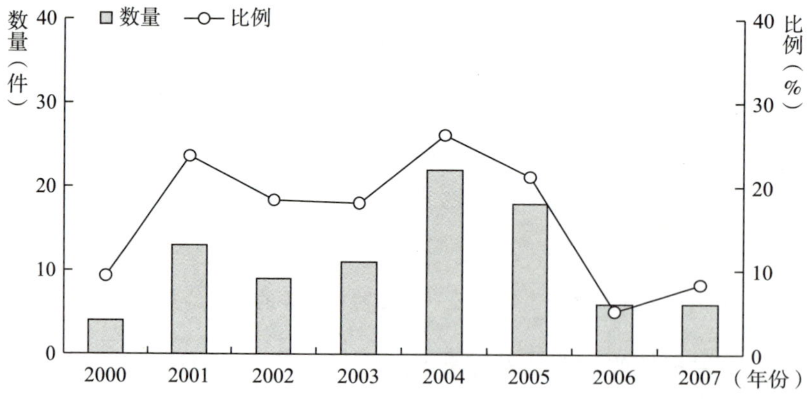

图16　全国政协强调中央和国家的投入责任的提案的数量和比例

2005 年又有些微的回落；到了新机制出台的次年，此类提案的数量和比例就回到了一个非常低的水平。这类呼吁中央和省级政府加大财政责任的议案，所呈现出的复杂的波动，特别是在 2006 年大量代表涌入后所呈现出的波动，显示出代表的意见并不总是完全一致，这使得政策形成的过程更加复杂，也推动着政策变迁的发生。

四　小结

利用 2000 年至 2007 年全国人大和全国政协有关义务教育的议案/提案数据，本研究对这一时期义务教育政策形成过程中的若干特点进行了探究。基于以上的描述分析，可以归纳得到以下结论。

第一，围绕 2005 年新机制的出台和 2006 年义务教育法的修订，人大和政协均出现了一波提出义务教育相关议案/提案的高潮。这一段时期内，大量的省份、不同身份的代表参与其中，总体上呈现出一个复杂多元的局面。

第二，在高潮年份前后，无论是人大还是政协，均有大量的代表参与到了提案之中并且迅速退出。他们更多的是来自教育系统以外，紧随教育系统代表发声；他们的身份更多的是共产党员而非民主党派人士（政协中此类代表还包括无党派人士）；他们更可能是来自平时不怎么提议案/提案或者提出较少的省份。

第三，在绝大多数年份里，如果不考虑无党派人士的占比的话，在人大和政协中占据提案主导地位的是共产党员代表和民进党员代表，主要的职业是在行政系统或者事业系统，并且在高峰年份发挥着突出的推动作用。

第四，人大和政协的提案大户省份，在高峰年之前事业和行政系统的代表都有明显的增加，并且在高潮年份前后，民进党员代表都表现得较为活跃，持续不断地提出相关提案。提案较少的省份共产党员比提案“大户”省份共产党员代表在高潮期的表现要更加积极。

第五，根据对政协提案案由的分析，代表提案在向系统性地解决义务教育财政问题会聚，关注地方或局部性问题的提案在逐渐萎缩；代表的

“价值标准”从汇聚于教育公平和均衡的呼吁，日渐收敛于对义务教育均衡投入的明确诉求；在强调中央和国家在义务教育中的财政责任方面，代表们内部显露出了分歧。

附表　历年各省份提出的义务教育相关议案/提案数量

单位：件

省份		2000	2001	2002	2003	2004	2005	2006	2007	总计
政协	安徽	0	2	0	1	5	3	0	1	12
	浙江	1	0	0	1	3	2	2	0	9
	江苏	0	0	2	1	2	1	2	0	8
	湖南	1	0	0	0	2	3	1	0	7
	山东	0	0	0	0	2	2	2	0	6
	湖北	0	0	0	1	1	1	2	0	5
	陕西	0	0	1	0	0	2	2	0	5
	江西	1	0	1	1	1	0	0	0	4
	福建	0	0	0	0	1	2	0	0	3
	天津	0	1	1	0	0	1	0	0	3
	广东	0	0	0	0	0	2	0	0	2
	河南	1	0	0	0	0	1	0	0	2
	吉林	0	0	1	0	1	0	0	0	2
	辽宁	0	1	0	1	0	0	0	0	2
	上海	0	0	0	0	1	0	1	0	2
	四川	0	0	0	0	1	1	0	0	2
	北京	0	0	0	0	0	1	0	0	1
	内蒙古	0	0	0	0	0	1	0	0	1
	重庆	0	0	0	0	0	0	1	0	1
政协	北京	5	7	4	7	10	12	24	10	79
	新疆	3	3	9	7	3	3	7	0	35
	江苏	0	4	2	2	3	5	7	7	30
	四川	0	4	7	5	3	6	4	1	30
	其他[①]	4	2	1	2	4	2	7	4	26
	云南	2	4	2	2	6	4	2	4	26
	湖北	2	1	4	2	1	6	7	1	24
	甘肃	2	3	1	3	4	3	4	3	23

续表

省份		2000	2001	2002	2003	2004	2005	2006	2007	总计
人大	内蒙古	4	1	2	0	2	7	5	2	23
	广东	0	1	1	2	4	5	6	2	21
	陕西	2	1	1	5	3	3	4	2	21
	贵州	3	4	0	1	1	2	4	3	18
	天津	1	0	3	2	2	4	1	4	17
	宁夏	0	0	1	2	4	5	3	1	16
	江西	0	0	0	4	2	0	4	4	14
	福建	1	2	2	0	2	2	1	3	13
	河南	0	2	0	1	3	1	5	1	13
	安徽	1	2	2	2	3	0	0	2	12
	广西	3	1	1	2	1	1	2	1	12
	上海	1	1	1	2	2	1	2	2	12
	香港	0	1	0	0	3	2	5	1	12
	吉林	2	1	1	0	1	3	2	1	11
	青海	0	1	0	1	3	0	3	3	11
	湖南	1	0	1	1	2	2	2	1	10
	山东	0	2	0	2	1	1	2	1	9
	浙江	3	1	1	2	1	1	0	0	9
	河北	0	0	1	0	1	2	3	1	8
	辽宁	0	0	1	0	2	0	2	3	8
	西藏	3	5	0	0	0	0	0	0	8
	重庆	0	0	0	1	3	1	0	2	7
	黑龙江	0	0	0	1	4	1	0	0	6
	已退休②	0	0	0	0	0	0	0	2	2
	山西	0	1	0	0	0	0	0	0	1

注：①提案人工作省份未在公开资料中查到，则在此处归类为“其他”。

②若提案人已退休，则作为特邀人员参加，在此处归类为“已退休”。

③部分省份在以上时段内并未提出与义务教育相关的议案/提案，则未在上表中展示。

全国政协教育财政挂钩提案的特点分析

伍银多*

中国公共教育经费保障机制以4%为标志，辅之以“三个增长、两个比例提高”的法定支出要求，长期以来作为各级政府投入教育的主要政策法规依据和社会各界评价政府教育财政政策执行情况的核心指标。既同财政收支挂钩，又同生产总值挂钩的“双挂钩”政策贯穿了1980年代至今教育公共投入政策的历史演变，同时也是财政教育投入政策法制化的核心内容。其中，与财政收支挂钩的“三个增长、两个比例提高”自1980年代开始即被写入多部法律；与国民生产总值挂钩的4%政策虽未写入法律，但出现在多个重大文件当中。这两个挂钩原则涉及政府的投入责任问题，但这一肇始于1980年代初的动议是缘何成为国家规划并最终确立于法律之中，通常所论较少涉及。本文从两会政策制定的角度，围绕全国政协有关挂钩内容的提案对此略做讨论。

由于义务教育问题往往涉及财政问题（“三个增长”的规定在20世纪80年代即已被写入义务教育法），因此分析时将义务教育和涉及教育财政问题的提案均界定为“教育财政提案”。基于对提案案由的编码，研究选取1983~2013年涉及挂钩事项的25件提案进行分析。除其中两件分别要求教育投资要达到第三世界水平（1996年）、教师工资不得低于公务员水平（2006年）外，其余提案均明确指向“三个增长”等通常所谓的“挂钩”机制或者其他形式的“不低于”、“投资比例”等。针对这些“挂钩”提

* 伍银多，管理学博士，毕业于北京大学教育学院。

案，下文围绕其出现的时间和内容，以及提案代表的身份特征展开分析。

一　强调“挂钩”的三个时段

与所有涉及教育财政问题的提案在各年里数量波动十分剧烈的特征不同，强调“挂钩”的提案不仅数量很少，且在多数年份里仅有1~2件。大致来说，“挂钩”提案集中出现于三个时间段：80年代、90年代和2000年后，各自的高峰分别是在1987年、1994年和1998年，以及2005年和2006年。需要指出的是，由于全国政协没有类似于全国人大在2005年出台的“9号文件”对提出议案进行限制，因此在2005年政协教育类提案数目没有立刻衰减，但在2006年教育财政类提案数量出现了下降。80年代里，有关提案的分布较为破碎，且数量较少，彼时教育财政提案数量皆较有限。自1988年到1992年均无“挂钩”提案出现。1993年至1999年是第二个“挂钩”提案连续出现的时段，同时期伴随着教育财政提案数量的波动，但挂钩提案的数量格外突出。第三个时段基本延续了前一个时段的提案规模，且相邻接近，中间只隔了两年没有议案出现，2002年、2003年、2005年、2006年、2007年，可以观察到有关提案密集出现。

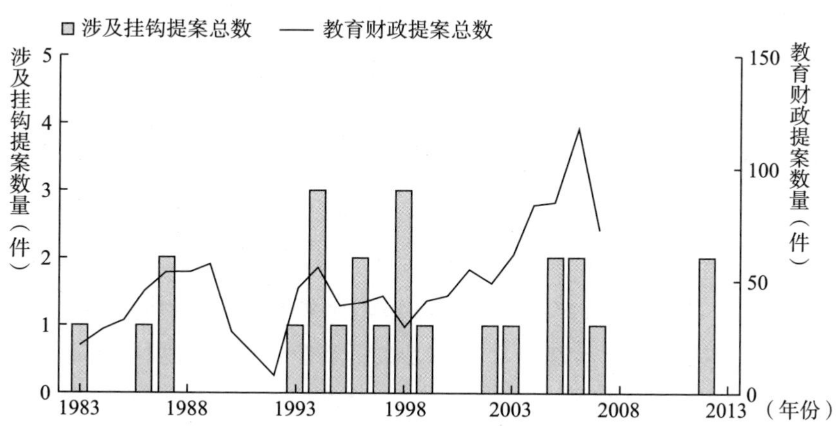

图1　历年涉及教育财政问题的政协提案及其中涉及挂钩事项的提案数量

1981年，杨秀峰在人大会议做了《增加教育经费在国民经济中的比重，改变我国教育的落后状况》的报告，拉开了“挂钩”政策的序幕；之后的若干年里，高层多次指出教育经费短缺的问题。基于这一认识，1985

年的《中共中央关于教育体制改革的决定》中首次提出“两个增长”，将财政教育支出与财政收入增长挂钩。1986 年《义务教育法》对此予以重申。数据中亦可看到，至迟到 1983 年，已有代表提案要求建立挂钩机制保障经费稳定增长，但这类提案的出现只延续到 1987 年。

1993 年开始出现了新的挂钩案的提出高峰。是年我国地方财政收入比例就已出现大幅下降，同期央地财政支出比例则未见明显变化，地方财力紧张问题开始凸显。教育财政问题上，1993 年发布的《中国教育改革和发展纲要》中提出了“四个增长”、“两个比例提高”和 4%、15% 的具体目标；1995 年颁布的《教育法》基本沿用这一表述。通观整个 90 年代，政协代表对教育财政提案的关注并不明显，但对“挂钩”事项相对热衷。教育财政提案在所有政协教育提案中所占比例并不高；但从 1993 年至 1999 年，涉及挂钩事项的义教提案始终保持在每年至少 1 件的水平，在 1994 年和 1998 年分别达到了 3 件。

2001 年农村税费改革推行，次年发布的《关于完善农村义务教育管理体制的通知》确立了“以县为主”的义务教育经费财政体制，中央通过转移支付维持县级教育经费稳定。自 2002 年开始，代表再次围绕挂钩问题专门提出提案，一直延续到 2005 年农村义务教育经费保障机制的出台；新机制确立了由中央和地方共同承担义务教育财政责任的支出格局。2005 年、2006 年，代表提出“挂钩”提案数量达到了顶峰，2007 年出现回落。

值得注意的是，“挂钩”提案出现的高峰，与涉及财政问题的提案的高峰在前两个时段里都不重合，但在第三个时段里两者的数量历时波动趋势表现一致。在 90 年代，涉及财政问题的政协提案数量虽然有所增长但不是特别突出，这一时期里政协委员们却对挂钩问题十分关注。第三个时段中到 2005 年、2006 年前后，不仅教育财政提案的数量达到了顶峰，涉及挂钩事项的提案也密集出现，之后两者数量都有衰落的迹象。考虑到“挂钩”提案相对于所有教育财政提案来说，其数量非常有限，更多的提案并不涉及“挂钩”问题，这种现象或表明：在相当一段时期里，对教育经费挂钩和对教育财政其他问题的强调，并不是同步的；但到了 2000 年之后，政协委员们对教育财政问题的关注，则与强调挂钩的呼声有了时间上的一致性。

二 “挂钩”诉求的变化和执行效果

代表对“挂钩”的具体诉求，通过提案内容比较明显地体现出来。在80年代，有关提案集中在“制定挂钩规则”上；进入90年代后，“确定落实措施”成为重点；从90年代末开始，陆续有代表提出“调整挂钩比例”，要求提高教育经费支出的占比。在2000年之后，还有少数提案表达了对财政支出责任予以“问责/兑现”的要求。

表1 挂钩提案的诉求内容的历史变化

年份	制定挂钩原则	确定落实措施	要求问责/兑现	调整挂钩比例	制定法律	开展研究
1983	1					
1986	1					
1987	1	1				
1993	1					
1994	2	1				
1995		1				
1996		2				
1997		1				
1998		2		1	1	
1999		1				
2002			1			
2003			1			
2005				2		
2006		1			1	
2007						1
2012						2

当前制度中的若干挂钩参照对象，基本在80年代里就已出现在提案中。1993年之前，代表提出的挂钩参照对象包括“国家支出”、“财政总支出”、“上年经费水平”、“经济增速”和“国民生产总值”，这些在《中国教育改革和发展纲要》均有所体现。之后除极个别代表又提出“第三世界平均水平”、“扶贫资金”（均在1994年）之外，基本再没有涉及新的挂

钩参照对象的提案。代表们转而就已有挂钩参照对象，要求落实或者“调整投资比例”。

80 年代以来教育财政体制的变动与代表围绕挂钩问题的诉求相互印证。1985 年《中共中央关于教育体制改革的决定》规定“中央和地方政府教育拨款的增长要高于财政经常性收入的增长，并使按在校学生人数平均的教育费用逐步增长”；该原则在 1986 年的《义务教育法》、1995 年的《教育法》、1998 年的《高等教育法》和 2006 年修订的《义务教育法》中均有体现并有所拓展。但直至 20 世纪末，“三个增长”的落实情况始终不尽如人意。按“三个增长”的原则，“政府教育财政拨款的增长应当高于财政经常性收入的增长”。但从 1988 ~ 2012 年国家财政预算内教育经费支出与财政收入的增长率来看，到 2012 年 4% 实现之前，大部分时期里预算内教育经费的增长率都要低于财政收入。

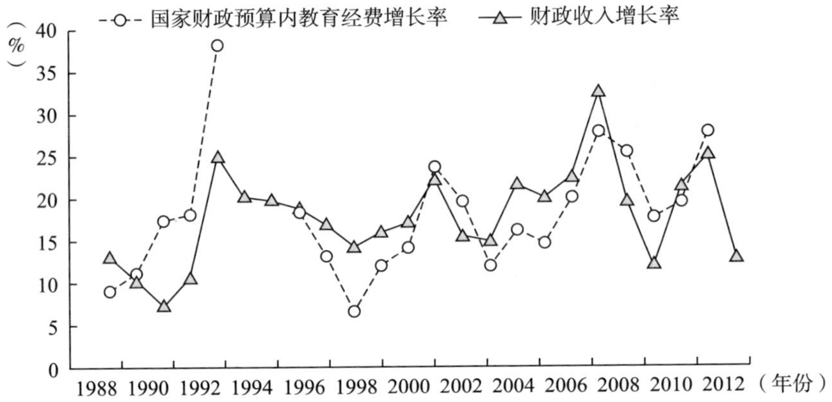

图 2　1988 ~ 2012 年国家财政预算内教育经费支出与财政收入的增长率比较

数据来源：《教育经费统计年鉴》，国家统计局。

4% 的与国民生产总值挂钩目标的实践效果与此类似。1993 年，《中国教育改革和发展纲要》提出 20 世纪末实现 4% 的明确目标。但此后从 1994 年到 2000 年，财政性教育经费占 GDP 的比重处于一个基本平缓的状态。“以县为主”政策实施之后，该比例才出现一个较为明显的提升，2002 年财政性教育经费支出占 GDP 比例达到一个历史顶点，但在这之后又开始停滞不前，甚至出现轻微的下降。2006 年“十一五规划”再次确认 4% 的目标；2010 年颁布的《国家中长期教育改革和发展规划纲要（2010 ~ 2020

年)》提出要在2012年实现。为此，中央从“落实”和“开源”两方面寻求突破，之后两年财政性教育经费占GDP的比例出现了一个较为明显的飞跃，最终在2012年首次实现了4%这一历史任务。但是在目标达到之后，财政性教育经费支出占国民生产总值的比例马上出现了明显的下降趋势。

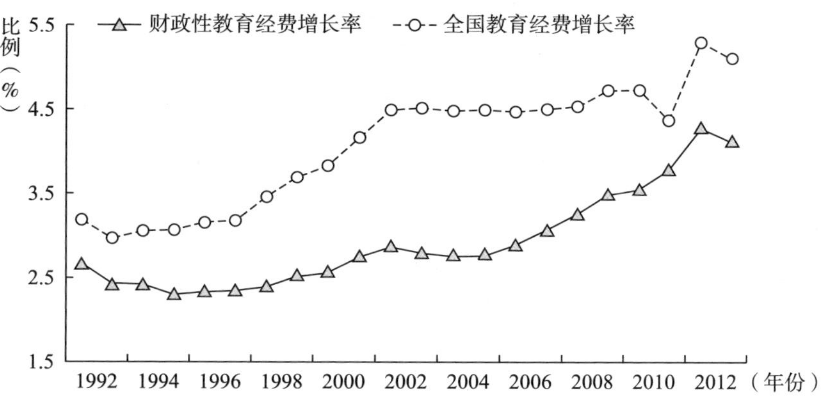

图3　1992年以后全国教育经费及国家财政性教育经费占GDP的比重

数据来源：《教育经费统计年鉴》。

尽管挂钩原则很早即被确立下来，并且围绕挂钩原则的政策日趋丰富，但实际上执行效果不尽如人意。政协委员围绕“挂钩”问题采取的策略也发生了一定的变化。表1的统计反映出，自80年代“挂钩”动议出现之后，代表始终致力于对已有“挂钩”制度的刚性不断加以强化，以提高其执行效果。实现策略先是将其确定下来，进而要求细化落实措施，之后围绕“挂钩”规定要求兑现或者问责，并提出更高的“挂钩”标准。也就是说，政协委员在过去的30年里在不断寻求对已有“挂钩”制度的刚性加以更进一步地强化，而非致力于建立新的“挂钩”规则。

三　中央教育系统代表的作用

中央教育系统代表在推动挂钩案的提出上发挥了十分明显的主导作用。此部分重点讨论他们对挂钩提案的态度。表2对提出涉及挂钩事项提案的政协委员的职务情况做了统计。对教育系统按照广义或是狭义的区分，发现绝大部分的挂钩提案皆是由来自教育系统的代表提出，他们比非教育系统的委员表现出了对挂钩问题更强烈的兴趣。这是与整个教育财政提案的一个极明显的不同。

表 2 涉及挂钩事项的全国政协提案的委员的职务情况统计

单位：人

	教育系统	非教育系统	未区分	小计
中央	9（9）	0（0）	0（0）	9（9）
地方	9（9）	1（3）	2（0）	12（12）
未区分	1（2）	0（0）	1（0）	2（2）
小计	19（20）	1（3）	3（0）	23（23）

注：括号外的数字为广义教育系统，括号内为狭义，后者不包含基础教育部门。

提出挂钩案的政协委员中，来自中央和地方的委员各占半数。在中央任职的委员的占比，较所有教育财政类提案委员的情况要高出许多，后者在这些年里不足 30%。提挂钩案的央地委员比例，不仅在总量上区别明显，时间上的趋势也有较大不同。80 年代里提出教育财政问题提案的委员中，中央委员的比例不断下滑，同期提挂钩案的地方委员占比也有变化，两者趋势大致相同。但在此之后，提挂钩案的央地委员比例，跟总体教育财政提案的情况，两者波动趋势基本无关。

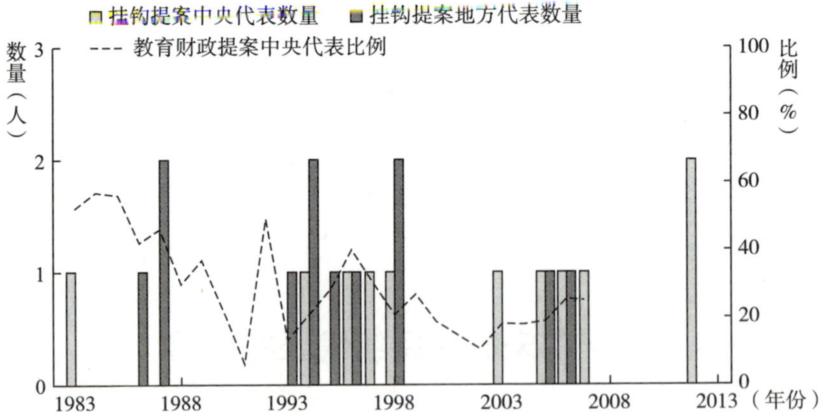

图 4 历年涉及挂钩事项的全国政协提案的委员在中央或地方任职的情况

早期在 80 年代的挂钩提案，大部分都是由地方委员提出。进入 90 年代后，一些在中央教育系统工作的委员，围绕挂钩的“落实措施”问题纷纷发声：整个90年代共有11件挂钩提案，其中有8件与“确定落实措施”的时代主题相关，地方委员仅提出其中3件。2000年后，中央委员的表现就更为突出和积极，同期地方委员仅仅提了“调整教育费附加征收比例”和“严格依法确保经费法定增长”两件提案；如果不考虑这两件提案的话，2000年之后的格局基本为中央委员所主导。因此，教育系统代表，特别是中央教育系统代表，在挂钩政策的出台中扮演了重要角色。他们开始大量出现是在90年代中叶，这是一个重要的分割点，此前由中央和地方代表共同发声的局面自此被扭转过来，中央代表成为呼吁“挂钩”的主要力量。

教育经费和财政收支挂钩以及与生产总值挂钩，也即“三个增长、两个比例提高”与4%政策，两类挂钩政策的指向标的完全不同，对此我们做进一步讨论，分析这两类政策目标下政协委员的态度差异。图5统计了历年提出两类挂钩事项的委员的数量，并标出了全国政协所有提案的总数变化。可注意到的是，尽管“与生产总值挂钩”和“与财政收支挂钩”这两类政策提案的总体数目基本持平，但是前者出现要明显晚于后者，从90年代中叶开始，才有大量关于4%的提案开始出现，到了2000年以后，“三个增长”的提案更是数量快速减少。这与两项政策的出台时间有较大的关系。考虑到，在90年代中期以后，主要是中央教育系统的委员在挂钩政策的出台中扮演了更为重要的角色，因此在4%的挂钩问题上，中央的委员成为呼吁的主要力量。特别是可以看到，在2012年，有两件挂钩提案出现，都是关于4%的政策，并且都是由中央的委员提出。

我们更进一步地统计在所有涉及教育财政问题的提案中，央属教育系统委员的比例。表3显示该比例仅为2.74%，但是在挂钩事项上达到了44%。在具体的挂钩事项上，“4%”与“三个增长、两个比例提高”两类挂钩案中，央属教育系统的占比分别为70.00%和22.22%。这表明，在地方任职的政协委员，对于挂钩问题并不是太有热情，来自央属教育系统的委员是推动教育经费挂钩的主力；尤其是在4%的问题上，更多的是来自中央的政治精英们在发声，地方的政治精英们对此却反响平平。这个发现与前面的分析结论是吻合的。

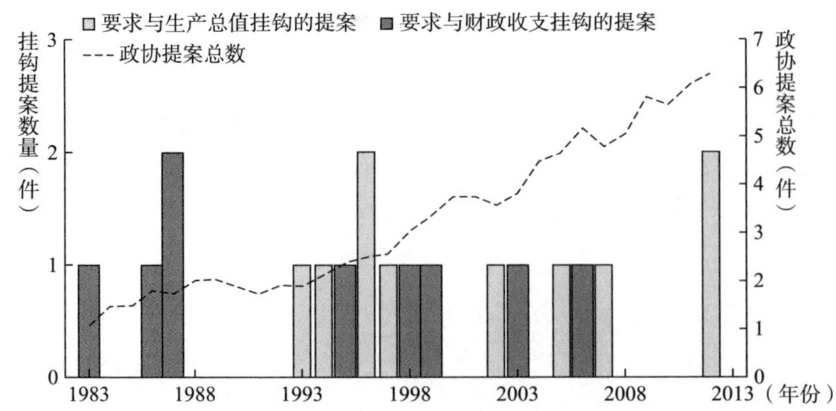

图 5　历年提出不同挂钩事项的提案的统计

表 3　在不同财政问题上提案委员中来自央属教育系统的委员比例

政策类型	央属教育系统委员的比例（%）
涉及财政问题	2.74
要求挂钩	44.00
要求与生产总值挂钩	70.00
要求与财政收支挂钩	22.22

四　代表的党派分布

对提出“挂钩”提案的代表来说，共产党、九三学社和民革是其主要来源，合计约占70%。这与所有义务教育财政提案的情况有较大的不同。相比之下，所有义务教育财政提案代表的党派分布要更为分散，共产党、无党派和民进这三大最主要来源合计约占60%，其他民主党派也有一定数量的贡献。

表 4　提挂钩案的委员的党派分布

党派	挂钩提案		所有义务教育财政提案	
	数量（件）	占比（%）	数量（件）	占比（%）
民进	2	8.70	202	16.78
民革	3	13.04	102	8.47
民盟	2	8.70	118	9.80

续表

党派	挂钩提案		所有义务教育财政提案	
	数量（件）	占比（%）	数量（件）	占比（%）
民建	1	4.35	59	4.90
致公党	0	0.00	14	1.16
农工民主党	0	0.00	33	2.74
九三学社	5	21.74	83	6.89
共产党	8	34.78	257	21.35
台盟	1	4.35	14	1.16
无党派	0	0.00	256	21.26
未区分	1	4.35	66	5.48
小计	23	100.00	1204	100.00

虽然“挂钩”提案数量较少，但是与所有义务教育财政提案的情况相比，其提案代表的来源还是呈现出几个较为明显的特征：一是没有无党派的政协委员提出挂钩案，但无党派人士在所有教育财政提案委员中占了相当大的比例；二是九三学社表现格外突出，贡献了超过五分之一的“挂钩”提案，但在所有义务教育财政提案中只有不到7%；三是共产党代表比例较高，比在所有义务教育财政提案中的比例高出10多个百分点；四是民革取代了民进作为排序第三的代表来源，民革代表在“挂钩”问题上比在其他义务教育财政问题上表现得更为积极。

代表的党派分布在不同时期有较大不同。80年代里提“挂钩”案只有共产党和九三学社代表参与；90年代里，提案代表仍以他们为主；其他民主党派主要是从90年代末开始参与，但其作用到2000年之后才有所凸显。共产党员代表早在80年代即积极参与涉及“挂钩”问题的提案，90年代中期来自中央的共产党员代表是提案的主力，但进入2000年之后，就再也没有共产党员代表提出相关提案。

九三学社的代表是最早和共产党代表一同发力的民主党派代表，直到第三个时段仍有代表提出挂钩提案。随时间来看，九三学社代表有比较明显的从地方向中央集中的趋势，这一转折约在90年代末。由于九三学社成员多来自高校，因此这一变化，与前面指出的中央教育系统代表在90年代中叶后大量涌入的情况，逻辑上是吻合的。

此外，其他民主党派，包括民革在内，主要是从90年代末甚至更晚之后，才有所动作。但是他们在参与进来不久，就迅速地取代了共产党和九三学社代表的地位，在第三个时段里充当了提案主体，积极参与到“挂钩”提案的提出当中。

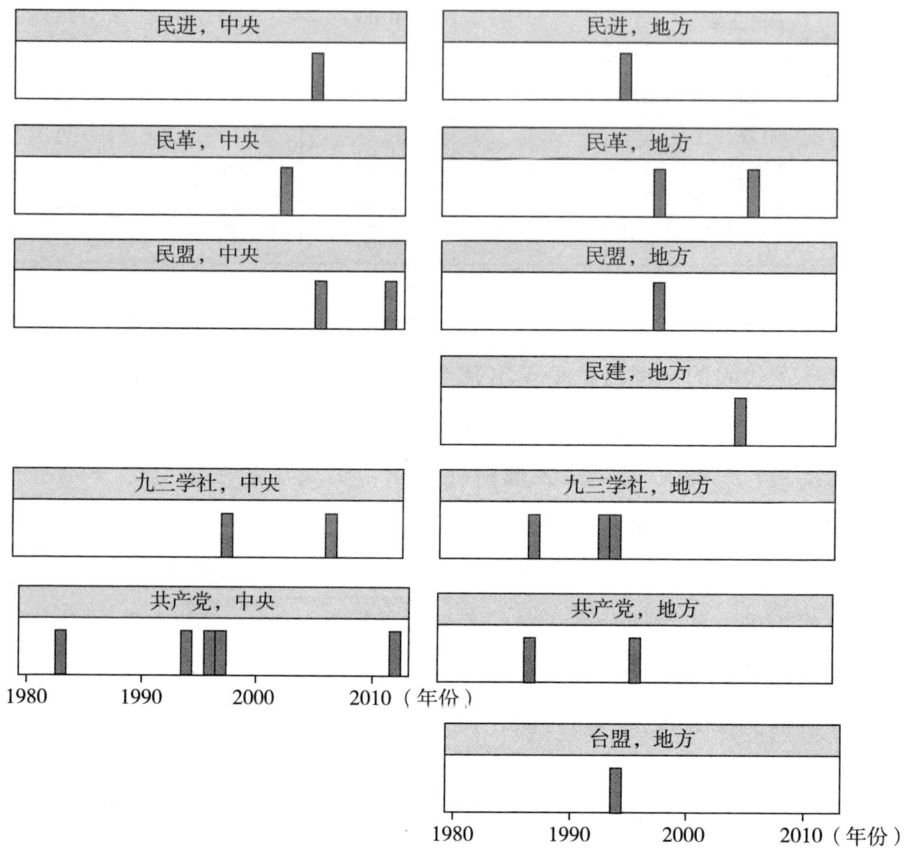

图6　各党派政协委员提出挂钩案的数量和时间分布

五　小结

1983年到2007年，教育财政挂钩机制从一项动议形成固定制度并不断完善，主要经历了三个时段。这三个时段里，有关提案的数量、内容和代表的身份特征，呈现出了一定特点，归纳如下。

第一，“挂钩”提案的时间分布与时代背景密切相关，集中出现的时段对应着重要的教育财政体制变革的时期。“挂钩”提案的密集出现，表现出对制度变迁的高度敏感性。“挂钩”提案和一般的教育财政提案，二者数量在很长时期内并不相关；但在2000年之后这段时期，其数量变化有了一致趋势。

第二，代表围绕挂钩问题的诉求与80年代以来教育财政体制的变动相互印证。“挂钩”提案的内容从80年代的“制定挂钩规则”，到90年代“确定落实措施”，逐渐演变为2000年后以“调整挂钩比例”为主；挂钩参照对象在80年代就基本都被提出过，代表此后的提案重点是往上“加码”而非制造新的“挂钩”。

第三，提“挂钩”案的代表绝大部分来自教育系统。其中地方教育系统代表在90年代中叶以前发挥作用较明显，之后中央代表表现得更为突出。

第四，伴随着挂钩从财政收支挂钩转变为生产总值挂钩，中央的代表的比例的不断提高，这说明中央教育系统代表是对此参与积极性更高的群体。地方代表对此热度不高；对比两类挂钩政策，地方代表对4%政策更缺乏兴趣。

第五，共产党、九三学社和其他民主党派的代表，在三个时段的表现各有不同。早期共产党和九三学社是发声的主力，2000年后则以其他民主党派代表为主。

高等教育财政政策的演进逻辑（1983 ~ 2012 年）

——基于中央与地方关系的分析

张文玉[*]　王江璐[**]

一　关系主体的界定

改革开放以来，我国高等教育财政政策经历了巨大变迁，这表现为高校从主要由中央部委管理到主要由地方管理；筹资渠道由财政为主的单一筹资方式，逐步转变为多元化筹资方式；以及财政投入重点由重视对重点高校/学科的投入，逐步转变为同时重视对一般高校的投入。这种转变与中央和地方在高等教育领域的关系息息相关。本文通过全国政协高教财政提案数据，对中央和地方围绕高教财政政策各自所采取的策略进行了分析。

为了使后文的分析便于理解，首先对我国高等教育财政政策演变过程中的主要行动者进行界定。根据我国高等教育管理和高教财政体系的特征，我国高教财政政策演变受到了财政部、教育部、重点高校、地方政府

* 张文玉，管理学博士，毕业于北京大学中国教育财政科学研究所，现为北京育灵童教育集团研究院研究员。

** 王江璐，应用经济学博士，毕业于江西财经大学，现为北京大学中国教育财政科学研究所博士后。

和地方高校等方影响。本文的分析主要关注围绕高教财政政策的中央和地方关系，因此对上述的行动者进行简化合并。

高层决策者。主要指在确定我国高等教育财政体系的发展方向和重大决策上发挥作用的决策层。在高等教育重大财政政策决策方面，财政部通常并无单独决策权力，鉴于讨论的主题，本文分析中将财政部纳入高层决策者中共同分析，而不做单独的讨论。

中央教育行政部门。在我国高等教育体系中，中央教育行政部门扮演双重角色，既与精英高校合力向政府争取持续支持，也行使高校具体管理权（王蓉，2015）。本文的分析主要从财政视角切入，主要分析中央教育行政部门与精英高校的合作。

精英高校。央属高校，主要是由教育部直属的“211 工程”、“985 工程”高校。在要求中央财政增加高等教育支出上面，精英高校与中央教育行政部门很容易因诉求相同而合作。

地方高校。在现行高教管理体制下，地方政府负责地方高校的财政支出，因此二者之间存在张力。但在要求增加中央财政投入上，地方政府与地方高校则有共同的利益诉求，因此本文的分析将地方政府与地方高校看作同一行动者。

在本文的分析中，“中央”主要是指高层决策者与中央教育行政部门，“地方”主要指地方高校。但精英高校的地位比较特殊，在“211 工程”、“985 工程”等重点大学建设工程实施之前，在利益诉求上，并不能将当前的精英高校与普通高校区分开来。但在重点大学建设工程实施之后，精英高校与非精英高校的利益诉求出现分化，精英高校更容易与中央教育行政部门形成一致的利益诉求。

二 政协高教提案的总体演变趋势

每年召开的全国人民政治协商会议，是来自一系列的政治党派（比如中国共产党和其他民主党派）、其他的半官方组织（例如妇联）以及一些无党派人士参政议政的平台。与我国建设相关的各项政策也会在政协会议有所反应。可以说，政协会议是观察我国各项政策变迁过程的合理窗口。

1983～2012 年的 30 年间，全国政协历经第六至十二届共七届会议，其间提出政协教育类提案共计 9015 件。通过“高等”、“高校”、“大学”、“硕士”、“博士”、“研究生”、“科研”等关键词检索提案名，筛选出高教相关提案 2819 件。进而通过“职业教育”、“职业技术”、“大专”、“函授”、“自学考试”、“成人”、“民办”等关键词，剔除非普通高等教育相关提案 166 件，最终保留普通高等教育相关提案 2653 件。历年政协高教提案数量如图 1 所示。

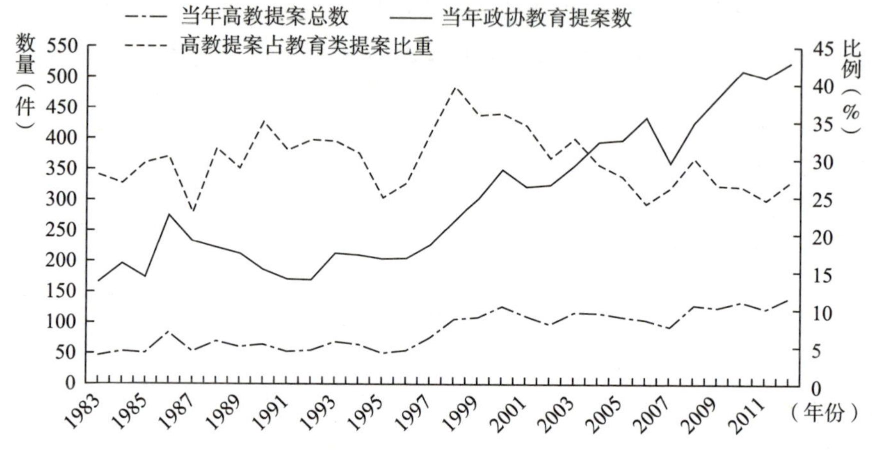

图 1　高教政协提案历年变化趋势

从绝对数量看，90 年代以来，我国政协教育类提案数量迅速上升，从每年 170 件左右上升到 523 件，并在 1984 年、1986 年、1993 年、2000 年、2006 年和 2010 年出现六个提案高峰。与此同时，高教政协提案的数量也呈上升趋势，但与政协教育类提案相比，速度较慢，变动趋势也比较平缓，只在 1987 年和 2000 年出现两个较为明显的提案高峰。绝对数量的变化虽可反映政协提案的整体变动趋势，但因包含各个层级的教育提案，且受到不同届次政协委员数量和提案积极性的影响，因而并不能准确地反映高教提案在当年提案中的相对重要性。相对来说，高教提案在当年政协教育类提案中的占比变化，更能反映高教问题在对应年份的相对重要性。从高教提案占政协提案的比例来看，1998 年之前一直呈波动上升的趋势，并在 1998 年达到峰值，当年高教提案占到政协教育类提案总数的将近 40%。在此之前，1986 年、1988 年和 1990 年还出现过三次高教提案的小高峰。

在 1998 年之前，高教经费短缺、收费问题等一直是高教领域讨论的热点问题，提案高峰的出现与此相关。1998 年之后，高教提案占比开始出现下降趋势，在 2006 年达到谷底后整体趋于平稳，每年占比在 25% 左右。这种趋势主要与高等教育问题与其他层级教育问题的相对重要性有关。

三　政协高教财政提案的特征分析

面对要求增加财政对高校支出的压力，中央政府通常有两个选择：一是直接给予经费支持；二是出台政策，支出责任下移或给予高校管理和经费筹集的自主权。基于此，本文将对高教管理主体、经费筹集方式和投入偏向上的政协提案情况进行分析，同时也将对有关高校化债、教师待遇和学生资助等中等高教财政政策方面的提案涵括在内，以期从更完整的角度反映各方就高等教育财政政策采取的策略。

（一）高校自主权提案及多元筹资机制提案

历年提案中，涉及办学自主权、招生自主权和专业设置自主权等高校自主权的提案共计 31 件，其演变趋势如图 2 所示。涉及多元筹资策略的提案共计 23 件，其变化趋势如图 3 所示。

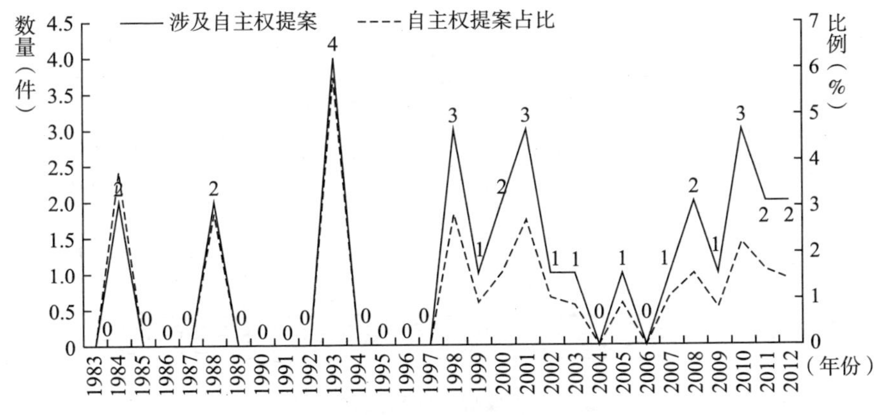

图 2　高教自主权提案变化趋势

高等教育自主权的扩大和筹资模式的多元化，是 1980 年代和 1990 年代我国高等教育发展过程中的两个重要事件。然而，从政协相关提案来

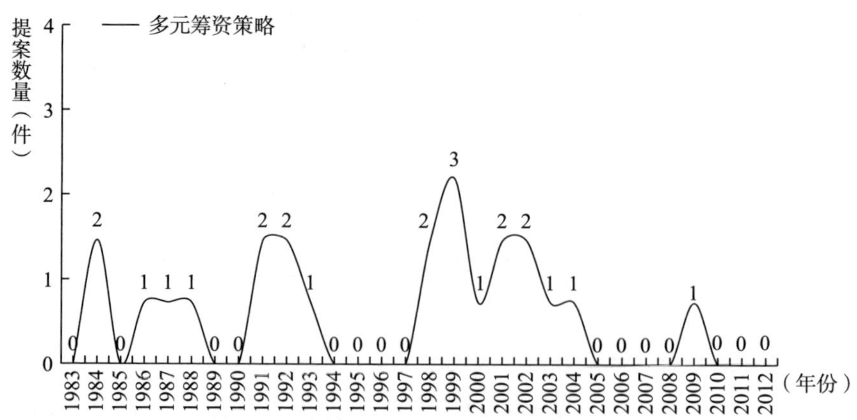

图 3　多元筹资策略相关提案

看，该两项议题在由下而上的政协提案中较为少见，即在政协会议中未得到充分体现。换句话说，高教自主权的扩大或管理权限的下放，以及筹资模式的多元化，来自地方政府和高校的诉求较少。

（二）“211 工程”“985 工程”相关提案与增加高教财政投入提案

历年提案中，涉及高等教育财政的提案共计 713 件，这些提案构成了本文剩余部分分析的数据库。高教财政提案随时间变化的趋势如图 4 所示。

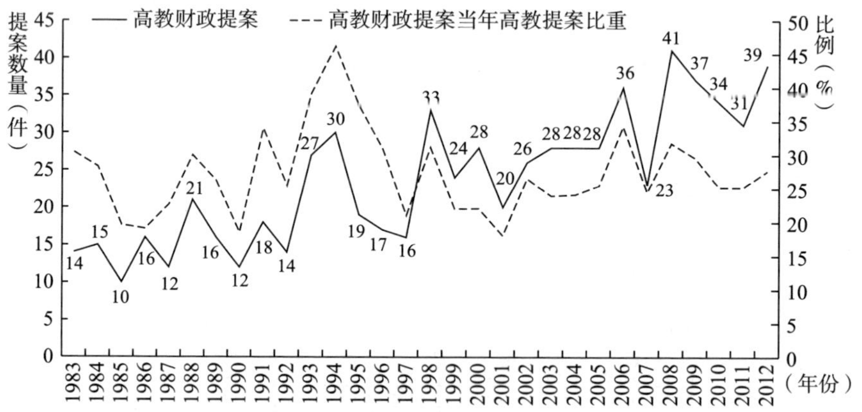

图 4　高教财政提案变化趋势

可以看出，在近 30 年中，高教财政的相关提案占高教提案总数的比例一直都比较高，处于 18.02%（2001 年）到 46.15%（1994 年）之间。而从 20 世纪 80 年代末期至 90 年代中期，总体呈不断上升的趋势，之后有所回落，并在2001年达到最低点，而之后的高教财政提案所占比例的变化趋势则相对较为平缓，维持在25%～35%。

在高教财政投入提案中，如表1所示，绝大部分提案都由教育部、财政部或两部之外的其他中央部委作为“唯一承办主体”、“主要承办”、“会同承办”和“分头承办”主体对提案予以处理，而由地方政府以各种形式承办的提案只占高教财政提案总数的8.14%。也就是说，高教财政问题的压力，主要指向为中央政府。

表1　高教财政提案承办主体分部情况

承办单位	承办形式	占比(%)	承办单位	承办形式	占比(%)
教育部	唯一承办主体	44.97	地方政府	唯一承办主体	5.24
	主要承办	19.31		主要承办	0.55
	会同承办	4.83		会同承办	0.97
	分头承办	7.03		分头承办	1.38
	总计	76.14		总计	8.14
财政部	唯一承办主体	5.66	MOE/MOF外其他部委	唯一承办主体	27.72
	主要承办	2.07		主要承办	3.03
	会同承办	15.86		会同承办	8.83
	分头承办	4.00		分头承办	3.45
	总计	27.59		总计	43.03

高教财政类提案中，涉及“211工程”、“985工程”两项重点大学建设工程的相关提案37件。在这37件提案中，有24件为要求增列某所高校或某省高校为“211工程”（18件）、“985工程”（2件）高校的提案或世界一流大学（4件），而讨论“211工程”和“985工程”必要性和可行性的提案数为零。相关提案随时间变化趋势如图5所示。

在713件高教财政相关提案中，要求增加高教财政投入的提案共计629件（其中24件要求增列某高校或某省高校进入“211工程”和“985工程”提案亦包括在内）。相关提案随时间变化的趋势如图6所示。可以发现，除1990年这个特殊年份之外，要求增加高教财政投入的提案呈现出非常强的历史周期性。1994年9月，国家计委和国家教委发布《关于调整

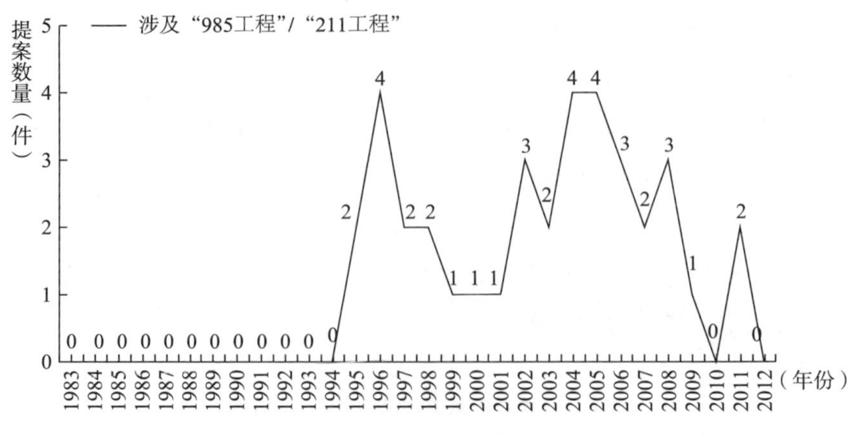

图5 “211 工程”“985 工程”相关提案

普通高等学校学杂费问题的通知》，开始在 37 所高校试行“公费”与“自费”并轨，关于增加高教财政投入提案的占比开始下降。1997 年 1 月，国家教委发布《高等学校收费管理暂行办法》中指出“学校可以根据情况提出年度学费的收费标准，经国家同意后，报所在省、自治区、直辖市教育部门，由省级人民政府批准后执行”，标志着我国高等教育收费并轨正式完成。关于增加高教财政投入提案的占比由 1994 年的最高 41.54% 降至 19.74%，并在此后维持在一个比较稳定的水平。

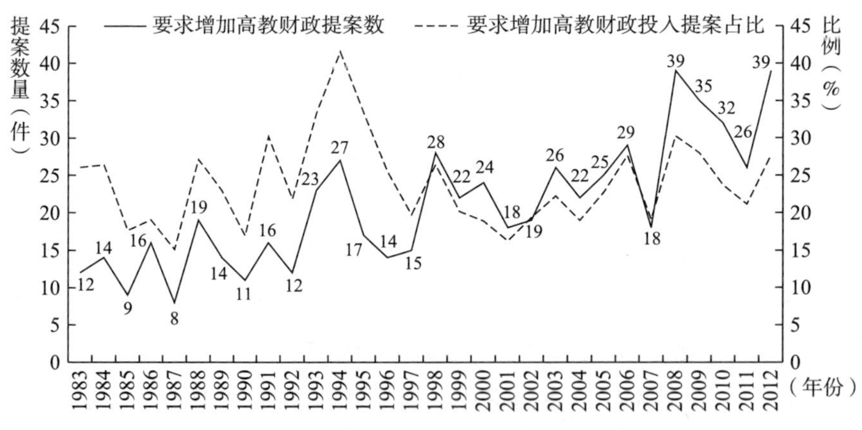

图6 要求增加高教财政投入的提案变化趋势

值得一提的是，虽然 1998 年之后要求增加高教财政投入的提案占比比之前有所降低，并维持在比较稳定的水平，但是从绝对比例上看仍然很高，在每年 20% 左右徘徊。此时，虽然重点高校已经通过“211 工程”和

“985工程”获得了巨额的财政支持，非重点高校却并未获得，因此要求对其增加投入的提案虽在1998年后下降，但仍稳定在20%～25%左右的较高比例。

（三）高校化解债务提案

高校化债相关提案共27件。相关提案随时间变化趋势如图7所示。

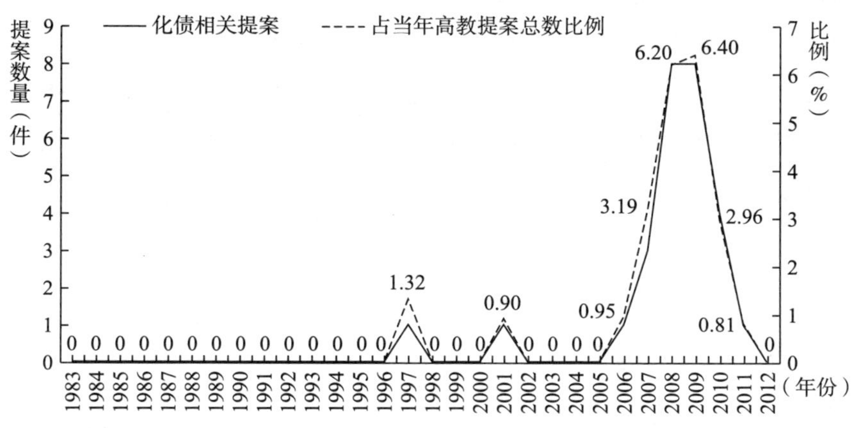

图7　化债提案变化趋势

从图7可以看出，高校化债提案很好地呼应了我国高等教育发展的周期。高校债务问题的产生和高等教育扩招密切相关。根据杜莉、徐磊（2013）的论述，高校扩招使得高校学生不断增加，不得不进行大规模的基础设施建设，经费需求扩大。然而从经费供给上，一方面，由多所高校合并而成的高校，其基本建设经费大多按2000年左右合校初期核定的平均拨款额度拨付，一经确定多年不变，导致高校来自中央的外源性无偿拨款收入来源的增加极其有限；另一方面，在“大众化”教育背景下，为了不增加受教育者的成本负担，国家要求高校学生学费标准保持在2000年合校初期核定的水平，不得提高。这样，国家的拨款和学生学费收入这两项高校主要的收入来源就基本被限定在一定的规模内，常年无增长或低增长，根本无法满足因扩招进行建设的资金需求。因此，许多高校基础设施建设所需资金则通过银行贷款的路径去解决。根据政协2007年5月公布的数据，当时全国高校贷款总额已达2500亿元，沉重的债务负担使很多高校时刻面临资金链断裂的风险。随着还贷高峰的到来，2008年和2009年政协高教提案也迎来了化债提案的高峰年，这两年的化债提案占到化债提案总数的 57.14%。

为了化解高校债务风险，财政部、教育部先后发布了《关于启动中央高校减轻债务风险试点工作的通知》（财教〔2009〕242 号）、《关于减轻地方高校债务负担　化解高校债务风险的意见》（财教〔2010〕568 号），陆续启动了中央和地方高校债务化解工作，提出了“谁贷款、谁偿还”的原则，同时规划和协调省教育厅、财政厅、国土资源部等各单位共同推动以高校自筹和财政支持相结合的模式化解债务负担。相关政策出台后，高校化债提案从 2010 年开始下降，2011 年仅有 1 件相关提案，2012 年相关提案为零。

（四）高校教师待遇提案

高校教师待遇相关提案共 59 件，其随时间变化的趋势如图 8 所示。

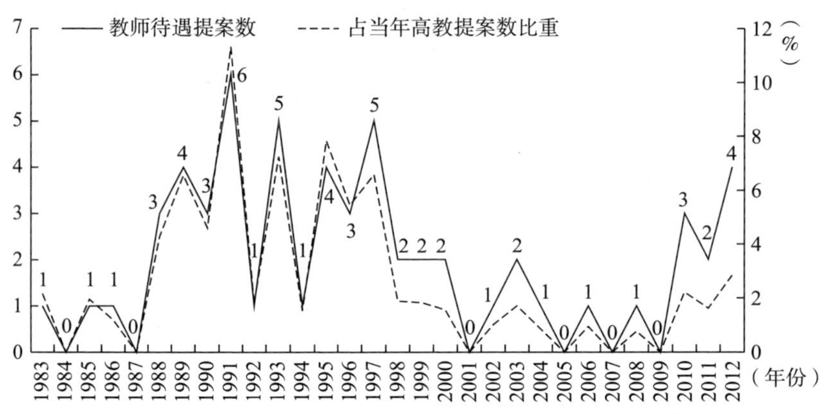

图 8　教师待遇提案变化趋势

从教师待遇提案的变动趋势来看，根据国家教育财政政策的发布时间，大概可以分为 3 个阶段：1985 ~ 1988 年，1988 ~ 2001 年和 2001 年以后。1985 年出台的《中共中央关于教育体制改革的决定》，为了缓解高校经费困难，允许高校在计划外招收自费生和委托培养学生，并将开展校企合作、经费使用安排、自筹资金使用等权力下放给高校，这使得教师的待遇有所提升，因此相关提案较少。然而随着高校教育规模的扩张，伴随而来的是高校创收热情的增强，乱收费的现象开始出现，因此中央出台相关政策进行规范。1988 年 3 月，国家教委发布《关于加强普通教育经费管理的若干规定》，指出要加强对预算外资金的管理，所有预算外资金，必须专户储存，统一由财务部门进行管理，不准将预算内资金转为预算外，也不准把预算外支出挤入预算内开支。1989 年 8 月和 1992 年 6 月国家教委、财政部和物价局又先后出台《关于普通高校收取学杂费和住宿费的规定》和《关于进一步改革和完善普通高校收费制度的通知》两个文件，对高校的收费行为进行规范。高校的创收行为受到抑制，对预算外资金的使用权力也得到限制，教师待遇等由此受到影响，相关提案开始增加。1994 年 9 月国家计委和国家教委出台《关于调整普通高等院校学杂费问题的通知》，我国高等教育“公费”与“自费”并轨开始，并于 1997 年全部完成并轨，高效的财务状况得到改善。同时由于 90 年代中后期开始实施“211 工程”和“985 工程”，精英高校的教师待遇得到普遍提升，因此相关提案在 1997 年之后迅速下降。但 2010～2012 年，教师待遇相关提案又出现了轻微上升的趋势。这可能与我国经济发展阶段的特点有关，由于近年来房价（特别是处于经济发达地区的高校）的迅速攀升，在 2010～2012 年的 9 件提案中，有 6 件与青年教师住房问题有关。

（五）学生资助提案

学生资助相关提案共计 114 件，其随时间变化的趋势如图 9 和图 10 所示。

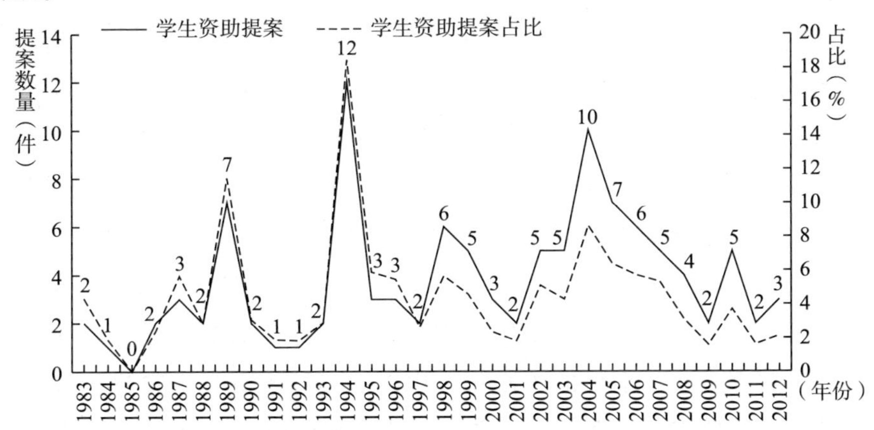

图 9　学生资助提案变化趋势

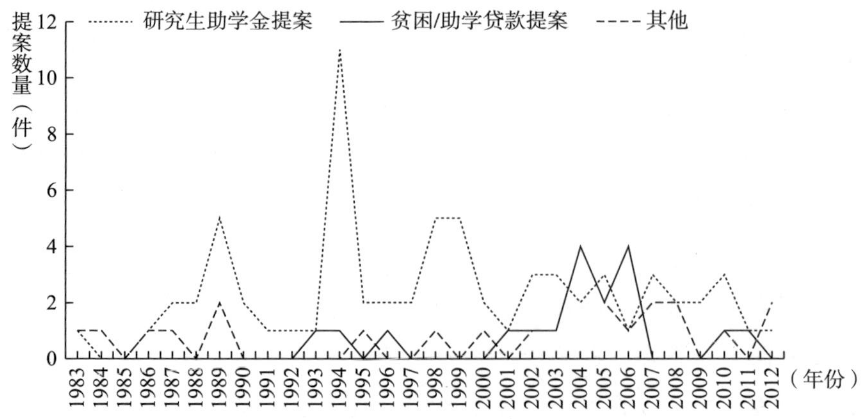

图 10　学生资助提案数细分情况

从图 9 和图 10 可以看出，关于学生资助的提案总共存在 4 个提案高峰。1989 年、1994 年和 1998 年的高峰主要由于研究生助学金提案增多形成，而 2004 年的提案高峰则由于助学贷款相关提案增多形成。这种变动特点与我国研究生助学金和助学贷款政策有关。

1985 年 12 月，国家教委和财政部颁布《关于研究生在校学习期间生活待遇等问题的规定》，开始为在校博士生和硕士生发放生活补助，标准分别在每月 76 元和 58 元左右。由于标准较低，1989 年形成了要求提高研究生待遇的提案高峰。1989 年后到 1993 年都保持了一个比较低的水平。虽然如此，1991 年 12 月，国家教委和财政部还是联合印发了《普通高等学校研究生奖学金制度试行办法》，将博士生和硕士生的普通奖学金分别提高到每月 100 元左右和 70 元左右，并按一定学生比例发放优秀奖学金。但由于社会物价和生活水平的变化，这个标准仍然偏低，1994 年便再次出现了关于提高研究生待遇的提案高潮。1994 年 9 月，国家教委、财政部印发关于《普通高等学校研究生奖学金办法的通知》，将硕士普通奖学金的标准提高到生均 147 元/月、167 元/月、187 元/月三档，博士提高到生均 190 元/月、210 元/月、230 元/月三档。1996 年 10 月通过《关于提高普通高等学校研究生奖学金标准的通知》中再次提高了研究生奖补助的标准，将硕士研究生普通奖学金标准提高到生均 200 元/月、220 元/月、240 元/月三个档次；博士研究生普通奖学金标准提高到生均 240 元/月、260 元/

月、280 元/月。不到两年时间，在 1998 年的提案中又出现了一个研究生待遇提案的小高峰。2000 年 2 月 1 日，国务院办公厅转发《中国人民银行等部门关于助学贷款管理若干意见的通知》（国发办〔2000〕6 号）规定“由各级政府贴息的国家助学贷款对象，由全日制本、专科学生扩大至研究生”，可以基本解决研究生的学杂费等问题后，此类要求提高研究生待遇的提案才在近年来保持较低的数量。

1998 年高校扩招后，关于贫困生和助学贷款的提案不断增多，一定程度上分散了政协提案中在研究生待遇方面的关注度。1999 年 5 月，中国人民银行、教育部和财政部联合发布《关于国家助学贷款的管理规定（试行)》，助学贷款政策开始实施。但在实行的过程中，贷款程序烦琐、银行借贷意愿低、违约等问题逐渐出现，关于助学贷款的提案也逐渐增多，并在 2003 年第一届贷款学生毕业后的 2004 年出现了提案高峰。2004 年 6 月教育部、财政部、人民银行、银监会《关于进一步完善国家助学贷款工作若干意见的通知》出台，实行贷款学生在校期间贷款利息全部由财政补贴、还款年限延长至毕业后 6 年；并于 2006 年 9 月初步启动国家助学贷款代偿机制后，相关提案才降下去。

从上文关于政协高教（财政）提案的分析，可以发现，在我国高等教育发展过程中相关政策在政协提案中的反映，存在几个方面的特征。

第一，从高教自主权提案和多元筹资模式提案来看，关于高校管理权下放、学校自主权和多元筹资模式的形成，很少有提案提及。这就表明此类高校的宏观政策的出台，来自政协代表的诉求较少，或者说，对于高校的管理权和筹资模式等问题的政策安排并非来自地方或者高校的压力，至少在政协提案中并未体现。

第二，从与“211 工程”“985 工程”相关提案和非重点大学投入提案来看，首先，很少有提案要求出台“211 工程”或“985 工程”等重点大学项目；其次，当国家提出“211 工程”之后，随即就有提案跟进要求将某校列入项目之内，尽管此类提案也不是非常多。不过，有关将某校纳入“985 工程”的提案则更少，这可能是因为“985 工程”主要是针对央属高校，而为其发声的提案人所占比例较少导致的；再次，提案中要求增强对非重点大学投入的提案非常多，虽然在 1998 年后相关提案比例有所下降，但仍然保持在 20% ~25% 的较高水平。

第三，从高等教育扩招开始，高校债务问题就逐渐显现，但是在 2008 年之前，相关提案非常少。直到 2008 年、2009 年高校还款高峰的到来，要求中央财政投入资金化解高校债务的提案才出现高峰，分别占到当年高教财政提案总数的 6.20% 和 6.40%。

第四，从高校分科目财政投入提案的变化可以发现，首先在关于高校教师待遇的提案中，不论是从绝对数量还是占高教提案的比例上都不高，而且 1997 年学费并轨之后，相关提案迅速下降，并一直保持在一个较低的水平；其次，提高学生资助待遇的提案是高教提案中的一个主要议题，在 30 年的高教发展历程中，一直是政协委员提案的热点。与教师待遇提案的低数量、低比例相比，学生资助提案的高数量高比例更加引人关注。

四　高教财政政策形成中的各方策略

在简要分析了 30 年来我国高等教育财政提案的基本特征后，本部分将主要分析出现上述特征的原因。事实上，在国家每项与高教（财政）相关的政策出台背后，都涉及中央与地方/高校之间的关系。各方都充分利用自己可以利用的机会，采取一定的策略，争取为自己争取更多的利益空间。为了便于理解，我们用下图 11 对各方采取的策略及反应该策略的相应提案类型进行了图示。

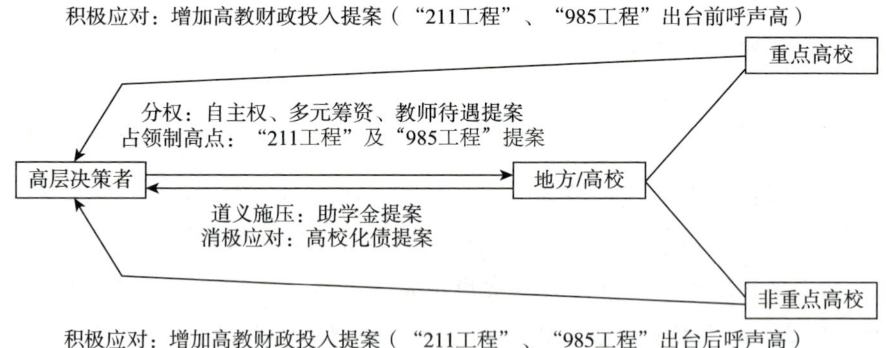

图 11　高教财政政策演变过程中的各方关系

（一）中央：分权

首先要回答的问题是，如上文所述，从历届政协的相关提案的数量来看，要求中央政府下放自主权/管理权或者要求中央政府给予高校多元化筹资权力的提案非常少，这说明高校分权化的管理和筹资模式政策的出台并非因为来自地方或高校的由下而上的压力，相比来说更可能是自上而下推行的政策，这可以从历史中找到答案。

在“文革”期间，我国高等教育发展受到极大破坏。而改革开放后，面对市场经济体制对人才需求的上升，恢复发展高校被破坏的设施和扩大招生规模成为高教发展的当务之急。“当时（1983年）小平同志抓的一件事情，就是要求加快高等教育发展。在几年之内，高等教育招生要增加50%或者一倍，很具体。要加快调整和发展的步伐”（中国高等教育学会，2008：5）。但是由于中央财力有限，并不能为高校提供足够的经费。在“六五”（1981～1985年）期间，国家开始提出“创收”的概念，即学校自身有组织收入的任务，学校利用自身的设备、人力到社会上，通过服务取得收入；在1985～1993年间，高等教育财务管理、教育经费筹措处在转型期，高校面临着更大的社会需求和自身财力不足的矛盾，同时政府的投入也不足，有时甚至只有一半经费来自政府，剩余的钱要靠学校自己组织（中国高等教育学会，2008：200－201）。为了弥补资金的不足，1980年6月11日，教育部、国家劳动总局和财政部发布《关于印发〈高等学校建立学校基金和奖励制度试行办法〉的通知》（教计字〔245〕号），规定“高等学校建立学校基金，要在原有收入的基础上，主动承担并保证完成国家下达的各项事业发展计划和教学、科研任务以及不增加国家财政开支和人员编制的前提下，依靠广大教职工艰苦创业，广开财源，增收节支，逐步发展”，通过校办产业、横向课题、科研成果转化等收入建立学校基金，以“充分调动高等学校广大教职工的社会主义积极性，加速教学、科研的建设，促进教育事业的发展”。1985年《中共中央关于教育体制改革的决定》向高校下放了包括在执行国家的政策、法令、计划的前提下，高等学校有权在计划外接受委托培养学生和招收自费生；有权接受委托或与外单位合作，进行科学研究和技术开发，建立教学、科研、生产联合体；

有权具体安排国家拨发的基建投资和经费六项权力。于 1992 年开始又按照“共建、调整、合作、合并”的八字方针，将大多数高等学校的管理权下放到各省级政府，并在 1993 年《中国教育改革和发展纲要》中对高校管理权下放进行了强调，同时提出要“逐步建立以国家财政拨款为主，辅之以征收用于教育的税费、收取非义务教育阶段学生学杂费、校办产业收入、社会捐资集资和设立教育基金等多种渠道筹措教育经费的体制”。

可以看出，高校分权化管理和筹资体制相关政策的出台，是在急需扩大高等教育规模，为经济建设做贡献的特殊时期，且中央财政经费不能满足高等教育发展需求的情况下中央有意为之。制度安排会影响社会利益的表达方式和解决问题的渠道和空间（周雪光，2015），通过分权，既可以调动高校发挥主观能动性自主筹集和利用经费的积极性，同时也通过分权将财政对高教的投入责任分散化，避免了经费投入的压力由地方/高校向中央的集中。

与此类似，关于要求提高高校教师待遇的提案偏少（30 年的时间内仅有 59 件），主要也是中央在特殊历史时期对教师待遇问题采用了分权化的管理方式，以避免来自地方/高校的压力而有意采取的措施。1986 年国家教委、财政部出台的《高等学校财务管理改革实施办法》规定、高校接受委托培养、举办干部专修科、函授、夜大以及开展社会技术服务和咨询所取得的收入，可提取一定劳务酬金，并且酬金分配的标准由学校制定。1992 年国家教委出台的《关于国家教委直属高校深化改革，扩大办学自主权的若干意见》指出学校在执行国家工资法规和实行工资总额包干的前提下，有权确定适合本校实际的校内分配办法和津贴标准，将职工工资福利的分配权给了高校。1993 年国务院颁布的《关于加快改革和积极发展普通高等教育意见的通知》又再次强调“保证学校拥有充分的办学自主权，在专业设置、招生、指导毕业生就业、教育教学、科研、筹措和使用经费、机构设置、人事安排、职称评定、工资分配、对外交流和学校管理等方面拥有法律、法规规定的权限”。可见，在对于高教教师待遇的问题上，采取分权的方式更能够减少高校对中央财政的依赖，转而在教师经费上，在多渠道筹资的背景下可以让高校有更多统筹和分配的自主权。

（二）中央：占领制高点

如上文所述，由于经费紧张，中央采取高校部分管理权限下放及多元化筹资方式以分散压力。但是，与自主权/管理权下放的提案数类似，要求施行“211工程”和“985工程”的提案在历年的提案中也并未出现，而这两项需要投入大量经费的政策，显然不能用上文所说的中央通过权力下放以减轻经费支出压力的逻辑来解释。那么，实施“211工程”和“985工程”增加对高校的投入的原因何在？Wang（2014）认为，为了加强对高教体系的控制，中央教育行政部门通过与精英高校的联合，采取“占领制高点”的策略，以强化自身在高等教育中的地位。本文认为，“211工程”和“985工程”的实施，也是中央教育行政部门采用“占领制高点”的策略，加强其对高等教育体系管控的措施。

受计划经济时代高教管理体制的影响，改革开放初期，我国的高校主要由各个部委管理，经费的拨付也有对应的部委负责。为了改变这种分散化的高等教育管理体制，1985年，国家从各部委抽调人手，将教育部改组为国家教育工作委员会，以增强其统筹协调能力。但是由于所抽调的人员都是副职，并不能起到实际的协调作用（中国高等教育学会，2008：9－10）。由于缺乏充分的资源，中央教育行政部门因此也难以通过资源分配实现对高校的管理。1988年，国务委员李铁映接替李鹏兼任国家教委主任。李铁映到任以后与教委各司局领导逐个进行了谈话，1991年，李铁映提出一个概念，那就是面向21世纪，办好我国的100所重点大学，称“2011计划”。此概念提出后，教育部相关司局便展开研究工作，并多次征求高校学科专家和管理者的意见，不断将政策理念推向成熟，最重演变成了现在所看到的“211工程”（张国兵，2010：46，55）。而在“985工程”政策出台的过程中，“教育部领导、工作人员与北大校方有过多次接触，并建议学校利用校庆和国家实施科教兴国战略的大好时机，参照中国科学院的经验，向中央提出‘创建世界一流大学’的建设目标，以争取得到中央政府的更大支持”（张国兵，2010：61－62）。可见，为了增强其在资源配置中的地位，中央教育行政部门采取了与精英高校联合，向财政部门施压，以增强其资源占有量的策略（张国兵，2010：36）。

采用占领制高点的策略，不仅有利于教育部门资源配置能力的增强，同时客观上也提高了精英学者的待遇和科研经费水平，有利于其维持整个高等教育体系的稳定。从1998年之后要求增加高教财政投入提案占高教提案比例的下降，我们就可以观察到这种影响的存在。但仍然没有解决的问题是，中央的权力下放和占领制高点策略，虽然减少了诸如教师待遇之类提案的数量，但是从整体上，1998年之后仍有大量来自地方政府和普通院校的要求增加财政投入的诉求，这需要进一步的分析。

（三）地方/高校：应对高教财政政策的策略

1. 积极应对

上述情况的产生，主要与中央教育行政部门和地方/高校之间的张力有关。

占领制高点的策略使精英高校通过“211工程”“985工程”获得大量财政拨款，而非重点高校则不能获得相关经费，这导致了教育资源分配的不公平。从政协提案来看，从2000年开始有提案直接提出高等教育公平的问题。随着高等教育领域的重点政策和扶强政策实施时间的逐渐变长，高校两极化趋势也日益明显，要求增加对非重点高校投入的呼声越来越高，并在2008~2010年形成了提案高潮（2000年到2012年提及高等教育公平和均衡的提案共14件，其中12件出现在2008~2012年）。2010年到2012年间，针对非重点高校的专项资金政策、“2011计划”和生均经费政策陆续出台后，才使得相关提案逐渐下降。

可以看出，在“211工程”和“985工程”所带来的高等教育不公平的情况下，通过政协提案中的利益诉求，使得国家开始扩大对非重点大学的投入，以平衡重点高校和非重点高校间的投入差距。

2. 消极应对

地方/高校对中央政策的应对，除了上述的以中央教育行政部门出台的政策所客观形成的不公平状况对教育部门施压外，还有一种较为“消极”的应对方式，这在高校化债的提案变化趋势上体现比较明显。

实际上，从政协提案数目来看，在扩招政策出台前后的1997~1999年三年间，关于高等教育扩招政策可行性和必要性讨论的提案为零。同时，如前所述，中央要求高校扩招，但却未对高校扩招所需经费予以保障，这就给了高校通过借贷进行投入和建设的“合理”借口。由于非重点高校的债务大多由政府兜底保障，因此对要求财政帮助化债有充分的“理由”，在2008年和2009年还款高峰到来之前并没有债务相关提案，而在还款高峰到来之时才有政协提案建议紧急化债。

（四）地方/高校：道义施压

虽然为学生发放助学金既对提高教师待遇没有帮助，也对增加学校的整体经费水平帮助不大。但是在历年的提案中，与教师待遇提案相比，学生资助提案都占有更高的绝对数量和比例。实际上，学生资助提案可以说是增加对学校投入的最好方式之一。因为学费并轨之后，学费不断提高，成为学生家庭的一个负担，而高校扩招之后，贫困生增加也是客观事实。对各方而言，保证学生不因学费问题无书可读，以及切实减轻贫困学生读书的负担都是不可推卸的道义责任。同时，为学生提高资助，有利于维持学生群体的稳定，这个也是中央难以拒绝的增加经费投入的理由。

参考文献

杜莉、徐磊，2013，《高校财务走出沉重外部负债“泥潭”的反思》，《管理世界》第12期，第180～181页。

王蓉，2015，《如何建立兼顾公平与效率的教育财政体制机制》，《人民教育》第23期，第28～32页。

张国兵，2010，《高等教育重点建设政策研究》，北京大学出版社。

中国高等教育学会，2008，《改革开放30年中国高等教育改革亲历者口述纪实》，教育科学出版社。

周雪光，2015，《无组织的利益与集体行动》，《社会发展研究》第1期，第182～208页。

Wang, R. 2014. “The commanding heights: The state and higher education in China.” In Fan, S. G., Ravi Kanbur, Shang-Jin Wei and Xiaobo Zhang, et al. *The Oxford Companion to the Economics of China*, Oxford University Press.

我国高校自主权的“发声”机制研究

——对新闻文本的内容分析*

于 洋** 冯昕瑞***

改革开放后，政府在社会各个领域开始了渐进式的权力下放的改革，高等教育领域的分权作为其中的一部分，对我国高教管理体制的变革起到了决定性的影响。在这种宏观机制下，我国高校自主权的发展对政府的依赖性很高。要促成高校自主权的扩大与落实，一方面需要政府的积极引导，另一方面也需要社会各界的积极呼吁。这不仅反映在政策文本中，也反映在报道高校自主权相关问题的新闻文本中。近年来关于高校自主权的新闻文本数量与日俱增，反映出了高校与社会的诉求。同时，在媒体的新闻文本当中，呈现出媒体对高校自主权问题的认知，与政府政策之间，也存在着关联性与差异性。不同属性的媒体对高校自主权问题的微观主题关注点有何区别？教育系统内和社会各界人士对高校自主权认识是否存在差异？本研究通过对2000～2014年新闻文本、新闻媒体的类型和信息源等进行分析，试图对以上问题加以更多理解。本文首先对高校自主权的政策演变进行了梳理，之后对高校自主权相关的新闻文本的数量、信息源、问题类型和内容进行统计分析，最后对新闻报道的类型和信息源进行网络分析。本文认为，我国高校自主权的发展是由中央政府推动的，中央政府是

---

* 本文基于于洋博士2016年撰写的北京大学博士学位论文《我国高校自主权的演变及其“发声”机制研究——对政策文本、学术文献与新闻文本的内容分析》改写。

** 于洋，管理学博士，毕业于北京大学中国教育财政科学研究所。

*** 冯昕瑞，北京大学中国教育财政科学研究所在读博士生。

为高校自主权发声的主导者；在政府对高等教育的分层放权下，地方政府、地方高校对自主权力的诉求越来越高；在高校自主权问题上，我国教育行政管理部门存在部门利益，其对于学科设置问题的关注度很高，且信息源的网络分析也表明，《中国教育报》的信息源相对独立，与其他报刊之间的交集较小。

近年关于高校自主权的研究逐渐向法制化和政府高校关系的方向转移。在研究内容上，理论研究占了绝大部分。在探讨政府分权与大学自主权的关系上，理论框架逐步完善，包括权力理论、教育政策价值定位理论、新公共管理理论和网络治理理论等（许杰，2008）。近年来通过不断放权，我国大学与政府关系正在从“国家控制模式”向“国家监督模式”转变（胡建华，2004）。有学者认为，政府和高校之间，需要保持一种必要的“张力”以维持动态平衡。在政府权力和高校权力之间寻找“黄金分割点”，来达到平衡发展至关重要（郭秦茂，2009）。然而，高校自主权发展过程中，这种“张力”来源于何处，这方面还缺乏清晰的认识。在政府与高校关系、大学自主权的研究中，实证研究和内容分析法也还没有得到广泛的应用。[①] 本文利用内容分析法，对新闻文本进行定量研究，试图对这一领域较为缺少的实证研究做出贡献。本文通过分析不同媒体和信息源在高校自主权问题上的焦点的异同，来观察在高校自主权问题上，发声者是否已经形成了不同的利益群体，并借此来对政府和高校之间的“张力”予以更多的理解。

一　改革开放后中国高等教育分权过程回顾

改革开放后，政府分权的措施在社会各领域发挥着积极的作用，高等教育体制也在这种分权机制下得以转变。具体来说，高等教育领域的分权在条块分割模式的基础上，通过院校改革的调整和分层管理的实施，一方面明确了中央政府与地方政府在高等教育管理方面的责任；另一方面随着

① 樊俊飞（2013）采用了描述统计的方式对大学章程进行了实证研究，但其他研究中尚缺乏对类似方法的应用。

“部门办学”机制的转变，教育行政部门在高等教育管理中的影响力得以彰显，形成了中央、地方两级共管、条块结合的高等教育管理体制。周光礼（2012）、康宁（2004）、蒋凯（2014）等学者都对我国高校自主权的发展阶段进行过梳理。在改革开放后，标志性文件的出台成为重要的阶段划分依据。

1985 年开始，我国高校自主权进入尝试阶段。该年《中共中央关于教育体制改革的决定》出台，明确提出扩大学校办学自主权，加强高等学校同生产、科研和社会其他方面的联系，正式开启了中国高校自主权建设的大门。1986 年国务院颁布了《高等教育管理职责暂行规定》，在宏观上强调了中央政府向地方政府和高校的放权，在微观上扩大了高校招生、教学、科研、人事、经费等多个方面的管理权限。“校长负责制”在 20 世纪 80 年代末经过了反复调整，最终定为党委领导下的校长负责制。此阶段虽然通过行政授予了高校部分自主权，然而计划经济框架内的产权主体并未发生改变（康宁，2004）。

1992 年之后，高校自主权改革进入深化期。1992 年《关于国家教委直属高校深化改革、扩大办学自主权的若干意见》出台，毕业生自主选择就业、招生收费改革推进，教育主管部门对高校有限度地让渡人、财、物等的管理权限。以中共中央、国务院颁布的《中国教育改革和发展纲要》为标志，关于高校自主权的政策陆续出台，我国的高校自主权建设开始逐渐走向正轨。分权也开始多元化，除了向地方政府的行政放权之外，也将市场机制引入到高校的管理中，并且对高校的直接权力委托变得越来越具体。在 1995 年形成了高教改革的目标：建设中央与省级两级管理、分工负责，省级统筹为主、条块结合的管理体制。改革逐渐打破了部门办学的体制，院校调整工作进展顺利，形成了中央和地方两级共管、地方管理为主的高教管理体制。

1998 年后的 10 年中，高校自主权改革进入快速发展阶段。1998 年《中华人民共和国高等教育法》通过，中央与地方在高教管理权力关系上有了法律意义上的规范，大学内外部资源配置的主体及产权关系大部分得到了法律界定（康宁，2004）。但是高等教育管理领域的行政命令与此同时开始层出不穷，随着“211 工程”、“985 工程”的推进，我国高校的院校分层开始逐步被强化，两项工程的开展使得各层级高校的资源配置产生了巨大的差异。教育管理部门对于重点高校的权力与日俱增，除此之外，“985 工程”、“211 工程”院校的审批权限也归属中央。然而，属于地方政府的非重点高校，相对应的管理权限开始向地方转移。对于非重点高校的审批和专管权、非重点高校的校级领导干部任免、调整和合并高校，大部分都下放给地方。

2009 年后，高校自主权进入稳步建设阶段。从 2009 年开始，我国政府向社会各界征询意见，2010 年国务院正式出台《国家中长期教育改革和发展规划纲要（2010～2020 年）》，提出建立现代大学制度，高校的自主权建设进入了稳步发展时期。高等教育质量提升工程，招考制度改革，省级政府教育统筹综合改革逐步推进。随后教育部在 2011 年出台了《高等学校章程制定暂行办法》、《关于普通高等学校本科教学评估工作的意见》，2012 年出台了《关于全面提高高等教育质量的若干意见》、《全面推进依法治校实施纲要》，2014 年出台了《高等学校学术委员会规程》。这段时间涉及高校自主权的政策频繁出台，高校章程、学术委员会章程逐步完善，管办评分离初见成效。但同时，央属高校与地方高校在资源竞争，权力分配方面的差异逐步显现，高校自主权在不同类型高校之间的差异越加明显。

回顾历史政策文献可以发现，中央政府是高校自主权改革的主要推动力量，政策的出台主要反映了中央政府的宏观取向。这里的中央政府指的并不是教育主管部门，而是在集权制度下对国家整体发展占有主动领导权的领导集体。中央政府对地方政府的行政放权促进了我国高教条块分割管理体制的形式，使地方政府成为高等教育管理的重要角色。1985～1992 年，中央对于高校的办学权、管理权等权力开始下放，尤其是教育投资体制的相关权力下放较多。1993～1997 年，中央开始向地方大幅度让渡权力，办学和管理权力更多地向地方转移。1998 年之后，随着高校自主权入法，高校自主权的发展进一步深化。然而，“985 工程”、“211 工程”的开展，项目内外高校的资源配置产生了巨大的差异。院校调整过后，形成了新的条块结合的管理机制，中央政府选择了抓住制高点的办法，将优质高校的管制权力牢牢掌握住，而属于地方政府的高校，相对应的权限开始向地方转移。近年来，在办学权力和管理权力方面，地方政府的权力成为主导，这也与加强省级政府在高等教育方面的统筹权力、与现阶段正在进行的省级政府教育统筹综合改革相吻合。中央对高校自主权内容的定义是一个逐步具体化的过程，意味着对高校的权力委托机制是一种渐进式的授权，在确定改革目标之后，运用政策工具做出具体化的实施。2010 年《国务院办公厅关于开展国家教育体制改革试点的通知》出台，提出“建立高校分类体系，实行分类管理”，“探索高等学校分类指导、分类管理的办法”，并开始实施省级政府教育统筹综合改革，地方院校、职业院校的大部分管理权力进一步向地方倾斜。另一方面，央属高校的权力更加直接地来自中央的授权，自主招生，校长的公开选拔，学科专业设置权限的提升成为这批央属高校的特权。这种对于央属高校和地方高校的权力分配上的差异，是否使中央政府对高校自主权下放的主导作用受到削弱？地方高校对于自身权力的呼声是否更加积极了？

值得指出的是，在高校自主权政策的演进过程中，对于包含学生学籍管理、高等教育学位授予、教材和课程设定、教育教学评估等方面的教育教学权力，虽然有针对高校的放权，然而地方政府始终没有获得较高权力让渡，大部分权力始终归教育部所有。在教育教学权力方面，下放的程度较小。但是作为高等教育质量提升的核心，教育教学的改革是最为重要的。为何最为核心的权力没有像其他权限一样在中央的主导下进行较大幅度的放权呢？教育教学权力的变化不需要财政部、发改委等部门的参与，相关的政策发布机构基本上都是教育行政管理部门。教育教学权力的分权化程度较小，是否是由于部门利益的驱动？

对于以上问题，下文尝试通过分析 2000 ~ 2014 年相关的新闻文本回答。通过对报刊属性、信息源类型等层面进行分析，试图理清不同类型报刊各自会倾向于选择谁来为高校自主权“发声”。

二　新闻文本的整体性分析

本研究以中国重要报纸全文数据库（CCND）中国内重要报纸的电子版信息为数据库，对 2000 ~ 2014 年的高校自主权相关新闻报道进行抽样。① 研究者选取了《光明日报》、《人民日报》作为中央党报的样本，选取《中国教育报》作为教育行政部门的样本，选取《21世纪经济报道》和《南方日报》作为商业化报刊的样本，选取《新华日报》和《文汇报》作为地方报的样本，选取《人民政协报》和《法制日报》作为中央其他政府部门的报刊样本，共计293篇新闻报道，对各类报刊关于高校自主权的新闻数量进行统计（见表1）。需要解释的是，为了保证内容推论的有效性，本文抽样的报纸全部为日报。从总体数量上可以大致看出，教育领域的专属报刊对高校自主权的报道远远多于其他种类的报刊，另外，中央党报和地方政府主办的报刊对高校自主权问题的报道也多于中央其他部门报刊和商业报刊。

表1　同类型报刊关于高校自主权的新闻数量统计表

单位：篇

报纸类型	中央党报	教育行政部门报刊	商业报刊	中央其他部门报刊	地方报
数量总计	60	113	33	36	51

之后，本研究将抽样获得新闻文本类目系统进行编码，其中核心是对新闻主题和信息源进行编码。首先，在一级编码中，将新闻主题分为全面问题和具体内容。全面问题的新闻文本主要谈论的是我国高校自主权宏观改革层面的话题②，共98篇。对具体内容的新闻文本进行二级编码③，包含人事制度、招生制度、法制化、经费问题、学科设置、学位制度、去行

① 本研究利用CCND对新闻关键词的统计数据，将575篇高校自主权报道的新闻关键词进行整理。将与高校自主权内容相关的高频词进行整理，之后形成关键词的过滤词表和关键词归并表，将语义一致的主题词进行合并，将高频关键词设定与文献定量分析的关键词进行了统一化的处理，将语义上相同的词合并为一个。对于学术文献和新闻文本中分别单独出现的关键词予以保留。归并关键词之后，对与研究需要不相关的关键词进行过滤，最终形成关键词词频统计表。虽然非概率样本在估计抽样误差方面存在不足，但是有目的的样本抽样方法对于本研究的实施有关键作用。有目的样本是指研究者对特定类型的出版物或者特定时间的研究有兴趣，因为这些出版物是重要的或者时间在历史中起到关键的作用。

② 主要涉及政府与高校关系的调整，高等教育体制改革，高校自主权的理论分析。

③ 由于有些文章涉及多个具体内容，因此我们不能用比例来衡量各个主体的权重，只能根据具体的数量来对各个主题的情况进行确认。

政化等问题。

（1）新闻文本数量的时间趋势

在趋势上，如图1，近年来关于高校自主权问题的新闻数量持续性地上升。结合相关政策出台的时间，利用该数据对数量变动情况进行分析。对高校自主权的新闻报道可以2008年为界分为2个阶段：2008年前，对自主权的报道呈波动性变化，以2003年为峰值，但整体而言，总量均不高；2008年之后，对高校自主权的报道总量呈现台阶式上升，其中尤以2010年和2014年为最。可见，2008年后，随着高校自主权的政策出台愈发密集，关于高校自主权的新闻文本数量开始上升，政策文本与新闻文本同时将高校自主权的相关问题作为了焦点。

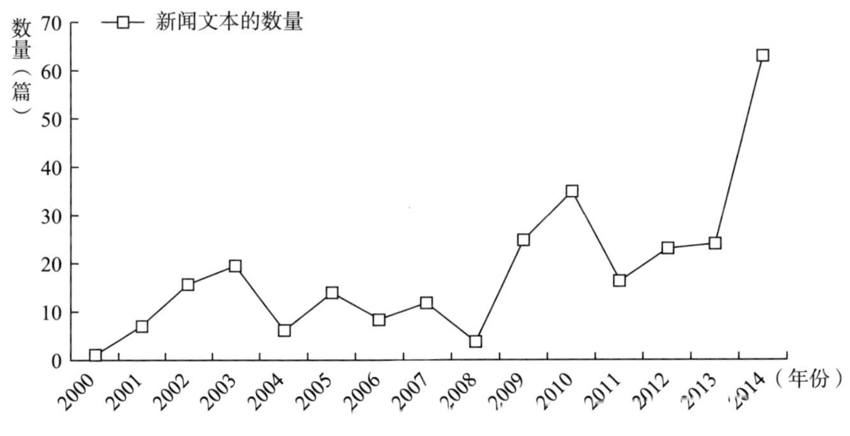

图1　样本中的新闻数量随年份的变化趋势

（2）新闻文本信息源与问题类型的相关性分析

在信息源方面，信息源一级变量的数量和比例状况如下（见图2）。由图2可知，我国高校自主权新闻的信息源有50%以上来自高校的代表。对高校代表中的人员再次进行分类，在包括高校信息源的新闻中，有77篇新闻报道的信息源中包括高校的校长或党委书记，有11篇新闻信息源中包括高校行政人员（部分报道的信息源中既包含校长或党委书记，也包括高校行政人员）。另有97篇新闻的信息源只包括学者，他们主要承担教育与科研任务。在中央干部的信息源中，有2篇新闻包括中央委员（分管教育工作的国务委员），12篇包括教育部副部级以上领导，16篇包括教育部副部级以下的官员，其余 10 篇新闻中不包括教育行政管理系统内的人员。可以发现在高校自主权中央干部的信息源中，绝大部分人是来自教育行政管理系统。

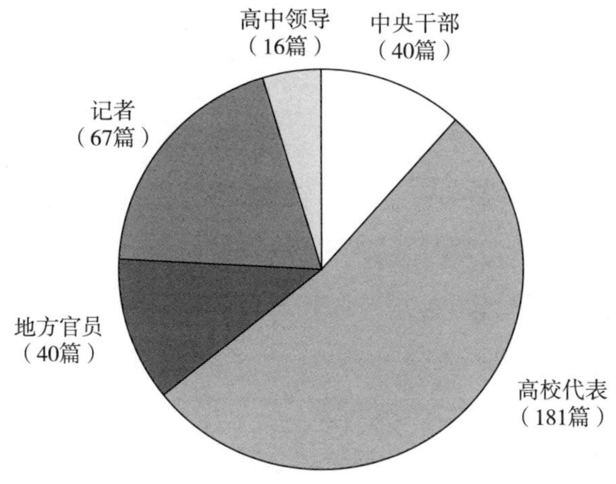

图 2 各类信息源的数量

接下来我们考察信息源与新闻主题的关系。利用余弦相似性检验勾画两类变量之间的关联性，能够看出不同的信息源对新闻主题的倾向，两类变量之间的相关程度见表 2。①

表 2 中 Ochiai 相关系数越大，代表了此类信息源对于该问题的关注程度越高，例如，中央干部、高校代表和地方官员对于全面问题的相关系数较高，代表了他们对全面问题的关注程度较高。在经费问题方面，高校代表格外关注，然而中央干部对此问题却不甚感兴趣，这代表了高校利益与中央政府存在冲突，在经费问题上政府与高校之间没有形成一致性的关注，这可能是由于目前高校经费的来源还是依赖政府拨款，尤其是对于央属高校而言，所以高校对该问题的重视程度要高于其他群体。

需要特别指出的是，在地方官员层面，关注度较高的是全面问题和招生问题。在我国条块结合的高等教育管理体制下，地方政府对地方高校的影响权重很大，同时又受到中央政府的监管。因此对全面问题的关注一方

① 进行 Ochiai 检验得到余弦相似系数表。计算公式为相关系数 $Yij = Xij/$（$Xi * Xj$）1/2，其中 Xij 代表 I、J 两词同时出现的频数，Xi 代表 A 词出现总频数，Xj 代表 B 词出现总频数。相关矩阵中的相关系数越大，表示这两个语义词之间的关系越紧密。

表 2　内容主题与信息源的相关系数

	Ochiai 相关程度							
	全面问题	人事制度	招生制度	法制化	经费问题	学科设置	学位制度	去行政化
高校代表	0.466	0.171	0.481	0.233	0.219	0.178	0.124	0.256
中央干部	0.256	0.145	0.102	0.248	0.042	0.138	0.000	0.109
地方官员	0.272	0.036	0.278	0.062	0.085	0.035	0.000	0.036
记者	0.210	0.112	0.384	0.120	0.098	0.187	0.163	0.084
高中领导	0.076	0.000	0.300	0.000	0.000	0.000	0.000	0.000
教育部副部级以上	0.117	0.000	0.107	0.113	0.077	0.126	0.000	0.066
教育部副部级以下	0.076	0.229	0.023	0.294	0.000	0.109	0.000	0.057

面是对中央政府做出表态要求，另一方面也是为地方高校提出要求。另外在招生问题方面，地方官员的关注度比中央政府要高得多，形成了在政府层级上的差异，这种状况的形成主要是由于自主招生改革过程中，拥有自主招生权的高校绝大部分是部属高校。2011 年具有自主招生权限的共 80 所高校中，只有 4 所是地方性高校，地方政府在地方高校自主招生权限的诉求是很大的，这一点反映在数据中，中央政府与地方政府对招生问题的关注度形成了明显的差别。与我们的研究假设相比照，首先由于政府的分层放权，地方政府对高校自主权的要求有所提升；另一方面招生权力作为具有政治利益属性的权限成为地方政府争取的焦点。

（3）不同类型报刊在内容分类上新闻报道的分析

根据报刊类型统计出不同类型报刊对全面问题和具体内容不同的关注程度，我们可以看到在将全面问题和具体内容分类之后，各类报纸在报道的主题选择方面存在差异（见表 3）。一般而言我们普遍会认同从中央到地方对问题的关注应当是从全面到具体逐渐过渡，但是新闻数据中呈现出的状况恰好与此相反。对全面问题的关注是对中央文件精神的表态，媒体也往往会在关注全面问题的同时阐明各自的利益诉求，所以商业报刊的新闻文本构建中更多的是相关报道。而中央党报、教育行政管理部门报刊和地方报更多的新闻报道是针对具体内容，通过报道具体内容对实践问题加以探讨和引导。

表 3　各类型报刊不同内容类别新闻的总篇数与比例统计

单位：篇，%

报纸类型	内容类别			
	具体内容		全面问题	
	总篇数	占比	总篇数	占比
中央党报	48	80.0	12	20.0
教育行政部门报刊	79	69.9	34	30.1
商业报刊	15	45.5	18	54.5
中央其他部门报刊	21	58.3	15	41.7
地方报	32	62.7	19	37.3

如果关注不同类型报刊具体内容报道的比例，表 4 显示，招生制度在所有报纸类型中占比均高于 40%，是各类媒介最关注的问题。除招生制度之外，中央党报最关注的问题是去行政化（18.03%）和法制化（14.75%）。结合表 2 可以发现，法制化是中央干部和高校代表形成一致性意见的问题，对政府和高校而言都是有益的，是高校诉求和政府管理需求的结合点；对于去行政化问题，结合表 2 中展示的信息源相关性，可知关注该问题的人员主要是来自高校，中央干部对该问题的表态虽然仅次于高校代表，但是与法制建设的话题相比，还没有形成那么明显的共识，属于存在利益冲突的问题，但中央党报成为讨论该问题的主要阵地。

表 4　不同类型报刊具体内容报道的比例统计

报道内容	中央党报	教育行政部门报刊	商业报刊	中央其他部门报刊	地方报
招生制度	40.98%	55.17%	73.33%	41.67%	52.94%
去行政化	18.03%	9.20%	–	4.17%	2.94%
法制化	14.75%	9.20%	–	12.50%	14.71%
人事制度	8.20%	5.75%	26.67%	4.17%	8.82%
经费问题	8.20%	4.60%	–	16.67%	8.82%
学位制度	6.56%	3.45%	–	4.17%	2.94%
学科设置	3.28%	12.64%	–	16.67%	8.82%

中央其他部门报刊较为关注经费设置（16.67%）和学科设置（16.67%），

远高于其他期刊报刊中两个问题所占的比重。对于经费问题而言，其利益诉求的属性是最明显的，其他类型报刊对经费问题的关注普遍较低，可能是由于对于利益诉求性较强的问题，一般的政府机关报刊都不会直接讨论，他们对经费的关注可能会放在其他类型的新闻文本中进行相对隐性的报道。

教育行政部门的报刊相对中央党报更关注学科设置（12.64%），对去行政化问题（9.20%）的关注度并不是很高，比学科设置问题的比重低了3.44%。这可能是由于高校自主权中关于高校学科设置权限的改革是由教育部主导的，在实践层面与教育部本身的部门利益相关性较大，因此在其主办的报刊中，对该问题的报道很多。这说明教育部对自身权力相关性较大的问题更为关注，而中央政府较为关注的微观话题被教育部进行了相对边缘化的处理。这进一步说明在高校自主权发展的现阶段，部门利益的存在一定程度上造成了阻碍。

（4）总结

上文发现，地方官员与全面问题和招生问题的相关性更大，这可能是因为我国政府分层放权的方式导致了不同层级高校自主权的差异，地方政府的呼吁声音更高，在招生这一具有政治利益属性的问题上表现得更为突出。在学科设置的问题上，教育行政部门报刊的关注度较高，同时这一问题被中央党报边缘化，中央教育行政部门对其独享权力的关注度是最高的。

通过以上分析可以发现，地方报刊对于招生问题具有强烈诉求，分层放权的方式下，权力分配更加不均衡，地方高校通过地方政府表达权力诉求的动机更强了，从新闻报道的信息源分析上也可以看出高校代表和地方官员在招生问题上都具有较强的关注；教育部门的报刊对于学科设置问题的关注与中央党报形成的明显差异，这可能说明部门利益的存在。

为了进一步理解我国高校自主权发展过程中的诉求分化，我们利用网络分析的方法对新闻媒体信息源和媒介类型进行更加深入的研究。

三　对新闻文本信息源、报刊类型的网络分析

（1）信息源和报刊类型的网络分析

将信息源共同出现在同一篇新闻中作为两者共现的依据，建立新闻信

息源共现矩阵，形成新闻信息源共现网络，并按照机构类型给信息源网络进行聚类，可以发现不同报刊类型之间在信息源选择方面的差异，并可以通过信息源之间的交织程度判断中央政府、教育行政管理部门、地方政府之间、社会在高校自主权问题上的联系。我们用报刊类型对信息源共现网络中的发声者进行聚合，得到图 3 和图 4。

如图 3，2000 ~2008 年信息源网络按照报刊的类型形成了鲜明的分化，说明这一时期不同类型报刊的信息源选择存在鲜明的差别。其中唯一存在联系的报刊是《中国教育报》与《光明日报》，但是这种连接也十分微弱。这在某种程度上说明，在这一时期对于高校自主权问题的发声几类报刊之间不存在互动，基本上还处于自说自话的阶段。图中显示的人员姓名在新闻文本中仅出现一次就会予以显示，而形成联系的网络中发言者的姓名基本只出现了一次，只有《中国教育报》与《光明日报》的连接点上，钱钟的名字出现了两次。可见，在这一时间段新闻文本中，并没有形成成熟的发声者体系，也没有真正的核心代表人物。这段时期对我国高校自主权的发展并没有形成呼吁者群体，高校自主权的发展主要还是依赖于政府的推动。

但是如图 4，在 2009 ~2014 年，按照报刊类型对信息源进行聚合，发现各类报刊的信息源之间有了明显的交织，说明各方在这期间对高校自主权问题探讨的互动性得到加强，也说明在高校自主权问题上各方开始了权力诉求上的互动。我们发现 2009 ~2014 年这段时间，新闻信息源已经形成了较为完整的发声者网络，并且有了核心发声者。其中的代表按照词频大小依次为熊丙奇、朱清时、张志勇、钟秉林、周洪宇、纪宝成等。我们按照他们之间的联系进行进一步观察。

在网络的右下角，张志勇为山东省教育厅副厅长；钟秉林在这一时期担任北京师范大学校长，曾经担任国家教委高等教育司司长；周洪宇在这期间担任湖北省人大常委会副主任，民进中央常委、湖北省主委，曾任湖北省教育厅副厅长；赵艳林在这期间先后任广西大学党委书记、校长；袁贵仁任教育部部长；该网络群体中多是教育系统内的各级领导，包括了地方教育管理部门的领导和教育部相关负责人，同时包括师范院校的校领导。

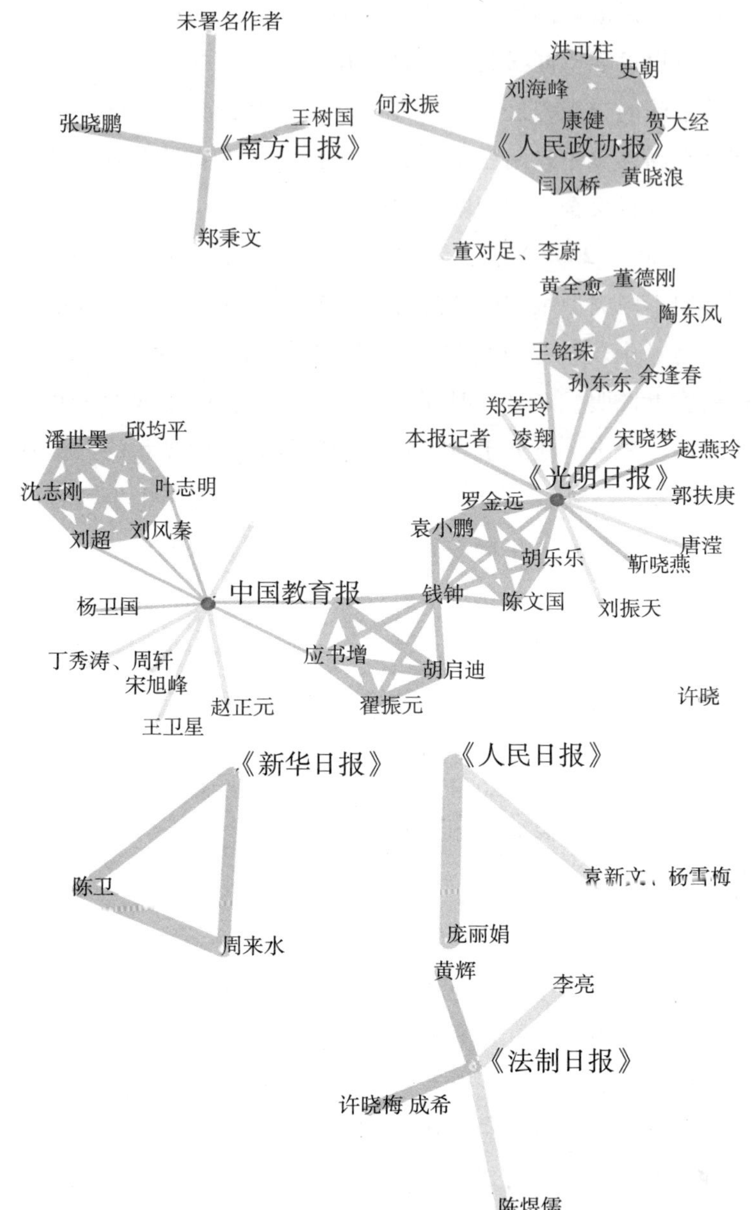

图 3　2000～2008 年按照报刊类型聚类之后的信息源共现网络图

在网络图谱的左上角，具有代表性的发声者包括熊丙奇、朱清时、纪宝成。其中熊丙奇为 21 世纪教育研究院副院长，是具有社会化属性的学者和媒体人；朱清时为南方科技大学校长，南方科技大学作为深圳市创办的

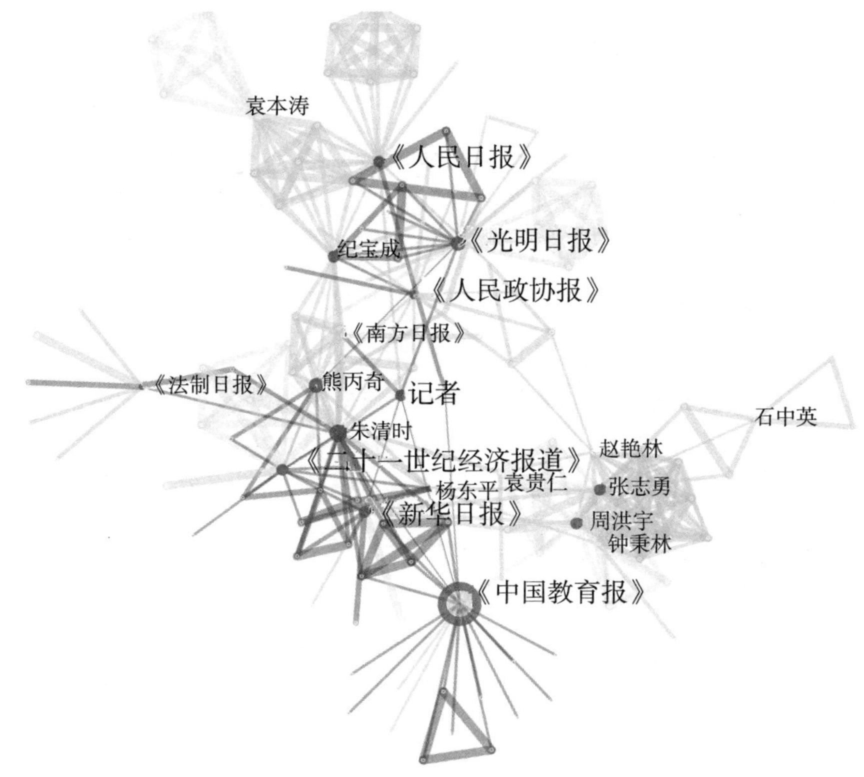

图 4　2009～2014 年按照报刊类型聚类之后的信息源共现网络

创新性大学，是我国高等教育创新的代表；纪宝成在 2000～2011 年任人民大学校长。发声者具有的学者属性、社会属性、创新属性更强。这在一定程度上说明，我国高校自主权发声者之间存在着阵营的分化，其中高等教育行政管理部门的发声者代表聚合性更强。

针对 2009～2014 年的情况，做进一步分析。在图 4 中，《人民日报》、《光明日报》、《人民政协报》的信息源较为集中地交会在一起；《南方日报》、《二十一世纪经济报道》、《新华日报》的信息源集中地交汇在一起；而《中国教育报》的信息源相对比较独立，更有趣的是它与中央党报的联系还不如地方报刊紧密。这说明按照各类报刊关于高校自主权的信息源选择仍然存在一定的差异，发声阵营的分化依然存在，教育行政部门报刊被边缘化。这种边缘化并不是由于发文数量较少，《中国教育报》关于高校自主权问题的发文数量是最多的，但是其信息源的选择处于边缘化的位置。这种边缘化也说明了在高校自主权问题上，中央教育行政部门的利益与地方、社会甚至是中央政府可能存在一定的冲突。

（2）小结

首先，从新闻中发声者的网络变动情况可以发现，2000～2008年，发声者网络还不成熟，我国高校自主权的发展仍然依赖于中央政府的主导性作用。2009～2014年，发声者网络趋于成熟，出现了具有代表性的话语中心，并且形成了较为明显的集群效应，同时也产生了阵营的分化。其中与教育行政系统相关的发声者聚合得更加明显。

其次，在我们按照报刊类型对发声者网络进行聚类之后，发现2000～2008年，《中国教育报》和《光明日报》是高校自主权问题发声的重要参与者，然而不同报刊在对信息源的选择上存在显著的差异，不同报刊的信息源上的重叠和交集较少。2009～2014年，这种状态被打破，各类报刊之间产生了互动，说明除了中央政府之外，已经出现了为高校自主权发声的其他群体，并且产生了较为成熟的发声网络。地方报刊、社会报刊在新闻信息源的选择上更倾向于熊丙奇、朱清时这类具有社会属性、学者属性和创新属性的人。

最后，《中国教育报》逐渐被边缘化，其信息源的选择与其他类型报刊的互动性较低，尤其是与中央党报的互动性更低。但是与此同时《中国教育报》关于高校自主权问题的新闻数量是最多的，远远多于其他类型的报刊。这进一步说明了在高校自主权问题上，中央教育行政部门的部门利益的存在。

四　新闻文本发声总结

首先，通过对政策的分析和梳理可以发现，我国高校自主权的发展是由中央政府推动的，中央政府是为高校自主权发声的主导者。对新闻文本的分析过程中，我们发现新闻文本已经逐步成为为高校自主权发声的平台，出现了较为成熟的发声者网络，并且存在明显的信息源的网络结构分化。利用报刊类型对信息源进行聚类，我们发现中央政府、地方政府、社会都有各自相对集中的信息源群体，并且群体之间存在有效的互动。这说明为高校自主权发声的人不再只是中央政府的代言人，具有社会属性、学者属性和创新属性的话语核心已经出现。

其次，我国政府对高等教育的分层放权使地方政府、地方高校对自主权力的诉求越来越高。这一点从地方政府对全面问题和招生问题的关注度方面可以体现出来。另一方面，在信息源聚类网络中，地方报刊与社会报刊形成了更加紧密的联系，并且与中央办刊的信息源之间形成了阵营的分化。我国高等教育的分层机制在近 20 年来被逐步强化，在“211 工程”、“985 工程”之后又推动了“2011 工程”，后又在 2015 年《国务院关于取消非行政许可审批事项的决定》取消了 2011 计划协同创新中心的认定。这在某种程度上也说明中央政府对分层机制有了重新的认识。正如本研究分析的，分层机制的设立，意味着区别对待，优质高校在资源分配、权力分配上的优势造成了不同层次院校之间的权力不均衡。这种不均衡会使相对弱势的高校和地方政府具有更强的利益诉求。这一点在新闻信息挖掘及信息源共现网络分析中都能找到相关的印证。

第三，在高校自主权问题上，我国教育行政管理部门存在部门利益。随着 2000 年之后我国高等教育领域院校调整基本完成，形成了条块结合的高等教育管理体制，国家教育行政部门的权力被加强。同时，随着高校分层机制的推行，中央教育行政部门掌握着优势资源的分配权，使得其在高等教育系统内的影响力进一步加强。对于其部门独享权力，其关注度比其他机构都要强得多。我们在新闻信息挖掘过程中发现，教育部对学科专业设置的关注度是最高的；在信息源共现网络中发现，教育部相关的信息源代表聚合效应最强；在报刊类型聚类的信息源网络中，能够发现《中国教育报》的信息源网络与其他群体的联系相对较小，呈现出被边缘化的趋势，尤其是与中央党报的联系最低。

参考文献

樊俊华，2013，《大学自主权研究》，西南财经大学博士学位论文。

郭秦茂，2009，《论政府管理权与大学自主权的平衡》，《民办教育研究》第 9 期。

胡建华，2004，《必要的张力：构建现代大学与政府关系的基本原则》，《高等教育研究》第 1 期。

康宁，2004，《高等教育资源配置：规律与变迁趋势——学术、市场、政府在优化高等教育资源配置中制衡的约束条件》，《教育研究》第 2 期。

蒋凯，2014，《我国高校自主权变迁的逻辑》，《高教发展与评估》第 2 期。

许杰，2008，《政府分权与大学自主》，广东高等教育出版社。

周光礼，2012，《中国大学办学自主权（1952 - 2012）：政策变迁的制度解释》，《中国地质大学学报》（社会科学版）第 3 期。

中等职业教育政策议程设置中的政协提案参与研究

赵晓堃*

上世纪80年代以来，我国中等职业教育经历了曲折发展的过程。这其中，外部政策的变化成为影响其发展的重要因素。作为一种相对弱势的教育类型，推动政策演进的动力在何处？这是本文研究的主要目的。本文以全国政协平台中中等职业教育提案数据为研究对象，在“政策决策圈—政策参与圈”分析框架下对提案主要主体进行了探究，就不同主体及主体间存在的纵向系统的提案内容特征分别进行了分析，并就中职资助政策这一典型案例进行了综合讨论。

我国中等职业教育走过了一个曲折的发展过程。20世纪80年代以来，中职教育逐渐得到重视，学校数与招生数稳步提升。然而1998年大学扩招，普通高中大量抢占初中生源，导致中职学校规模和招生数量双双下降。为了缓解中职教育滑坡情况及2001年初见端倪的“技工荒”问题，教育部门要求放宽招生政策吸引生源并重提“普职比大体相当”的工作要求。随后，2002年、2004年、2005年连续三次召开职教会议反映了国家发展中职教育的决心。2006年后，相继出台的《中等职业教育国家助学金管理暂行办法》《关于中等职业学校农村家庭经济困难学生和涉农专业学生免学费工作的意见》中的“推进中等职业教育免费”等措施推进了中职教育的重振。

---

* 赵晓堃，管理学硕士，毕业于北京大学中国教育财政科学研究所，现就职于共青团中央。

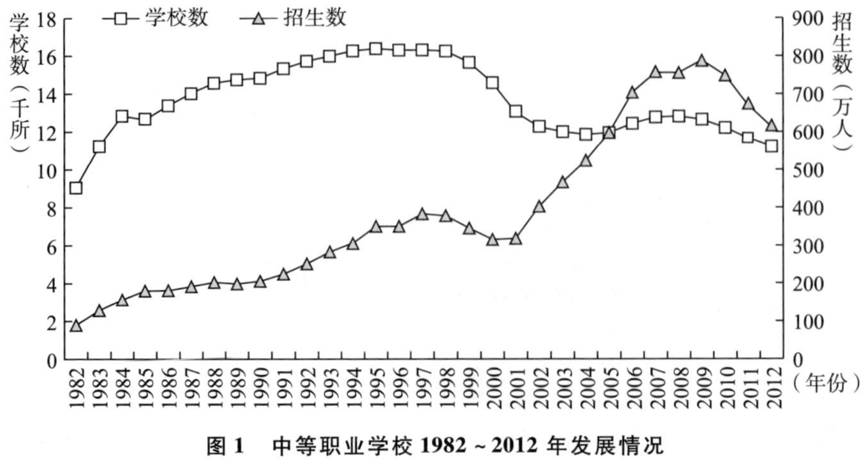

图 1　中等职业学校 1982 ~ 2012 年发展情况

可以看到在中职教育 30 年中，外部政策动力成为影响中职教育发展的重要原因。然而相对于高等教育和义务教育，中等职业学校校长与用工企业在政策形成领域话语权较弱，整体处于弱势地位。作为一种相对弱势的教育类型，是谁在关心中职教育发展并为其不断呼吁？这是本文关心的问题。中国人民政治协商会议是我国政治制度中的一项独特设计，不同组织、行业和地区的委员代表在这一平台进行参政议政，其参与过程中的表达对本文的政策议程设置研究有着重要的参考作用。本文即以政协提案为样本，以中职教育政策为研究对象，对我国中职教育政策的议程设置进行探究。

一　理论基础及分析框架

西方学界对于中国模式下政策议程设置过程的研究兴趣由来已久，其中碎片化权威主义模型（Fragmented Authoritarianism Model）成为应用较多的分析模型。该模型将政策决策层分为核心决策层与政策形成部门，认为政策形成过程中政府部门的权利是碎片化的，即任何一个部门都缺乏能够独立推行政策的能力，政策必须在不同部门间的讨价还价中通过形成基本均可接受的“共识”而产生。但随着国家社会的发展，公众参与的不断增强削弱了局限于政治体制内部的“权威主义”，分税制改革对中央财政调控能力的提升（周飞舟，2006）弱化了中央与地方政府间的“碎片化”，这使得这一模型已不能完全诠释我国的政策过程。王绍光、樊鹏（2013）以一种新的分析框架——“共识型”决策，对这一模型进行了“中国化”改进。他将我国决策参与结构分为内外两个“政策圈”。内圈包含最高决策者、部际协调机构政策制定者和职能部委的政策制定者；外圈包含政策研究群体、有组织利益团体和普通群众。内圈具有决策话语权，外圈属于政策参与者。二者通过“开门”（咨询调研）与“磨合”（协调协商）来进行联系和运作。政策过程是“由各决策主体、社会团体和大众寻求广泛参与和一致同意的决策过程”，处于政策内圈的决策者与处于外圈的参与者求同存异形成最终决策。

本文针对中职教育政策就“共识型”决策设定的政策内外圈进行了细分，构建了一个适合我国中等职业教育政策议程设置的分析框架。参与我国中等职业教育政策议程设置的共有四类相关主体：一是核心决策层，对是否出台相关公共政策及以何种力度推行政策具有权威性的话语权；二是政策制定层，在政策制定和落实过程中具有主导权，这里主要指相关部委，如国家教委（教育部）、劳动与社会保障部（人力与社会保障部）、国家民委等；三是地方影响层，本文仅指地方政府①；四是相关社会群体，指在政策议程设置过程中参与提案的社会群体，包括高校教师、企业主、职业学校教职工、接受中职教育的学生和家庭等。其中前两者组成政策决策圈（“内圈”），后两者组成政策参与圈（“外圈”）。贯穿于内外圈的还存在两个纵向系统：一是教育系统，涵盖教育部门、高等院校、科研单位、中学及职校等与教育科研相关的各层级单位；二是党派系统，包括中国民主同盟、中国民主促进会、九三学社等八个民主党派②。

四类相关主体与两个纵向系统分别具有不同的政策诉求，这为分析框

① 在政协平台，地方政府教育部门代表极少能够获得代表资格，地方政府官员（副市长、政协副主席等）基本担任了本地各系统代言人职务，因此不再区分地方政府与地方政府教育部门。

② “一党执政，多党参政”是我国政治制度的独特设计，民主党派委员也是政协中占比较大的提案人群体。根据第十二届全国政协委员名录所示，委员共计 2237 人，其中民主党派界别 381 人，占 17%，实际上因为一些具有党派身份的委员归入其他界别，所以占比会高于此数。

架中可能存在的利益综合与诉求分歧奠定了基础。在分析各自诉求基础上，本文基于全国政协提案依据分析框架着重探讨以下几个问题：谁的发声最为积极；不同主体间存在怎样的诉求分歧，这样的分歧是否在政协平台有所体现；教育纵向系统与党派纵向系统是否存在内部一致性。

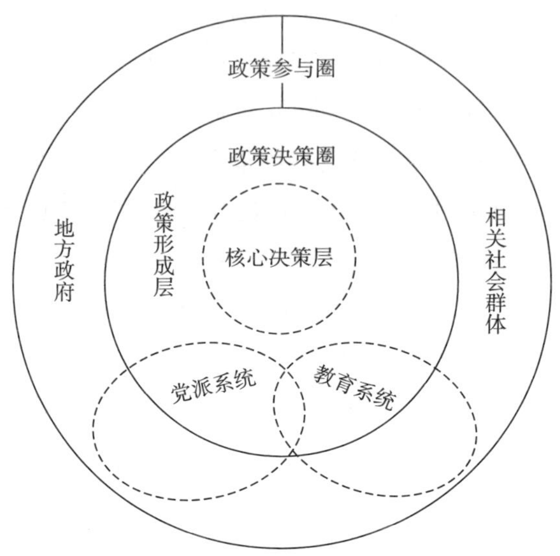

图 2　中职教育政策议程设置分析框架

二　中职教育提案整体特征及各相关主体特征分析

在样本选取的 1983 ~ 2012 年期间，中等职业教育相关提案共计 355 件，占教育类总提案数不足 4%。2000 年以前提案数量较少，平均每年不足 4 件，提案主题涉及范围较小，以概念性的“职教发展”和特定地域的支持诉求为主，其他主题几乎不涉及。2001 年以后提案数量呈逐年递增趋势，2011 年达到最高的 37 件，提案涉及主题范围不断扩大，以“职教发展”为主题的提案逐渐减少，涉及农村职教与资助免费政策的提案①占比大幅提高，地域诉求类提案也不断增加。

① 涉及资助免费政策的提案，指的是增加对职业教育阶段财政资助力度，或建议实行免费职业教育的呼声。

就中职教育政策决策和参与框架而言，不同主体在政协平台中的参与程度有显著区别。地方影响层参与最为积极，占提案总数41.4%；高校委员占20.4%；企业委员占10.5%。各自的诉求表达也不尽相同，地方影响层提案涉及面广，以职教发展、本地（本地区）资助政策和经费支持等为主；高校委员较少谈及经费制度，以职教发展和全国性的资助政策为主；企业委员对资助免费没有诉求，职教发展、经费支持、人才培养相关提案较多。

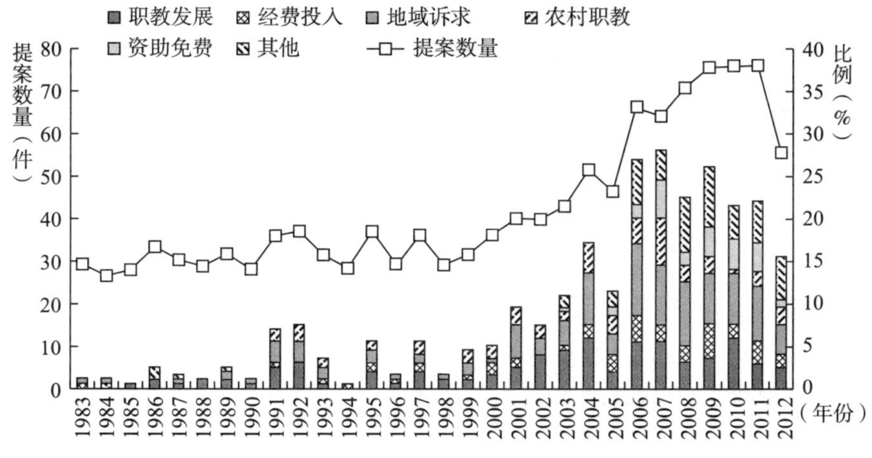

图3 1983～2012年中职教育相关政协提案整体情况

核心决策层代表国家整体公共利益，在一定程度上具有公共福利价值导向，不在政协平台上参与政策讨论，不作为本文分析对象。

（一）政策制定层

政策制定层提案数量整体较为谨慎。教育部门作为政策的制定者，其政策参与较多体现于政策形成过程中，30年样本中仅在1996年国家教委进行过1件提案①。其他部门既具有政策形成参与能力，同时也受政策影响②，因此具有一定程度的提案意愿。除教委外的国家部委共有13件提案，时间分布比较分散，涉及部门包括劳动与社会保障部（人力资源和社

① 1996年时任教委副主任提出提案：《建议国家计委不要把职业学校收费上学列入物价监控范围》。

② 一些国家部委如机械部、农业部等，其下属国企有些开办技工学校，也会受职教政策影响。

会保障部)、国家民委及具有全国政协委员、国务院参事身份等的个人等。提案主题具有较强的独立性，除一些反映本系统诉求的提案如国家民委提案人提出“加强民族地区职业教育建设”以外，多数难以进一步分析，仅可与其他主体结合对比分析。

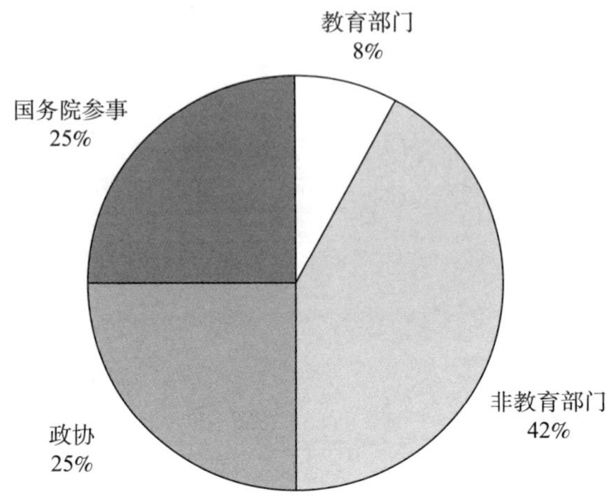

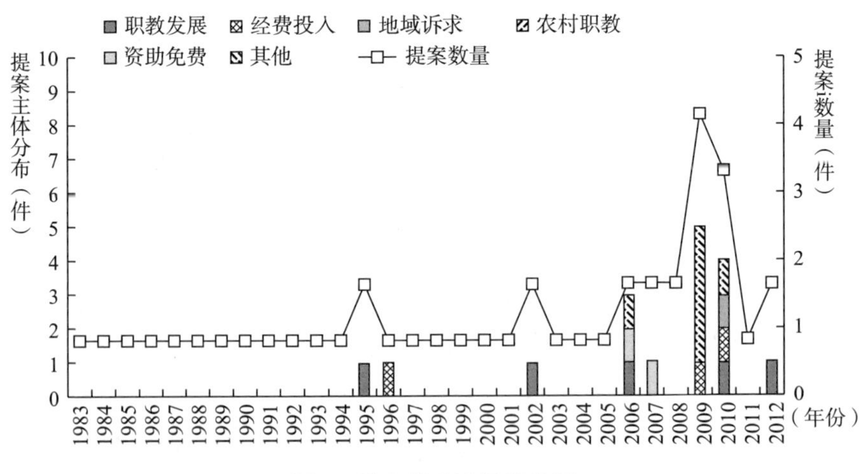

图 4　地方影响层提案特征

（二）地方影响层

地方影响层是参与中职教育政协提案最积极的主体，提案数量在全部提案中占 50%。其中东部地区和西部地区提案数量基本相同，中部地区提案较少。提案人身份以副市长和政协副主席为主。

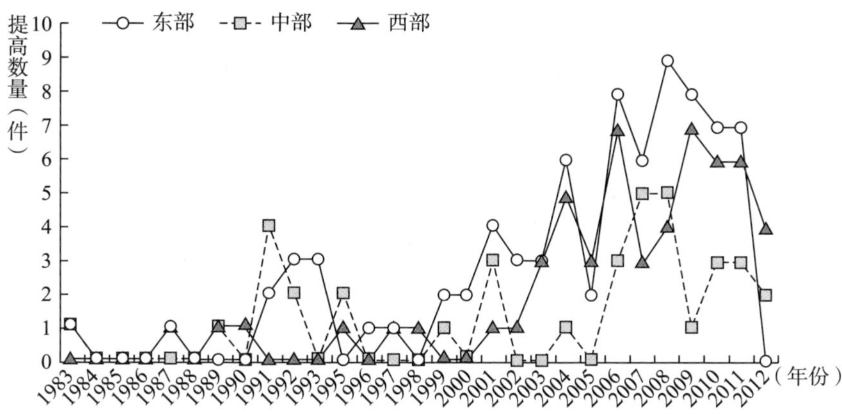

图 5　地方影响层提案分地域特征

从提案案由上看，职教发展、农村职业教育与对免费的诉求成为地方影响层提案的主要关注点，对免费的诉求尤其是西部政府提案的重点。其他诸如合作办学、人才培养等都有所涉及，但未成为主流。东部一些企业发展和职业教育基础较好的地区政府委员提出“办理职业高中要考虑好学生毕业后就业问题”（江苏）、“理顺职业教育管理体制”（福建）、“改革职业技术教育发展模式”（广东）等与主流不一致的提案，但数量极少。而一些西部政府提案似乎体现出一定程度的区域一致性（表 1）。

表 1　部分西部典型提案体现出区域一致性（宁夏，2009 年）

案由	提案人身份
关于免除西部欠发达地区接受中等职业教育农村学生及贫困生学费的提案	政府官员
关于免除西部欠发达地区农村学生及贫困生中等职业教育学费，促进西部普高和中职教育协调发展的提案	政府官员
关于中等职业教育实行免费义务教育的提案	政府官员

（三）相关社会群体

相关社会群体涵盖类型较广，本部分将就其中发声较多、与中职教育关系较为密切的高校教师、企业主及职业学校校长进行分析。

高校委员提案数量共计 73 件，在相关社会群体中占比最高，发声比较频繁。从提案主题看，高校委员提案涉及范围较广，对职教发展（44%）、

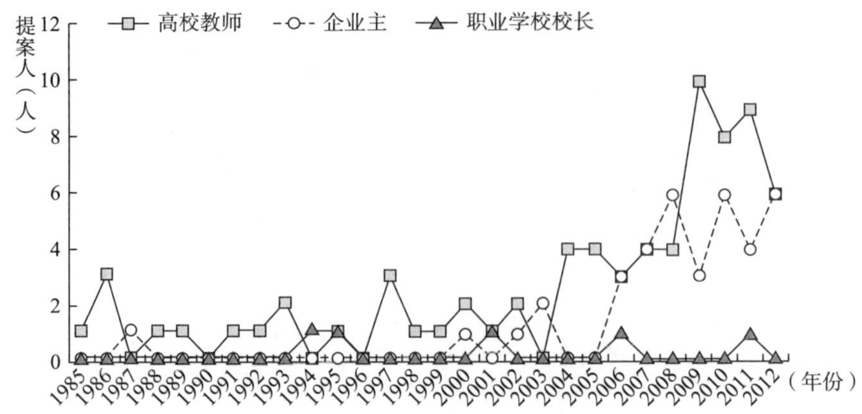

图 6　相关社会群体提案特征

农村职教（19%）涉及较多，对资助免费、经费投入、立法体制、校企合作等都有涉及。提案人多数为高校领导，少部分为具有党派身份的高校教授，几乎均不具有与职校相关的工作经历或潜在的工作关系。

企业委员提案数量共计 37 件，占提案总数约 1/10，低于其他主体，但高于其他教育类型企业委员提案数量占比①，反映出相对于其他议题，企业委员对职业教育依然是较为关注的。从提案主题看，企业委员在技工培养、校企合作等方面有着更多的关注，而对资助和免费的内容则完全没有提及。东部地区企业委员一些提案涉及人才素质或产业升级，体现出企业的人才需求。其中职教发展较快的东部沿海地区中，仅有江苏省企业委员提出了提案，其中一件要求利用企业资源提升职业教育成效，在一定程度上反映出企业需求与职业教育成果可能存在错配。西部企业委员提案具有比较明显的企业诉求与本地诉求，诸如“支持西藏职业教育”、“扶持贵州职业教育”等。

职业学校共有 5 件提案，其中两件来自中职学院，一件要求增加中专教师津贴（1994 年），另一件要求增加企业对职业教育的经费支持力度（1995 年），反映出了当时职校的一些诉求，2000 年以后中职学校没有再进行提案。除职校校长外，受政策影响最强、最直接的群体包括职校教师、学生、家庭等，没有进入政协平台，使得他们虽然有着较强的利益诉

① 在义务教育政协提案中，企业委员提案共 74 件，占比 5.9%。

求，但在政协平台缺少表达途径。

三　两个纵向系统提案特征分析

（一）民主党派系统

全国人民政协会议中有众多民主党派委员，而在中职教育领域这一特征更是明显。在中职教育提案总计 355 件中，具有民主党派身份委员的提案有 227 件，占 64%，远高于总体平均数，也高于其他民主党派教育类型提案占比①。

这一特征在集体提案中也有所表现。1983 年至 2012 年，26 件中职教育集体提案全部来自民主党派，主要集中于 2002 年以后，在 2005 年更是达到 4 件。从时间来看，各民主党派在集体提案中都有参与，且呈现一定的有序性。同时，八个民主党派均参与到集体提案中，包括与教育领域、经济领域关系较为疏远的致公党、台盟等。

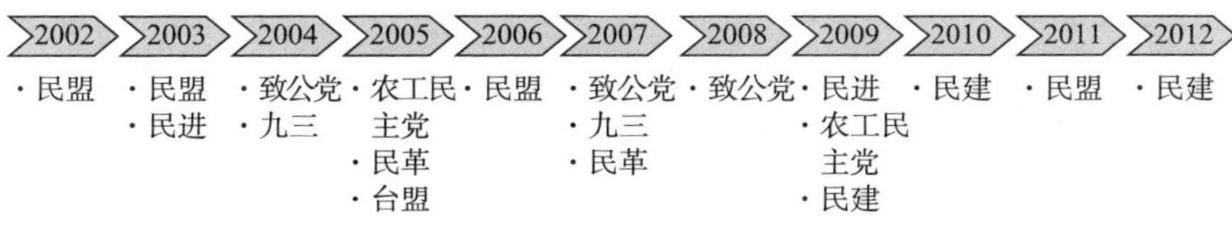

图 7　党派集体提案产生时间

因为大量个人提案的提案者具有民主党派身份，其所在群体的政治诉求与党派纵向内部的共识均有可能成为提案形成的主要动机，因此对于提案人身份的判定成为关键。对于这一点，已有文献缺少较为可行的甄别方式。本文尝试以“内部组织性”概念对各民主党派内部集体对个人的组织性要求进行一个粗糙的界定。内部组织性较高的党派，本文认为其个人提案动机主要来源于党派内部，不纳入各自所属群体的分析框架中；而内部组织性低的党派，则认为其个人提案动机主要来源于所处的利益群体，不考虑党派的组织性。

① 2001 年至 2005 年，义务教育提案中民主党派身份委员提案数平均约在 53%（刘璟，2013），比中职教育少了 11 个百分点。

对于内部组织性的衡量，本文构建了三个指标，分别为时间集中度、案由集中度、主体集中度，尝试以量化的形式对不同党派的内部组织性进行测量①。无疑这样的分类方式与指标构建是简单而粗陋的，然而在样本可获取信息的限制下，这是较为充分利用信息的一种解决策略。由表2可以看到，8个民主党派中6个党派在不同维度都存在较高内部组织性。农工民主党、民革内部组织性较低，其提案数量也较少，提案多与提案人所属主体的诉求特征一致。如宁夏农工民主党提案人建议“支持宁夏职业教育改革与发展”、河南民革提案人建议“加强中原经济区农民教育培训工作的提案”等。

表2 各民主党派在中职教育政协提案中内部组织性测度结果

党派	时间集中度	案由集中度	主体集中度
民盟	√		
民进		√	
致公党	√		√
九三		√	
民建		√	√
台盟		√	√
农工民主党	无		
民革	无		

以组织性较高的致公党为例。致公党自2002年起开始产生提案，10年中共计8件个人提案和3件集体提案，其中个人提案数量最多的2007年

① 时间集中度：以党派集体提案时间作为党派对中职的关注时期，以与党派提案时间相同的个人提案数量与党派内全部个人提案数量之比作为时间集中度指标。案由集中度：对党派各人提案的案由关键词进行分类，以出现最多的关键词频数占党派内全部个人提案数量之比作为案由集中度指标。主体集中度：考察各提案主体党派身份的集中度，考虑到各党派内部职务的差别即地方分散性，本文以党派内中央委员（主席、副主席、常委、委员、秘书长等）提案数量占党派内全部个人提案数量之比作为主体集中度指标。以在中职教育提案中比较活跃的民进党派为例，全部具有党派身份的个人共计40件，其党派集体提案共有6件，分别位于1992年、1993年、2000年、2003年、2009年和2010年，在党派集体提案年份出现的党派个人提案具有11件，则民进党派提案的时间集中度为11/40=0.28。在党派个人提案中，出现最多的关键词为“发展”，共出现24次，则民进党派提案的案由集中度为24/40=0.60。在党派个人提案中，具有党派中央委员、中央常委、副主席、主席、秘书长等职务身份的提案共有16件，则民进党派提案的主体集中度为16/40=0.40。

与集体提案产生时间相同。8 件个人提案中有 5 件提案来自中央委员，3 件来自地方委员，分别为浙江高校委员、上海政府委员、辽宁高校委员。从案由来看，个人提案与同时期集体提案具有较高一致性。

表 3　致公党个人提案与集体提案对比

个人提案			集体提案	
年份	案由	提案人身份	年份	案由
2003	关于加强职业教育，全面提高新生劳动力素质的建议案	地方委员	2004	关于加强职业教育全面提高新生劳动力素质的建议案
2008	关于统筹城乡发展，加快发展农村职业教育的提案	中央委员	2007	关于推进城市支援农村教育，逐步缩小城乡教育差距的提案①
			2008	关于发展农村职业教育加快经济实用型人才培训的提案

致公党的案例对内部组织性测度的结果给出了一个佐证。在多数党派纵向系统提案中，内部组织性成为提案产生的重要动机。这样的动机在一些地方影响层提案有着鲜明的体现，这在东部尤其明显。表 4 给出了一些东部典型提案，2010 年民建的集体提案与 2004 年九三学社的小组提案均有一件本党派个人提案与其相似，提案人均为党派中央副主席，分别来自上海和北京；2010 年一位辽宁地方政府委员、台盟地方主委就两岸职教提出提案，体现出党派内部的一致性。

表 4　东部典型提案

党派及提案年份	提案案由	提案人	提案案由	提案人
民建（2010）	关于大力发展中等职业教育的提案	民建中央	关于大力推动职业教育发展的提案	上海政府官员民建中央副主席
九三学社（2004）	大力发展农民职业教育加快推进农民就业步伐的建议案	九三学社组	关于大力发展农民职业教育的建议案	北京政府官员，九三学社中央副主席
台盟（2010、2011）	关于促进两岸职业教育交流合作的提案	辽宁政府官员，台盟辽宁省委主委	关于进一步提升海峡两岸职业教育合作实效性的提案	福建政府官员，台盟中央委员

① 根据提案内容，此提案包含职业教育部分。

（二）教育系统

1985 年至 2012 年，教育系统委员共产生提案 82 件，包括上文提及的 1 件国家教委提案、73 件高校委员提案、5 件职校校长提案和 3 件地方中学教师提案，可见高校委员在政协中比其他教育层级具有更加频繁的表达。考虑到国家教委提案和职校校长提案已经在上文中予以分析，本节主要集中于高校委员提案的分析。根据高校领导关系，本节将高校分为央属高校与省属高校，省属高校分为西部、东部、中部省属高校，这几者提案之间的关系是本部分对高校委员提案研究的重点。

73 件提案中，央属高校提案 27 件（在京央属高校提案 8 件），省属高校提案 46 件。央属高校提案出现较早，整体数量平稳，2004 年后出现小幅增长；省属高校提案出现稍晚，1997 年后和 2005 年后是两次上涨高峰，尤其是 2009 ~ 2011 年，提案数量最多。央属高校前期（2004 年以前）重点关注中职教育整体发展，11 件提案中 9 件涉及这一主题；后期（2004 年以后）主题开始分散，农村中职涉及较多，校企合作、区域投入等都有提及。省属高校前期（2004 年以前）提案较少，只有 14 件，关注内容以职教发展为主，偶有对本地的利益诉求；后期（2004 年以后）提案数量较多，共有 32 件，主要涉及职教发展、农村职教、区域投入、资助免费等四个主题，主题分布平均。

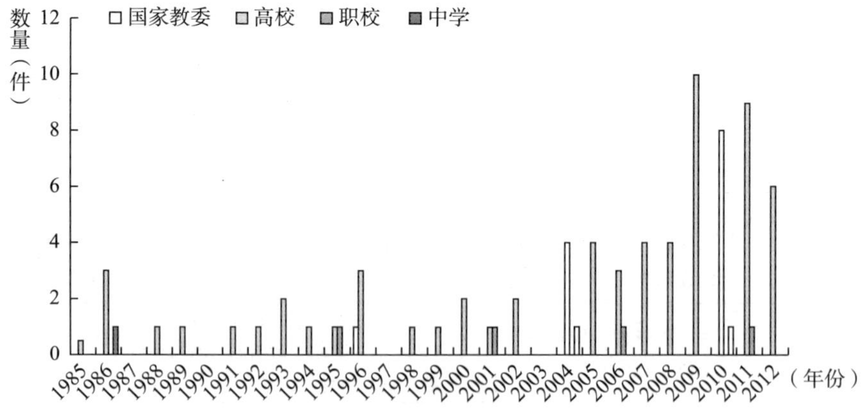

图 8　教育系统提案数量

而在省属高校提案中，东部、中部、西部提案分别呈现出不同的特征。西部提案数量最多，共有 23 件占全部省属高校一半；提案出现最早，但 2003 年以前一共仅有 4 件提案，2004 ~ 2011 年是提案产生的高峰；提案人单位所在省份几乎覆盖西部全部地区。东部高校 1992 年产生第一件提案，数量整体平稳，但 2002 ~ 2009 年间没有产生提案，在 2004 年省属高校提案数量开始大幅上涨后也没有明显波动；提案人单位所在省份集中在北京、天津、山东、辽宁等华北东北地区，东南沿海地区没有提案产生。中部高校在 2005 年以前仅有 1 件提案，其余全部产生于 2006 年以后；提案人单位所在省份包括湖北、安徽、江西等。

结合案由来看，东部地区主要关注职教发展，仅在 2009 年有 1 件提案建议开展免费职教，前期和后期提案没有显著区别；西部地区主要关注区域职教投入，前期 4 件提案中 3 件提案关注中职教育，后期 19 件提案中 10 件关注区域职教投入、6 件关注免费职教、6 件关注经费投入，仅有 2 件关注中职教育；中部地区对职教发展、农村职教、职教体制、产业转移等均有提及，缺少规律。

表 5　高校委员提案分类别分时期重点关注主题

	前期关注	后期关注
央属高校	职教发展	主题分散
东部省属高校	职教发展	职教发展
中部省属高校	主题分散	主题分散
西部省属高校	职教发展	区域投入与免费

结合上一节对党派身份提案特征的分析，在高校提案中排除内部组织性较高的党派提案人后进行分析。剩余提案 47 件，其中央属高校 16 件，西部高校提案 18 件，中部 8 件，东部 5 件。从提案数量看东部高校提案受党派影响较大。从案由看，整体特征与排除党派影响前基本一致，一些个人提案与当年党派集体提案案由相近，体现出可能存在的党派一致性（表 6）。

结合高校提案与地方影响层提案观察。2006 年以后，地方影响层提案数量开始大幅提升，西部地方影响层在 2007 年至 2012 年形成一次上涨—回落波动，东部呈持续下降趋势。西部地区高校提案与地方影响层存在同

表 6 高校党派身份委员典型提案

党派及提案年份	提案案由	提案人	提案案由	提案人
民进（2009）	关于理顺我国职业教育管理体制，推进职业教育均衡发展的提案	民进中央	关于进一步理顺职业教育管理体制的提案	央属高校委员 民进武汉市主委
民盟（2011）	关于鼓励企业参与高校办学推进职业教育体制创新的提案	民盟中央	关于职业教育要更加“职业”的提案	央属高校委员 民盟江苏副主委

样的波动形式，而东部高校提案未见明显下降。就提案主题而言，西部高校与地方影响层提案集中于区域投入和资助免费的诉求，而东部两者主题分散。来自甘肃和贵州委员提案的例子在此有鲜明的体现（表 7）。

表 7 甘肃、贵州委员提案的例子

省份	提案案由	提案人身份
甘肃	关于促进西部地区农村职业教育发展的提案	政府委员
	关于加大西部生态环境脆弱地区①农民职业技能培训投入的提案	高校委员
贵州	关于高度关注西部贫困地区农业职业教育的提案	政府委员
	关于促进少数民族地区学生选择职业教育的提案②	高校委员

注：①此处的西部生态环境脆弱地区在提案内容中特指甘肃。
②此提案内容为建议国家重点支持贵州等少数民族地区职教发展。

通过本节的分析可以看到，教育系统委员提案主要由高校委员提案组成，在教育系统内部不存在显著的一致性，央属高校、东部省属高校、中部省属高校、西部省属高校、职校等各自的诉求均不一致，这在 2004 年以

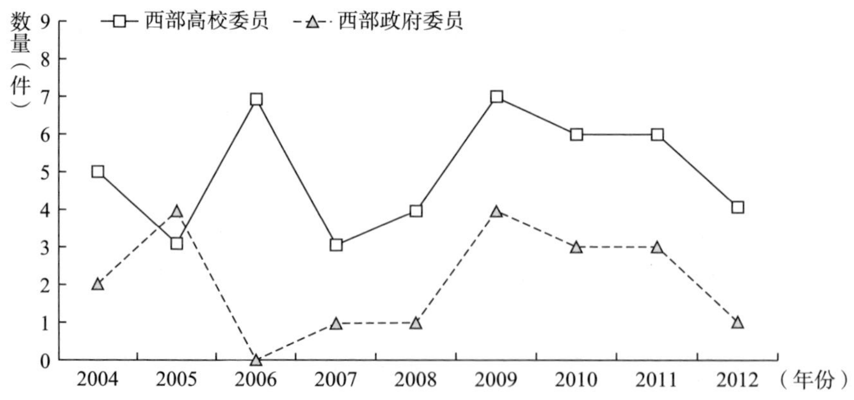

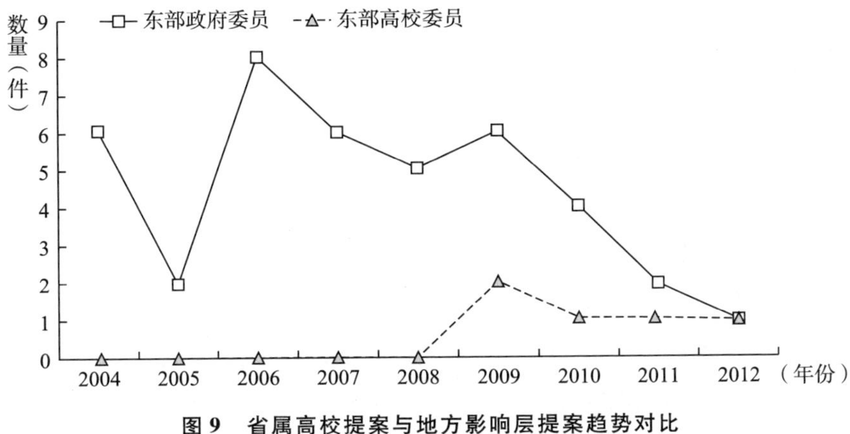

图 9　省属高校提案与地方影响层提案趋势对比

后，特别是资助政策开始实施后尤其明显。党派的内部组织性对东部省属高校委员具有一定的影响，对西部省属高校影响较小。西部高校委员与西部地方影响层的利益表达形成了区域性的一致性——地区职教利益，而东部地区不存在这样的一致性。

四　从中职资助政策综合分析各主体参与政协提案特点

中职资助政策是中职教育发展过程中的重要政策，推动了中职教育规模的整体上涨。伴随着政策的提出，相关提案也从 2005 年后开始大量产生，在全部提案中共有 40 件，包括集体提案 5 件，个人提案 35 件。

政策制定层共产生 2 件提案，一件来自国家民委，建议对民族地区职业教育加强支持；另一件来自国务院参事，建议完善资助政策。教委（教育部）及开办职业学校的部委没有产生提案。

地方影响层提案最多，共计 18 件，集中出现于 2007 年后，其中西部地方影响层提案 10 件，东部 6 件，中部只有 2 件。对照全部提案中的东中西部地方影响层委员提案数量对比，东部占比降低，西部占比升高，显示出相对于其他诉求，西部政府对于中职资助政策有着更加积极的响应和参与的热情。从案由来看，西部地方影响层提案以对西部地区或少数民族地区职教免费的诉求为主；东部政府 6 件提案中 3 件针对农村职教免费，2

件针对全体学生免费。如前文表 1 显示，西部一些政府在此处依然体现出区域一致性。而东部政府在此处体现出更强的党派一致性。东部政府 6 件提案中 5 件提案来自民盟、民建、台盟、九三学社等内部组织性指标较高的党派，提案中来自上海、浙江、福建等东部沿海地区的提案人全部具有党派中央委员或更高级身份。

教育系统提案 11 件，其中包括央属高校委员提案 3 件，东部省属高校委员提案 2 年，西部省属高校 6 件。央属高校 3 件提案关注内容全部为农村职教免费，分别产生于 2006 年、2007 年、2009 年；东部高校两件提案全部产生于 2009 年，分别来自辽宁和吉林，一件关注全体免费，另一件关注农村职教免费。西部高校 6 件提案中 5 件产生于 2010 年和 2011 年，几乎全部要求扩大免费覆盖范围或加快免费进程，与西部政府提案类似，一些地区同样具有区域一致性（新疆）。企业委员与职校校长未对资助免费政策进行提案。

表 8　新疆典型提案（2011 年）

案由	提案人身份
关于请求扩大国家中等职业教育免学费政策的提案	高校管理人员
关于请求扩大国家中等职业教育免学费政策在新疆覆盖面的提案	高校管理人员
关于扩大国家中等职业教育免学费政策在新疆覆盖面的提案	高校管理人员

民主党派系统在中职资助政策中体现出较高的积极性，除职教发展这一整体性的案由外，资助免费相关集体提案数量在集体提案全部案由占据最高比例，接近 1/5。在全部个人提案中，党派身份提案人提案占 60%，且其中 90% 的提案以上来自内部组织性测度较高的 6 个民主党派。结合地区案由来看，党派系统内提案中 8 件来自西部地区，其中 2 件建议地区中职免费，5 件建议全部中职免费；9 件来自东部地区含在央属单位任职委员，其中 4 件建议中职免费，3 件建议农村职教免费。对比观察非民主党派身份提案人提案，在非民主党派身份提案人提案中，西部地区委员成为主要力量，共计 10 件提案，案由集中于西部地区或少数民族地区中职学生资助，体现出与民主党派系统内提案相近的特征；东部地区仅有 1 件提案，来自地方政协主席，案由为“农村初中毕业生实施 9 + 2 义务职业教育”，与民主党派系统内提案没有相近之处。

可以看到，无论地方影响层、教育系统、民主党派系统，西部地区提案总是有着较高的区域一致性，对于职教资助免费政策呼声较高；东部地区提案党派一致性较强，党派系统外对职教资助免费政策几乎没有提案产生。由此似乎可以得出中职资助政策支持了西部职教发展得到了极大的欢迎，东部职教在基础较好的背景下未引起明显波动的结论。

然而，政协平台外东部地区给出的反应似乎与此处的结论相悖。在“2014中国教育财政高峰论坛暨中国教育发展战略学会教育财政专业委员会年会”中等职业教育分论坛上一位代表曾提道：“温州百姓家庭经济条件尚可，对中职教育的最大诉求是希望有好的办学设施和好的办学质量，而不在于免除学费。……对温州这样的地区来说，这项惠民政策是弊大于利的。”

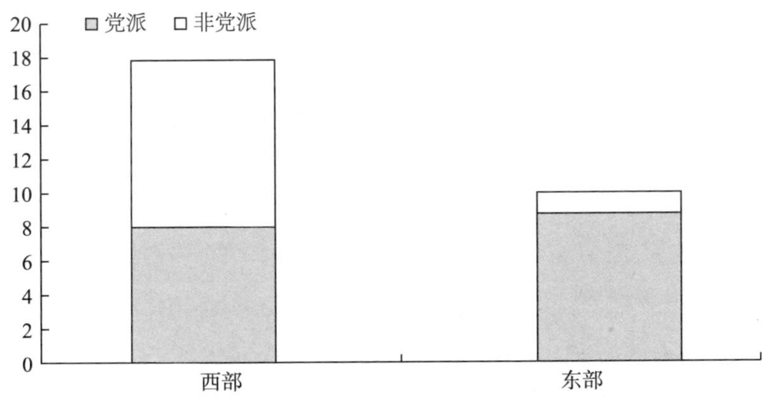

图10　东西部党派内外提案数量对比

但这样的利益表达没有出现于人民政协平台中，东部地方影响层在人民政协平台中对于自身利益的损失选择了“沉默”而非“反对”。西部及时提出诉求，东部缺少表达，此消彼长之下政策内圈吸取西部地方影响层的利益诉求，不断推进政策的演进升级从而使中职政策呈现出“中西合流，西部受益，东部受损”的政策趋势，陈水生、黄颖（2009）将此称为政治精英与利益集团间的共容性利益、共生性关系与共谋性行动。

五　小结

本文针对1983～2012年中职教育政协提案的有关数据进行了文本分

析，对参与到政协提案平台的四类主体、两个纵向系统及存在的关系进行了研究，得到以下结论。

一是地方影响层是参与中职教育政协提案最为积极的主体。作为与政策关联最为紧密的提案主体，地方影响层在政协平台上发声最为积极，高于教育系统与企业主，职校校长在政协平台上偶有发声，数量极少。

二是教育系统与民主党派系统存在不同性质的内部一致性。西部地区教育系统内外的利益表达存在了区域性的一致性——地区职教利益，而东部地区不存在这样的“共识”。民主党派系统中多数党派存在内部组织性。这样的性质在中职资助相关提案中有着鲜明的体现。中职资助相关提案中，西部地区党派内外委员提案具有较高区域一致性，东部地区党派内委员提案明显多于党派外委员。

三是在中职资助与免费政策中，东部地区消极应对政策负向效果，西部地区具有与政策内圈同向的利益诉求，后者与政策内圈产生利益综合主导政策走向，形成“中西合流，西部受益，东部受损”的政策特征。

参考文献

陈水生、黄颖，2009，《隐蔽议程形成机制中的利益集团和政治精英》，《南京社会科学》第 3 期，第 77 ~ 81 页。

刘璟，2013，《农村义务教育经费保障机制改革的政策制定过程研究——对全国政协相关提案的文本分析》，北京大学教育学院博士学位论文。

王绍光、樊鹏，2013，《中国式共识型决策：“开门”与“磨合”》，中国人民大学出版社。

周飞舟，2006，《分税制十年：制度及其影响》，《中国社会科学》第 6 期。

义务教育与高等教育教师待遇政协提案变迁逻辑

冯昕瑞[*]　王江璐[**]

改革开放后，随着义务教育和高等教育的管理体制、财政体制和教师工资体制的变化，中小学教师和高校教师待遇问题及关注重点也在不同的时间体现出不同的特点。本文希望通过分析 1983 ~2012 年三十年来的全国政协提案，观察不同时期义务教育和高等教育教师待遇关注的焦点及其变化规律，以期对不同政策的效果予以更多理解。①

一　义务教育和高等教育教师待遇政协提案趋势

在与教师经费相关的全国政协提案中，分别筛选 1983 ~2012 年高等教育和义务教育阶段提案的标题中，与教师待遇（如教师工资津补贴、住房、医疗、社会地位等）相关的提案，如图 1 所示。可以从图中明显观测到的是，政协代表对义务教育阶段教师待遇的关注程度（共 224 件提案）

* 冯昕瑞，北京大学中国教育财政科学研究所在读博士生。

** 王江璐，应用经济学博士，毕业于江西财经大学，现为北京大学中国教育财政科学研究所博士后。

① 本文排除了针对学前、高中和职业教育的教师工资问题相关提案，由于三类提案较少。选择义务教育和高等教育教师待遇提案进行对比，是由于二者的体制各自具有典型性。高等教育教师待遇不断分权，而义务教育教师待遇则经历了集权和分权的周期交替。

远高于对高等教育阶段教师待遇的关注（共 122 件提案）[①]。

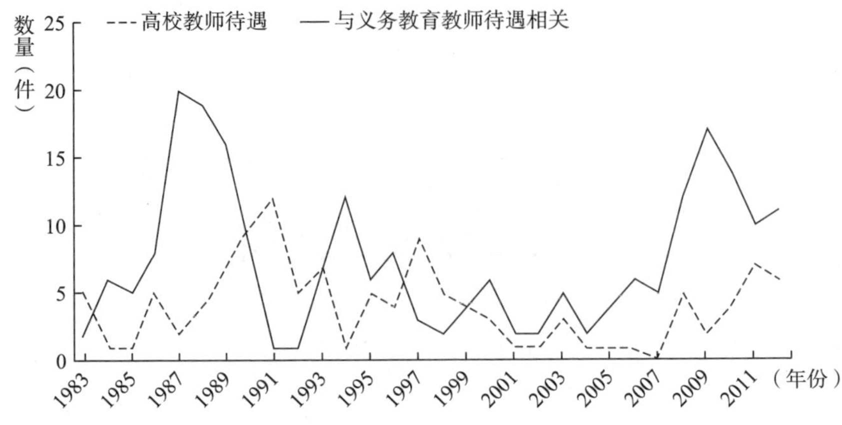

图 1　义务教育和高等教育教师待遇相关提案

对义务教育教师待遇来说，提案的波峰与教师工资政策的出台有较强的一致性。第一个提案峰值为 1988 年，恰逢 1985 年中央推行了结构工资制改革后，随即针对教师工资问题，国家出台了关于各级各类学校教师工资及待遇的重要方案和文件[②]。第二个峰值为 1993 年，该年《教师法》的出台，同时教师职级工资体制改革进行。然而，在 2001 年“以县为主”的改革使得教师工资收归县管，这个重大政策的出台却伴随教师相关的提案的低谷。第三个提案高峰为 2008 年绩效工资制改革之后。其中有所不同的是，政协提案的高峰时期，在 80 年代出现在工资制度改革之后，而 90 年代以及 2008 年的提案高峰几乎与教师工资体制改革同期。

高等教育教师待遇的提案在 80 年代较稀少，经历了 90 年代初期的峰值后，随即波动式回落，在 90 年代末开始进入了十余年的持续低谷，直至

---

① 本文中关于高校教师的相关提案在筛选过程中，将“采取有效措施稳定高校教师队伍”、“解决高校教师断代问题”等提案也算入了与教师待遇相关的提案中，这是由于在参考文献后发现，1990 年代前后与稳定教师队伍、解决教师断代问题也与教师待遇问题高度相关。但是这部分提案并未列入张文玉、王江璐关于高校财政提案分析的文章中，故两篇文章的口径略有差别，特此说明。

② 国务院工资制度改革小组、劳动人事部联合出台了《关于高等学校、中等专业学校、中小学教职工工资制度改革问题的通知》，该通知中包含了《高等学校教职工工资制度改革实施方案》、《中等专业学校教职工工资制度改革实施方案》、《中小学教职工工资制度改革实施方案》和《关于教师教龄津贴的若干规定》等文件。

2010 年开始才有所回升。80 年代中期的结构工资改革虽仍对教师工资津补贴有较多限制，然而高校创收放开，对教师劳务薪酬的规管放松，对高校教师待遇的提案较少。十三大后，随着企业收入的增加，中青年教师流失严重，高校教师待遇提案数目不断攀升，1991 年迎来高校教师待遇相关提案的最高峰；此后，随着事业单位人员工资与机关脱钩，高校获得了更多灵活发放工资的自主权，教师待遇提案数目减少。然而在 90 年代中后期，“211 工程”等重点学校建设项目落地，福利住房政策取消，高校教师待遇相关提案数目增加至新的高峰。90 年代末期，随着高校教师津补贴政策的进一步放开，不同高校之间的教师待遇差异继续增大，从 90 年代末期至 21 世纪最初十年，教师待遇相关提案持续跌落谷底。直至 2010 年，随着绩效工资制的全面落实，高校教师待遇提案数目又有所回升。

下文将结合政策文件，对高等教育和义务教育阶段教师待遇相关提案的波动进行梳理和分析。

二　不同时段义务教育与高等教育教师待遇提案特点

（一）80 年代末至 90 年代初

80 年代末是中央仍对教师工资标准有较为严格管控的时期，义务教育教师待遇相关提案经历了以工资津补贴政策为主要诉求提案高峰。对于高等教育来说，80 年代末期至 90 年代初期是三十年来高校教师待遇相关提案的历史高点，在此期间，稳定青年教师队伍方面的问题受到委员们的较多关注；同时，与教师津补贴相关提案也占据高校教师工资相关提案的主导。

（1）义务教育

随着 1980 年代的经济体制改革和财政分权化改革，教育管理体制和教师工资体制进行了一系列改革。1985 年，《中共中央关于教育体制改革的决定》，确立了“地方负责、分级管理、以乡为主”的教育管理体制，并提出“坚持实行简政放权，扩大学校的办学自主权”，乡镇财政支付农村公办中小学教师工资，乡村两级共同负责民办教师工资（赵俊婷、刘明兴，2015）。同期，在 1985 年中央推行了结构工资制改革后，随即针对教师工资问题，国务院工资制度改革小组、劳动人事部联合出台了《关于高等学校、中等专业学校、中小学教职工工资制度改革问题的通知》，建立了以职务工资为主的结构工资制。较1956年起实施的高度集权的“等级工资制”，此次工资制度的调整虽然使中央政府缩小了对工资体制的管控范围和财政部门的保障范围（赵俊婷、刘明兴，2017），但中央仍然严格管控对教师的基本工资和职务工资标准。虽然地方单位发放物质福利的情况较为常见，但各项津补贴的发放仍需经中央审批。

在教育财政下放地方政府和学校，而工资津补贴制定标准仍然由中央较为集权化管控的背景下，80年代后期逐渐凸显的关于义务教育教师待遇的提案中，委员们主要关心的是以提高津补贴的方式提高教师待遇。关于要求提高津补贴的提案在1987年和1989年都达到了12件之多，达到了1983～2012年该类政协提案的峰值（图2）。在此期间，国家出台了若干政策以提高基础教师的待遇，并提出了建立中小学教师超课时酬金制度，以提高中小学班主任的津贴标准，但具体提高幅度和数额，是分权给省级政府自行确定的[①]。虽然在80年代中期后，部分地区因为基层财政的困难，各地出现了不同程度的拖欠工资事件（顾卫临，1994），但是直至1993年《教师法》出台前，都没有出现标题中直接涉及“教师工资拖欠”问题的政协提案（图2）。

（2）高等教育

80年代中期开始，政府作为高等教育投入的唯一主体的模式开始松动。1985年，中共中央颁发《关于教育体制改革的决定》，明确提出高校有权招收自费生，并将开展校企合作、经费使用安排、自筹资金使用等权力下放给高校。高校开放对预算外资金的筹备和使用权，大大激发了高校的筹资动力，经费紧张局面得到缓解。1985年，结构工资制改革推行，虽然津补贴的制定标准仍然收归中央，然而同步出台的一系列政策使得高校

① 包括《关于提高中小学教师工资待遇的通知》（国发〔1987〕102号）、《国务院关于提高部分专业技术人员工资的通知》（国发〔1988〕60号）、《关于提高中小学班主任津贴标准和建立中小学教师超课时薪酬制度的实施办法》等。1989年12月，国务院转批人事部、国家计委、财政部《1989年调整国家机关、事业单位工作人员工资实施方案的通知》对正式教师在“现行职务工资标准的基础上增加一级工资”。

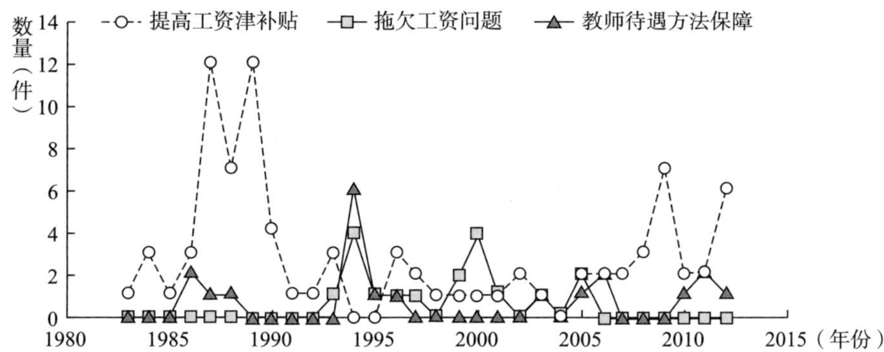

图 2　1983 ~ 2012 年涉及义务教育教师工资津补贴、拖欠工资问题和教师待遇立法保障问题的政协提案数目

对于教师的劳务酬金、超教学工作定额酬金等有着更大的决定权①。在此背景下，与义务教育不同的是，80 年代中后期关于高校教师待遇的政协提案呼声较小。

随着高校创收热情增加，政策对高校的收费行为仍有很多规范，中央出台相关政策对乱收费现象进行规范，高校的创收行为受到抑制②。虽然 80 年代中后期高校教师的待遇管控略有放松，但在十三大后，随着逐步深化的市场化改革，企业员工待遇快速上涨，相较之下，高校待遇在招聘时的竞争力明显不足，这也引起了青年人才流失等问题。

在此背景下，虽然在 80 年代中后期关于高校教师待遇的呼声较少，而在 80 年代末期至 90 年代初，关于教师工资待遇方面的提案大多是有关增设高校教师工资津补贴项目的。与高校教师工资或津补贴直接相关的提案，超过一半出现在 1988 ~ 1993 年，而在这在六年间的 13 件针对教师工资的提案中，共有 10 件明确提出增设或调整高校教师教龄工资或津补贴、

---

① 例如，1985 年 4 月，教育部《关于当前高等学校教师工作量问题的意见》中提出，各级教师的工作定额由学校决定，而工资定额与教师的超教学工作定额酬金数有直接关系，意味着学校对高校教师超教学工作定额酬金的发放有更多自主权。1986 年 10 月国家教委、财政部发布的《高等学校财务管理改革实施办法》中规定，高校开展科技咨询等各类活动的劳务酬金，由学校根据本校实际情况制定具体的酬金分配办法，学校基金中用于教职工奖励的基金可以由校（院）长统筹安排使用。

② 1988 年 3 月，国家教委发布《关于加强普通教育经费管理的若干规定》，指出要加强对预算外资金的管理，所有预算外资金，必须专户储存，统一由财务部门进行管理，不准将预算内资金转为预算外，也不准把预算外支出挤入预算内开支。

课时酬金、生活补贴等具体工资科目的提案（图 3）。同时，由于工资标准受到限制，高校所面对的青年教师流失等问题也在提案中有所反映。1990 ~ 1991 年，共出现了很多关于针对“青年教师流失严重”“高校教师断层、断代”问题的提案，委员们纷纷要求“迅速采取有效措施稳定青年教师队伍”（图 3）。在高校教师工资管控严格的背景下，高校教师待遇相关的提案达到了历史峰值。

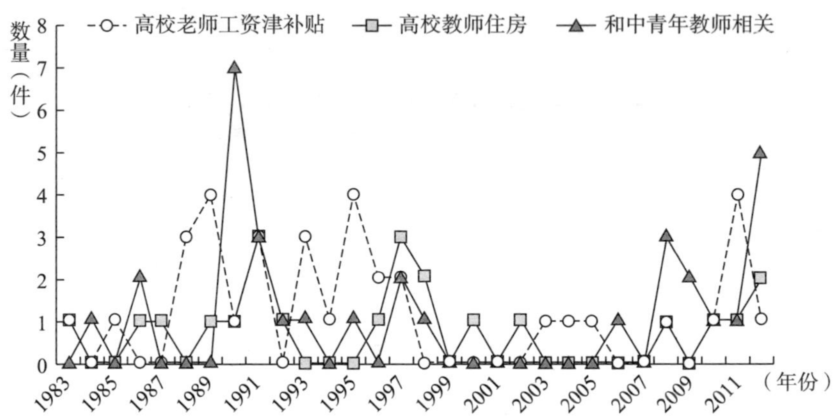

图 3　1983 ~ 2012 年高校教师工资、教师住房和中青年教师待遇相关提案数目

（3）小结

1980 末期，随着改革开放的逐步推进和深化，义务教育学校办学自主权逐渐扩大，高校经费的来源逐渐拓宽。同时，高等教育适当放宽了高校对教师劳务酬金、奖励金等的权力。在 80 年代中后期，关于高校教师待遇的提案寥寥。然而，直至 90 年代初期，中央仍然严格管控教师工资和津补贴标准，高校创收依然面临一些限制。在十三大后，随着市场工资水平的提高，高校工资待遇对青年人才的吸引力减弱，政协委员们积极呼吁以设立和提高各类津补贴的形式提高高等教育的教师待遇，形成了政协提案的高峰。

对于义务教育来说，政协提案积极呼吁设立和提高各类津补贴，以提高教师待遇，并形成高峰。虽然提案在政策上可能产生了一定的效果，但由于分权化的管理和投入体制，农村义务教育教师工资采取的是“分散型”模式，教师工资的筹资和分配下沉，由县乡承担（曲铁华、张立军，

2012）。由于基层财力不足而产生的教师工资拖欠问题并不在提案中体现。

（二）1993 年前后

1993 年，随着教师职级工资制改革的推进，义务教育阶段和高等教育阶段的学校都拥有了更多制定教师工资的具体标准的自主权。但不同的是，义务教育阶段，《教师法》的出台引发了以要求保障教师工资为主要内容的提案高峰；高等教育阶段，随着高校收费改革进一步的推进，学费占高校经费来源的比例上升，教师待遇方面的提案数目有所下滑。

（1）义务教育：挂钩机制入法和以要求保障为主要内容的提案高峰

1993 年《教师法》颁布，出台了将教师工资水平与国家公务员平均水平“挂钩”的规定。此时也恰逢“分税制”财政体制改革、教师职级工资制改革的关键年份。义务教育教师待遇相关的政协提案，亦于 1993 年迎来了第二个提案高峰。80 年代的结构工资制将机关事业单位与国有企业脱钩，而职级工资制改革进一步将机关与事业单位的工资制度脱钩，使教师工资的具体标准下放到省，同时允许各单位在国家规定的津贴总额内根据本单位实际情况，具体确定津贴项目、档次和分配方式①。这使得教师工资与学校的收入能力密切相关。虽然由中央政府来决定基本工资标准，但是地方有更大的自由和灵活的空间来调整区域内的津补贴水平，同时其支配预算外收入的权力也大幅提高（赵俊婷、刘明兴，2017）。但是，分税制改革后，教师的工资保障机制也出现了两个突出问题，一方面部分地区基本工资占比呈现倒挂的趋势明显，即基本工资占比逐步降低，而另一方面，部分地区的基层财政运转困难加大，即教师在基层经济困难的地区愈加缺乏实质的财力保障。而这两年全国政协义务教育教师提案分别是 12 件和 13 件。1993 年的义务教育教师待遇提案组成中，3 件是关于提高工资津补贴的（图 2），4 件是明确涉及师资投入的（图 4）。1994 年的提案中，6 件是关于要求落实《教师法》的建议（图 2），4 件是关于代课/民办教师转正式编制或提高待遇（图 4），4 件是关于解决拖欠教师工资问题的提案（图 2）。这些都可以反映基层对教师待遇保障的困难。

① 参见《关于机关和事业单位工作人员工资制度改革的通知》（国发〔1993〕79 号）。

（2）高等教育

1992年起，学费占高校成本的比重也开始大幅上升，“公费”与“自费”并轨的推进使得高校财务状况得到进一步改善[①]。同时，随着1993年工资体制改革，事业单位拥有了更多对于津贴的分配自主权，规定在国家规定的津贴总额内，事业单位可以具体确定津贴项目、档次和分配方案。其中“全额拨款类”单位自主分配的比例占工资构成的总额的30%，“差额拨款”类单位自主分配比例占40%[②]。

工资分配权力进一步下沉至高校，同时，学校经费更为充裕、教师待遇得到提升，相关提案也有所减少。在分权化的工资体制改革下，针对高等教育教师待遇的相关提案数目有所下降，提案内容也较为分散，并未形成统一诉求。由于高校教师待遇普遍优于中小学教师待遇、拖欠工资等现象也并不常见，《教师法》的颁布并未引起高校教师待遇方面的提案高潮，仅有一件高等教育类提案与落实《教师法》相关。

（3）小结

在1993年的教师工资分权化改革的背景下，高等教育和义务教育教师待遇相关提案有截然不同的趋势。由于义务教育阶段教师工资普遍低于高等教育阶段教师工资，经费保障基础也更弱，《教师法》中对于教师工资不得低于当地公务员工资的规定掀起了义务教育阶段保障教师待遇方面的统一诉求，然而却并未对高校教师待遇方面的诉求产生显著影响。相反，随着高校收费改革的推进，高校的经费来源得到了进一步保障，教师待遇

---

① 1992年6月《关于进一步改革和完善普通高校收费制度的通知》指出“全国制定统一的普通高等学校收费标准和办法，已不能适应改革开放的新形势和各地各校的具体情况”，规定普通高等学校可根据本地区、本校和学科特点研究拟定学杂费、住宿费等收费标准，并按行政隶属关系，地方所属普通高等学校报省、自治区、直辖市人民政府批准；中央各部门所属普通高等学校报中央主管部门批准，抄报财政部、国家物价局备案。1994年9月，国家计委和国家教委发布《关于调整普通高等学校学杂费问题的通知》，开始在37所高校试行“公费”与“自费”并轨。

② 1993年《事业单位工作人员工资制度改革方案》中，根据事业单位的特点和经费来源不同，将事业单位划分为“全额拨款”、“差额拨款”和“自收自支”三类。对“全额拨款”类单位，执行国家统一的工资制度和工资标准，“固定部分”70%，“活的部分”30%，在单位核定编制基础上，实行工资总额包干，增人不增工资、减人不减工资总额，节余的工资，单位可以自主安排使用。对差额拨款单位，工资构成中，“固定部分”为60%，“活的部分”为40%。

相关提案有所下降。

（三）90 年代中后期

对于义务教育来说，分税制改革后，地方和学校拥有了更多工资津补贴标准制定权、教师工资的保障责任下沉至基层。在此背景下，政协提案中关于保障教师待遇的提案数目回落。而对于高等教育来说，随着高校金字塔层级结构雏形的显现，得到中央专项拨款较多的高校则发出了更多关于提高教师待遇的呼声。

（1）义务教育

分税制改革后，教育事业单位发生很大内部分化，政协委员并未形成较统一的呼声，这段时间是义务教师待遇相关政协提案的低潮。在 1993 年后，中央放开了发放各项津补贴的规定，教师的实际收入和学校的财力密切相关，加之教育财政责任下沉到基层，虽然部分财力较差的地方拖欠教师工资，但财力较好的地区或学校的教师实际工资待遇显著高于公务员。中央继续出台政策和法律，进一步要求地方对教师待遇等问题进行保障。90 年代中期出台了的政策文件针对《教师法》中未明确的待遇问题做出了补充说明，再次强调了县级或乡级财政来保证农村公办教师工资和民办教师工资的国家补助部分，农村教育费需要保障民办教师工资中的集体统筹部分，并对公办民办教师的“同工同酬”问题、纳入正式编制等问题做出正面回应①。1995 年的《教育法》在 1986 年《义务教育法》所规定的“两个增长”的基础上②，加入了“保证教师工资和学生人均公用经费逐步增长”的条款，对教师工资的逐步增长进一步加以法律规定和保障。1997 年起，中央屡次提高基本工资的标准③。在地方和学校拥有了更多工资津补贴标准制定权，且教师工资的保障责任下沉至基层的背景下，提案中很难再不断针对教师工资的结构化组成部分发声。此期是教师待遇相关提案的低潮。

① 参见 1995 年《国家教委关于〈中华人民共和国教师法〉若干问题的实施意见》。

② “两个增长”，即《义务教育法》中规定的“国家用于义务教育的财政拨款的增长比例，应当高于财政经常性收入的增长比例，并使按在校学生人数平均的教育费用逐步增长”。

③ 出台了《关于 1997 年调整机关、事业单位工作人员工资标准等问题的通知》（人发〔1997〕89 号）、《关于调整机关事业单位人员工资标准和增加离退休人员退休费三个实施方案的通知》（国办发〔1999〕78 号）等文件。

在 1993 年《教师法》出台后的两年内，伴随着“落实《教师法》”的呼声，共有 6 件相关提案要求解决民办教师问题。1995 年《国家教委关于〈中华人民共和国教师法〉若干问题的实施意见》规定：农村公办教师的工资和民办教师工资的国家补助部分，根据地方政府的财力，由县级或乡级财政负责支付；民办教师工资中集体统筹部分，由农村教育费附加予以保证。90 年代末期，民办教师工资负担责任下沉至基层政府，民办教师工资主要依靠农村教育费附加来支付，这也是代课教师工资拖欠问题最为严重的时段。然而，相关政协提案却跌入谷底（图 4），1996 ~ 2000 年没有一件政协提案在标题中直接涉及该问题。

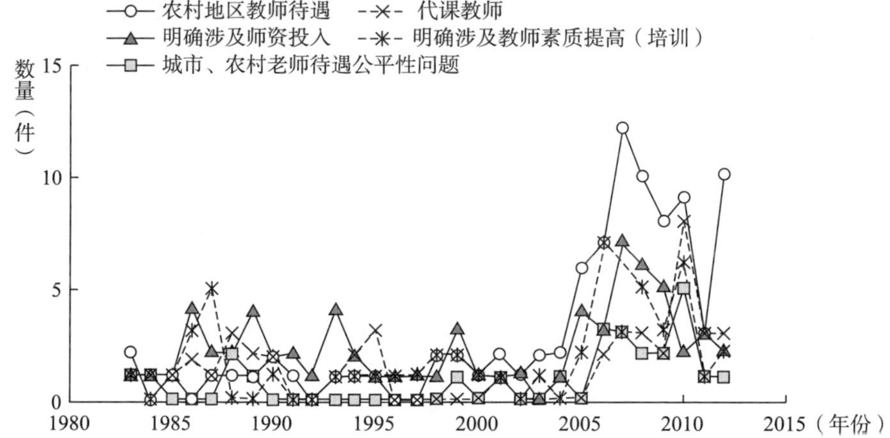

图 4　1983 ~ 2012 年义务教育教师待遇提案中涉及农村教师待遇、代课教师、师资投入、教师培训及城乡公平性等问题的提案数目

（2）高等教育

从 1991 年起酝酿的我国高等教育体制的重大变革“211 工程”，自 90 年代中期开始正式启动，即面向 21 世纪、分期分批重点建设 100 所左右的高等学校和一批重点学科，1994 年和 1995 年中央财政各拨出 3 亿元和 3.5 亿元专项经费，之后逐年增加。“211 工程”将高校分为了精英阵营与非精英阵营，中央和地方政府对列入工程内的精英高校的拨款增加，高校间的经费水平差距扩大。1997 年，我国高校收费并轨正式完成。与此同时，我国的事业单位住房福利政策也在发生着变化，1998 年，高校教师住房分配取消。

在 1995 年至 1998 年间共有 24 件与高校教师待遇相关的提案，提案委员中有23位在高校任职（或兼职），其中只有5位委员来自非“211工程”高校，其余委员均来自“211工程”重点高校。这一比例相比于1989～1991年有所下降。1989～1991年，高校教师待遇相关提案共29件，其中27件提案的委员在高校任职（或兼职），但其中有一半以上（14位委员）来自非“211工程”高校。可见，在“211工程”实施以后，来自“211工程”高校的委员对于提高教师待遇问题更为积极，既有较为泛化的关于“提高教师待遇”的呼声，也有一些较为个别化的诉求。例如，来自西安交通大学、北京外国语大学等在当时被列入“211工程”的重点大学的委员，特别提出“增加教育投入稳定西北地区高校教师队伍案”、“关于提高教师待遇，解决西北经济落后地区高校人才流失问题的建议案”、“关于建设海淀西部高校教师住宅小区的建议案”等专门针对该地区的高校教师待遇相关提案。而来自非“211工程”校的委员对教师待遇问题的提案较少，也未形成较为统一的呼声。同时，伴随着高校住房福利政策的调整，四年间有四分之一的教师待遇相关提案是关于高校教师住房问题的，例如“在高等学校推行房改政策既要积极又要慎重案”、“关于高校院内的职工宿舍不能出售案”等，也体现了当时教师对住房问题的关注（图2）。

（3）小结

1990年代中后期，对于义务教育阶段来说，虽然中央放开了对教师工资标准的管控，但财权上收中央、教师工资负担下沉县乡政府和学校。在分权化的教师工资管理体制下，教师收入和学校的收入能力关系密切，虽然在部分发达地区教师的收入水平超过了公务员收入，但在一些贫困偏远地区，教师工资偏低、拖欠教师工资的现象十分普遍。然而在此背景下，政协的教师待遇相关提案变得稀疏且分散化，代表们未能形成较为统一的诉求和呼声。

对于高等教育来说，伴随着“211工程”的推进，高校金字塔层级结构的雏形逐渐形成。列入“211工程”的重点高校受到了更多的中央经费支持，同时伴随着更多的对教师待遇的诉求，来自这些高校的委员构成了90年代中期以来教师待遇问题的发声主体。然而，来自地方高校或其他非“211工程”高校的委员却并没有形成较为积极或统一的诉求，其提案较历史高峰时更为稀少和零散。同时，在事业单位福利分房逐渐取消的过程中，和教师住房相关的诉求也凸显了出来。

（四）21 世纪初期

21 世纪初期是义务教育和高等教育教师待遇相关政协提案的低谷期。这段时间，教师工资和津补贴的发放权力下沉至学校，学费收入也是学校运行中的重要经费来源。在此背景下，民办教师工资保障问题并未在义务教育政协提案中凸显；而高等教育则形成了较为稳定的高校金字塔层级结构，教师待遇类提案零散而分散，政协委员围绕教师待遇问题，并未形成统一诉求。

（1）义务教育

进入新世纪后，伴随着农村税费改革和“以县为主”的教育财政体制的逐步建立，教师工资的负担逐渐向中央转移，农村中小学教师工资的管理上收到县，落后地区的公办教师的工资发放得到了更有利的保证，针对中西部农村学校教师的财政体制保障问题进入大家视野。2001 年国务院《关于基础教育改革与发展的决定》规定县级财政要设立“工资资金专户”保障农村中小学教师工资发放；2003 年《关于进一步加强农村教育工作的决定》中要求“建立和完善农村中小学教职工工资保障机制”。同时，中央财政从 2001 年起每年安排至少 50 亿元资金，专项用于中西部困难地区农村中小学教师工资的发放。在中央逐步加强的转移支付下，公办教师的工资发放得到了较好的保证①。

针对教师待遇问题，政协提案还没有形成较为一致的诉求。2002 年前后教师待遇相关提案数量达到历史低点。在 2000 年拖欠教师工资的提案达到 4 件后，便迅速降低（图 2）。21 世纪初，关于提高教师津补贴（图 2）、增加师资投入（图 4）、教师培训（图 4）等方面的提案稀疏，每年仅有 1 件或 2 件。此时公办、民办教师间的待遇差距虽进一步扩大，但政协提案中在 1996 年至 2005 年的十年间只出现过 2 件民办教师或代课教师相关提案（图 4）。也就是说，虽然基层对民办教师仍然面临比较严峻的财政保障问题，但国家对于预算外收入还没有进行全面的清理和规范，不同地区民办教师的问题程度不一，也较难形成统一的提案诉求。此阶段的提案更多

---

① 参见 2001 年《国务院关于基础教育改革与发展的决定》，其中关于教师待遇的规定是：“从 2001 年起，将农村中小学教师工资的管理上收到县。”

地关注于更为宏观的和“教育经费投入”相关的问题。

在21世纪初依然延续了1990年代分权化的工资管控体制，教师工资的标准制定下沉至地方和学校。然而，随着“以县为主”的教育管理体制的建立和中央转移支付力度的增加，与整体教育财政投入问题相关的提案开始逐渐凸显（图2）。教师待遇问题依然不是委员们关注的焦点，但在相关政协提案也呈现回暖的趋势（图2）。

（2）高等教育

1999年开始，高校招生规模扩张，与此同时，中央下达一系列文件，在教师聘用、薪资分配等各方面进一步扩大高校自主权，并适当提高了学费标准。1998年《高等教育法》的颁布以法律的形式规定了高等教育的办学自主权。1999年9月，教育部《关于当前深化高等学校人事分配制度改革的若干意见》中指出，要“在实行工资总额包干的前提下，确定适合本校实际的工资津贴分配办法和标准”。北大、清华率先进行了内部分配制度的改革，大幅提高教职工待遇，并以此为突破口，进行校内管理体制改革。其他高校纷纷效仿，制定出符合自己高校情况的分配方案。2002年，中共中央制定《2002－2005年全国人才队伍建设规划纲要》指出，要进一步扩大事业单位内部分配自主权。同时，2000年前后，高校适当上调了收费标准①。在此阶段，国家工资占高校教师工资收入的比例不断降低、教师收入受到其在院校或院系经费充足性的影响加强。

然而，在1998年后高等教育管理体制改革持续取得重大进展的同时，部属高校和地方高校在资金来源上体现了较大差异。大量国务院部门所属院校实行省级政府管理为主、中央与地方共建体制，或划归教育部管理②。而1998年5月起，通过数次画圈，在“211工程”的基础上，又选出39所大学进入“985工程”。列入“985工程”和“211工程”的学校也被继

① 2000年6月，教育部、国家计委、财政部《关于2000年高等学校招生收费工作若干意见的通知》中指出：“高等学校的学费占其年生均日常运行费用的比例按25%掌握。未达到25%的可提高到25%。”

② 1998年和2000年，国务院《关于调整撤并部门所属学校管理体制的决定》和《教育部、国家计委、财政部关于调整国务院部门（单位）所属学校管理体制和布局结构的实施意见》，分别将91所和161所国务院部门（单位）所属学校中绝大部分实行省级政府管理为主、中央与地方共建体制，或划归教育部管理。

续划分为不同等级，接受不同额度的来自中央和地方的专项拨款，这些院校中大部分为央属院校①。截至2002年7月，中央和地方、有关高校共投入“211工程”资金180多亿元②。针对高校教师方面，虽然国家陆续出台了各种人才支持工程或计划，例如1994年“国家杰出青年基金”，1998年“长江学者”计划，2004年“百千万人才工程”、“新世纪优秀人才支持计划”、“青年骨干教师培养计划”，2010年“青年千人计划”等，帮助一部分高校教师的生活、工作条件得到了改善，然而这些高端化的教师支持政策难以汇集处于相对弱势地位的地方高校青年教师。

伴随着高校管理体制改革，高校扩招，“211工程”、“985工程”专项拨款，以及高校在教师聘用和津补贴发放等方面的自主权的扩大，中央高校和地方高校之间的分化的进一步加剧。中央高校受到的来自政府拨款的支持明显高于地方高校，教师待遇普遍得到提升。然而，对于地方高校来说，学费却逐渐成为非常重要的收入来源。在2000年后，中央文件屡次出台政策限制学费升高，对“乱收费”的清理工作依然不断进行。很多地方高校陆续陷入了债务中。无论是在区域之间，还是在不同类型和层级的院校之间，高校教师薪资有着较大分化。在1998年后，高校教师待遇相关提案进入了低谷，关于加强教师待遇、稳定中青年教师等方面的提案回落（图3），2001～2007年间，一共只有6件与教师待遇相关的提案。委员们很难在高校教师待遇问题上形成较为统一的诉求。

（3）小结

在21世纪初期，义务教师公办教师的工资负担开始向中央转移，然而民办教师或代课教师仍然面临较为严峻的工资保障问题。但是由于国家还未对预算外收入进行全面清理规范，且依然延续了以往分权化的教师工资体制，各地民办教师问题存在差异，教师待遇问题依然不是政协提案的焦点，但是呈现回暖趋势。

高等教育则在此阶段经历了较为复杂的局面。随着高校管理体制改革

---

① “985工程”的全部39所高校均为中央高校，其数量占全部中央高校的一半；而在112所“211”工程大学中，中央高校占了70%以上。这些高校数量占全部中央高校的72%以上。

② 参见2002年7月15日，周济发言《历史性的跨越，新征途的重任——中国高等教育改革与发展近期回顾和展望》。

的深化和高校扩大招生的推进，被划为“精英高校”阵营的“985 工程”、“211 工程”高校获得了更多的财政拨款，而创收较少的地方院校则面临着经费短缺。在高校经费充裕程度分化加剧的背景下，随着发放教师工资津补贴的权限的进一步下放至高校，不同院校之间的教师待遇差别很大，政协委员并未对教师待遇问题形成较为统一的呼声，此阶段进入了相关提案的低谷。

（五）2006 年后

对于义务教育阶段，随着绩效工资改革和义务教育免费政策的推进，教师工资的标准和财政压力都进一步收归中央，此时相关提案数目激增，且诉求变得更为多元化。对于高等教育来说，在 2010 年后与教师待遇相关的提案有所回升。随着不同学校和学校内部的高校教师工资差异进一步拉大，反映在政协提案上，受到较多中央拨款的重点高校对提高中青年教师待遇上有更多的发声。同时，随着房价的上涨，高校教师住房方面的提案也有所提升。

（1）义务教育

在 2006 年后的一系列政策和改革，使得中央对义务教育保障经费体制建立、教师工资的标准制定和财政压力都进一步收归中央、同一地区公办教师与公务员之间以及公办教师群体内部的账面工资收入差距在进一步缩小，中央财政对教师待遇的支持也进一步细化。2005 年 12 月，国务院正式启动义务教育经费保障机制改革，规定了由县级政府确保农村中小学教师工资，并要求省级政府需要安排财力解决困难县中小学教师工资问题，但与此同时也要“坚决清退不合格和超编教职工”①。伴随着 2006 年《公务员法》的实行和职务与级别相结合的工资制度的改革，级别工资的比重提高，中央清理并规范了各项地方性津补贴发放。同期，实行农村义务教育阶段学校教师特设岗位计划，且经费主要由中央财政承担②。在 2006 年修订的《义务教育法》也以法律形式规定义务教育由国家保障，并在《教

① 参见《国务院关于深化农村义务教育经费保障机制改革的通知》（国发〔2005〕43 号）。

② 参见《教育部、财政部、人事部、中央编办关于实施农村义务教育阶段学校教师特设岗位计划的通知》（教师〔2006〕2 号）。

师法》对教师工资待遇的基础上，要求“在民族地区和边远贫困地区工作的教师享有艰苦贫困地区补助津贴”。2008 年起，基于中央财政的收入较高的增速和财政集权的宏观背景，中央逐步增加其财政保障机制，伴随着义务教育免费政策在城市和农村的全面实施，中央也推行了教师绩效工资体制改革①。此次的工资制度改革在提高公办教师的待遇的同时，却规定了“学校不得在核定的绩效工资总量外自行发放任何津贴补贴或奖金，不得违反规定的程序和办法进行分配”。于是，与以往不同的是，各级各类学校的收费权及定价权被逐渐限制，教师工资与公务员工资之间的硬性挂钩机制被进一步强化（赵俊婷、刘明兴，2017）。在这之后，掀起了第三个义务教育教师提案的高峰。然而，有研究表明，新的教师工资体制建立后存在一系列问题，例如无法建立正常的工资增长机制，教师工资收入增长主要依靠地方政府自行提高绩效工资和津补贴水平；同时，薪酬发放的平均主义倾向普遍存在，绩效工资体制的激励效果在实操中未能发挥。近年来，国家又陆续出台了增加农村义务教育师资的文件，例如在 2010 年启动的“国培计划”②，2012 年推行“教师培训学费制度”等③，以及在住房方面，包括推进为农村教师缴纳住房公积金及社会保险费、中央安排经费支持建设农村艰苦边远地区学校教师周转宿舍以及鼓励地方政府将符合条件的农村教师住房纳入当地住房保障范围统筹予以解决等。中央的财政支持也逐步愈加具体和细化④。

2006 年起义务教育教师相关的政协提案也迅速走高，形成了三十年来相关呼声最多的时期，且对教师待遇的诉求变得更为多元化。2006 年的政协提案为 18 件，到了 2010 年达到 23 件，之后略有回落。在这 5 年中，涉及编制、确保/增加师资投入、提高教师素质、农村地区教师问题、民办

① 参见《关于转发人社部、财政部、教育部关于义务教育学校实施绩效工资指导意见的通知》（国办发〔2008〕133 号），《教育部关于做好义务教育学校教师绩效考核工作的指导意见》（教人〔2008〕15 号）。

② 参见《教育部　财政部关于实施“中小学教师国家级培训计划”的通知》（教师〔2010〕4 号）。

③ 参加 2012 年《关于加强教师队伍建设的意见》。

④ 参见《教育部　中央编办　国家发展改革委　财政部人力资源社会保障部关于大力推进农村义务教育教师队伍建设的意见》（教师〔2012〕9 号）。

教师问题、住房问题等相关提案数量都达到了历史峰值。例如，在 2006 年后，中央建立了义务教育经费保障新机制、教师工资发放与学校财力脱钩、落后地区代课教师问题得到缓解后，相关提案反而陆续涌现，在此后 7 年间共计 24 件之多，2010 年达到峰值 8 件，次年在相关政策出台后快速回落（图 4）。涉及农村地区教师待遇问题的政协提案在 2007 至 2012 年总计 52 件，并在 2007 年达到了 12 件之多（图 4）；而涉及城市、农村教师待遇公平性问题的提案也在同期逐渐凸显，于 2010 年达到 5 件，为历史峰值。涉及教师素质提高或师资投入问题的政协提案数目也分别于 2006 年和 2007 年达到历史峰值 7 件（图 4）。

（2）高等教育

2006 年开始推行、2010 年全国高校正式实施的岗位绩效工资改革则进一步淡化薪资职务差距，强化绩效能力在薪资中的影响。在此背景下，不同高校教师和同一高校内部不同教师之间的薪酬水平差距继续拉大。2006 年，人事部、财政部联合下发《事业单位工作人员收入分配制度改革方案》，强化包括高校和科研机构在内的事业单位工资体系中的岗位因素和绩效因素。此次改革后，高校和科研机构的工资由“岗位工资 + 薪级工资 + 绩效工资 + 津贴补贴”四部分构成。高校被赋予了制定本单位绩效考核指标体系和绩效工资方案的权限。然而政府仍然保留了对高校绩效工资总量的核定权。2010 年，全国高校教师正式施行绩效工资制度。自该年起，部分地方高校的自建津贴、补贴等被纳入绩效工资总额并由政府核定，地方高校内部分配的自主弹性空间被压缩。然而，仍有很多高校的教师津补贴和课题收入等并未被纳入管控。在这样的薪资制度下，政府财政继续加强对“985 高校”和“211 高校”的支持力度，不同高校之间的教师工资差距增大，同一学校内，学术地位较高、职称较高、拥有较大行政权力的在岗教师和刚刚毕业的青年教师之间的收入水平也显著拉大，高校教师群体的收入“两极分化”的现象日渐凸显。同时，随着房价的上涨，教师也面临着更大的生存压力。

在高校教师群体收入差别日益加大、房价日益攀升的背景下，2010 年后与高校教师待遇相关的提案从冰点有所回暖。中青年教师作为高校教师中较为弱势的群体，提高其待遇问题成为高校教师待遇类提案较多讨论的话题。2010 年后共 23 件与教师待遇相关的提案中，共有 7 件提案是关于改善高校青年教师待遇、解决青年教师生存压力过大等问题的提案（图 3）。值得注意的是，虽然在财政的支持下，“985 高校”、“211 高校”的教师境遇普遍优于地方高校教师，然而高校教师待遇相关提案大部分是由来自这些重点高校的委员提出的。尤其是关于高校青年教师待遇问题，7 位提案委员中 6 位来自中央拨款所倾斜的精英大学阵营。然而，在高校薪资待遇的分配权下放到高校、高校收入多元且差异性大的背景下，高校教师待遇的相关提案总体仍然较为分散，包含了 4 件与教师工资体制改革相关的提案、4 件与高校退休教师相关的提案，及 4 件明确提及高校教师住房方面的提案（图 3）。总体来看，教师待遇问题上，政协委员们并未形成较为统一的呼声。

（3）小结

对于义务教育来说，在教师工资财政责任、教师收入标准的制定权力都向中央政府转移的时代，政协委员对教师待遇的呼声数目增加，内容具体且细化。由于施行全国统一的基本工资标准，国家统一调资时会面临两难境地：如果增幅过大，则经济欠发达地区的增资难以落实；而如果增资幅度过小，也无法应对经济发达地区生活成本迅速提高的实际问题。发达地方有较强的出台各类津补贴和奖金政策的动机，然而由于中西部地区教师津补贴实际上也依赖中央的转移支付，为了减少地区间的攀比而造成的中央财政压力加大，中央政府陷入到了对地方津补贴进行清理的怪圈（赵俊婷、刘明兴，2017）。虽然中央出台了一系列政策提升教师待遇，然而各类教师待遇方面的呼声仍然此起彼伏。

而对于高等教育来说，在高校金字塔层级结构下，绩效工资改革伴随着不同高校间和同一高校内部的教师待遇的进一步拉大。精英大学受到明显的中央拨款政策倾斜，也对教师待遇问题更为热心，青年教师待遇问题又一次得到了委员们的关注。但是总体来看，这一时段，在教师待遇问题上，政协委员并未形成统一的诉求。

三　总结

总体来说，在教师工资标准较为集中、财权和教师工资发放责任下沉地方的 80 年代末期，政协提案中的政策建议以增设和细化津补贴规定的方式为提高教师待遇发声。1993 年《教师法》的颁布和实施伴随着一波关于制定和落实《教师法》的提案高峰。在 1994 年后，随着分税制改革、职级工资制改革和《教师法》的实施，财权收归中央、教师工资和各类津补贴标准的制定权下放地方，不同地区间的实际教师待遇差异加大，虽然部分地区存在较大困难，但政协委员难以形成较为统一的关于教师待遇的呼声。然而，随着 2001 年起中央对地方教师工资的负担力度逐步增加，政协提案中关于教师待遇方面的呼声由冰点逐渐回暖。2006 年后，中央财政对教师工资的转移支付不断增强，并在之后进行教师绩效工资制改革，中央加大对地方津补贴政策的清理，教师工资和学校收入能力脱钩。在此背景下，政协委员对增设各类津补贴和待遇保障的呼声高涨。

对于高等教育来说，80 年代中后期，高校教师工资标准也较为集中，但伴随着高校多渠道创收自主权的放开、劳务报酬等教师其他收入标准的下放，高校经费紧张的情况得到缓解，教师待遇也有所提升。然而随着 80 年代末期高校工资相对于企业工资的竞争力的下降，中青年教师流失问题的凸显，政协提案中也出现了关于增设和提高高校教师工资津补贴标准的相关建议，也出现了关于稳定中青年教师、解决教师年龄结构“断层”等问题的相关提案。随着 1993 年事业单位与机关工资的脱钩，高校拥有了更多自主制定工资和津补贴方面的权限，相关呼声减弱。然而，随着高校管理体制改革的推进，以及“211 工程”、“985 工程”在 90 年代中后期的建立，部分精英高校得到了更多的政府资助，相关委员也对教师待遇问题有更多发声。伴随着高校福利住房政策的取消，90 年代中后期迎来了教师待遇相关提案的又一高峰。然而，90 年代末期，高校对发放教师津补贴、聘用教师等方面的自主权进一步增加；随着高校大幅扩招和学费并轨的完成，90 年代末期至 21 世纪初期迎来了高校教师相关提案的低谷。直至 2010 年后，随着房价压力的增加，以及绩效工资制下高校教师工资差距的进一步拉大，关于提高中青年教师待遇等方面的提案又陆续涌现。此时关注高校教师待遇的政协委员，同样大多来自高校金字塔层级结构的顶端，而非来自地方院校。

值得注意的是，虽然教师工资与公务员工资水平挂钩的条款在 1993 年提出后，在后续的《义务教育法》和各类文件中不断被提及，政协提案中极少使用教师待遇与公务员待遇“挂钩”作为切入点而要求中央财政保障的局面，相关提案仅在 1994 年和 2006 年各出现过 1 次。政协提案主要还是以提出具体的扶持要求为主。

纵观三十年来义务教育和高等教育教师待遇相关提案，可以发现，在教师工资标准上收中央、学校不拥有灵活发放津补贴的权限时，提案中会出现更多关于增设和提高相关津补贴标准的建议（例如 1993 年职级工资改革前的义务教育和高等教育教师待遇类提案）。在教师工资管控权限下放的时期，教师待遇相关的提案也相对较少（例如 90 年代中后期至 21 世纪初的义务教育教师待遇类提案，及 21 世纪初期的高等教育教师待遇类提案）。然而，在中央财政责任和保障力度增加时，与教师待遇相关的各类提案也陆续涌现（例如在义务教育保障新机制政策后的义务教育阶段）。对于高等教育来说，在高校金字塔层级结构下，中央财政对不同类院校的财政支持力度有很大差异，这也在高校教师待遇类提案的委员身份差异上有所体现。

参考文献

顾卫临，1994，《至圣的焦虑——关于拖欠教师工资的思考》，《开放时代》第 5 期，第 50～54 页。

曲铁华、张立军，2012，《农村义务教育教师政策：近 30 年的演进与思考——以农村教师工资待遇为视角》，《沈阳大学学报（社会科学版）》第 5 期，第 1～5 页。

赵俊婷、刘明兴，2015，《教师工资体制改革：历程、困境与出路》，北京大学中国教育财政研究所内部报告。

赵俊婷、刘明兴，2017，《教师工资体制的宏观运转机理与基层实施效果分析》，《北京大学教育评论》第 4 期，第 2～16 页。

全国政协提案中教学过程改革和高考招生改革呼声的一致与分化

冯昕瑞[*]

以反对“片面追求升学率”、培养学生“素质”为主要特征的教育教学改革，自80年代开始至今，贯穿了几十年。然而，其侧重点和内涵，却经历了一系列的变化。教育教学改革的提案主要包含两部分内容，一是以课程改革为主的教学过程改革，二是以招考改革为主的高考招生改革。反映在全国政协提案中，相关提案的趋势在不同时段呈现出不同特点。回顾历史，自1983年至2012年，在不同的政策背景下，教育教学改革提案呈现出怎样的趋势？其中关于教学过程改革的呼声和高考招生改革的呼声又有怎样的特点？对于如今复杂的教育教学改革局面又有什么启示？本文试图通过对全国政协提案的分析，对以上问题加以理解。

一 教育教学改革相关全国政协提案的主要趋势

与“教育教学改革”相关的提案在本文中是较为宽泛的概念，涵盖了在基础教育和高中教育阶段内，与教育思想和方针、课程改革、教育方法改革等相关的议题，同时也包括了与考试和招生改革相关的内容，但不包含针对教育行政体制（例如学校自主权）和教育财政体制（例如加大财政保障力度）的提案。图1中的黑色实线为与教育教学改革相关的宽口径的

* 冯昕瑞，北京大学中国教育财政科学研究所在读博士生。

政协提案数目，柱状图为该年相关提案占全国政协教育类提案的比例。三十年来，共有1625件呼吁教育教学改革的相关提案，平均占全国政协教育类提案的18%。相关提案的庞大数目表示，教育教学改革是三十年来全国政协提案的重要呼声之一。在1994年前，“教育教学改革”相关提案数目一直处于低谷中。在1994年后，相关提案的数目开始增加，并于2000年达到了高点，之后开始小幅度跌落。2006年后，相关提案波动式上升，并于2010～2012年达到了又一高潮。

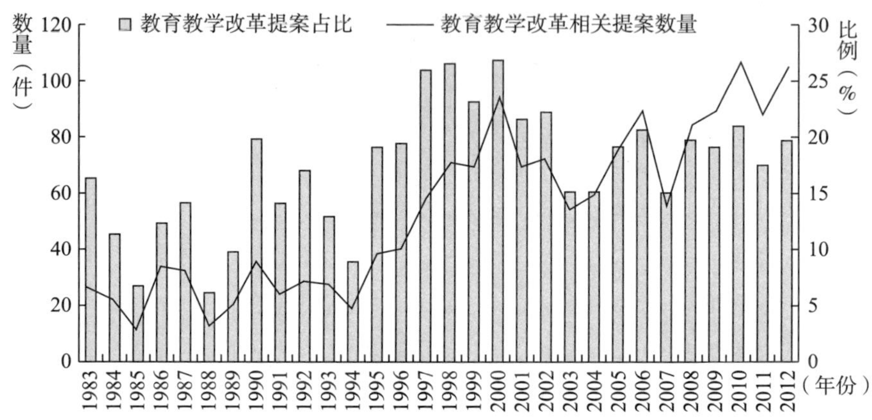

图1　1983～2012年全国政协提案中与教育教学改革相关提案数量和占比

“教育教学改革”相关提案主要包含两个方面，即“教学过程改革”相关提案和“高考招生改革”相关提案。其中一类是“教学过程改革”相关提案，是在“教育教学改革”类提案中抽取出与课程体系改革、教学方法改革、教育方针和原则、义务教育阶段学生的考试和评价方法相关的提案（不含针对高考、招生相关的提案）①。如图2中处于最上方的虚线所示，“教学过程改革”相关提案在三十年间共计1069件。观察“教学过程改革”的相关提案在1983～2012年的趋势可以发现，其趋势与“教育教学改革”相关提案（图1中实线）大体一致，均在80年代处于低谷期，并在1994年后上升，于2000年及2010～2012年达到了历史高位。对“教

① 例如，关于加强美育、德育、劳动教育的提案，关于学生书包过重的提案，关于减轻学生负担、全面推行素质教育的提案等标题内容较为宽泛的关于教育方针与原则的提案，也归入到了“教学过程改革”类的政协提案中。

学过程改革”类提案，2000 年的高峰相对更为平缓，然而 2006 年后的上升态势却与“教育教学改革”总体提案的趋势相似。

“教育教学改革”中的一个鲜明话题，是“素质教育”。1994 年 8 月，《中共中央关于进一步加强和改进学校德育工作的若干意见》颁布，中央层面的正式文件中第一次使用了“素质教育”的字眼①。素质教育在要求加强德育的中共中央的文件中提出，包含了培养学生意志品质、遵纪守法意识、道德公德、音体美课程和体育、青春期卫生教育、心理教育等多个维度，是对 80 年代提倡的“德、智、体、美”等全面发展的教育方针的扩展和细化，主要是针对教育方针和内容的讨论。此后对素质教育内涵的讨论不断扩展，本文按照中央文件中首次出现“素质教育”字眼时的表述进行狭义的定义，选取出要求加强学生优良品质、顽强精神、健全人格和法律道德教育，或要求加强音体美或艺术教育，以及心理健康教育的提案，如图 2 中实线所示。这些提案是图 2 所示中的教学过程相关提案的子集，共 840 件。可以发现，与“素质教育”相关的提案数目的趋势与其母集的趋势非常相似。

“教育教学改革相关提案”中包含的另一个子类别，是针对高考和招生改革相关提案，共计 376 件②。“高考和招生改革相关提案”趋势与“教育教学改革”和“教学过程改革”相关提案在 2006 年前大体一致，然而在 2006 年后差距渐显。如图 2 中最下处的虚线所示，“高考和招生改革相关提案”在 1996 年前都处于低谷态势，于 1997 年后迅速攀升，并在 1998 ~

---

① 1994 年《中共中央关于进一步加强和改进学校德育工作的若干意见》中第九条中提道：“增强适应时代发展、社会进步，以及建立社会主义市场经济体制的新要求和迫切需要的素质教育。要重视培养学生开拓进取、自强自立、艰苦创业的精神；大力加强法制教育特别是宪法的教育；要有计划地进行社会公德和职业道德教育；要在九年义务教育阶段中进一步落实音、体、美课程，并积极在普通高校和高中阶段开设艺术选修课，陶冶情操，提高学生的艺术修养和欣赏水平；要积极开展青春期卫生教育，通过多种方式对不同年龄层次的学生进行心理健康教育和指导，帮助学生提高心理素质，健全人格，增强承受挫折、适应环境的能力。”

② 需要注明的是，虽然“教学过程改革”相关提案与高考和招生改革相关提案均是“教育教学改革”相关提案的子集，然而二者之间也有少量重合，因为部分提案在标题中既涉及课程改革，又涉及高考改革。同时，两类提案相加的提案数小于宽口径定义的“教育教学改革”相关提案的总数，这是由于一些“教育教学改革”类提案措辞过于宽泛（例如：关于教育改革宜早作规定的提案），并未归入到此两类中。

2000 年达到提案数目的高峰，此后数目下降。在 2007 年后，虽然数目也再次攀升，然而其 2010 年的高潮并未超过 1998 ~ 2000 年的高峰。在 2006 年后掀起的“教育教学改革”的热烈呼声中，涉及“教学过程改革”的声音强劲，然而“高考和招生改革”的呼声却相对较弱。

观察以上政协提案的趋势，可以提出的问题是：如何理解教学过程改革和高考招生改革相关政协提案在十七大之前的一致趋势，以及 2006 年之后出现的背离？2000 年前后关于高考和招生改革提案高峰，和 2010 年前后的提案增长，各呈现怎样的特点？下文通过梳理历史政策和相关政协提案，试图对上述问题加以理解。

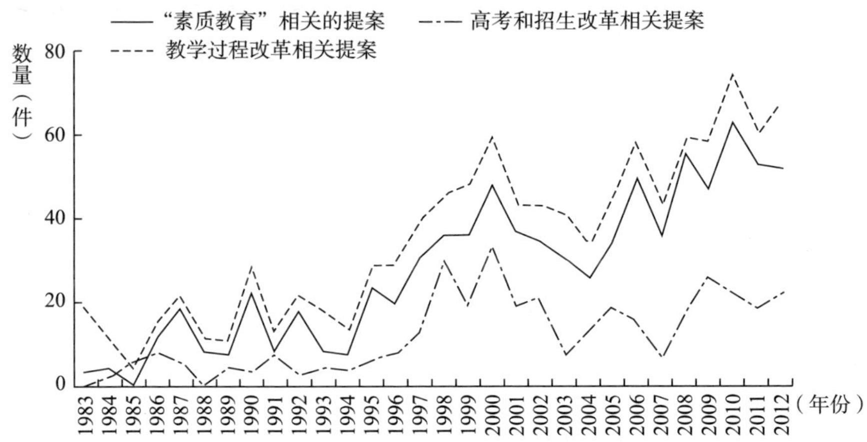

图 2　1983 ~ 2012 年全国政协提案中教学过程改革、素质教育改革、高考招生改革相关提案数量

二　不同历史政策背景下的教育教学改革政协提案

1. 80 年代和 90 年代初期：中央政策出台前的低谷

80 年代末期至 90 年代初期经历了高考科目、考试招生制度等的一系列变革，开启了保送生制度、会考制度等政策，中央颁布文件要求扩大高校自主权。同时，也出现了针对“教育方针”内涵的讨论，以及对于减轻学生负担、克服片面追求升学率等问题的呼声。

在 1977 年第四季度恢复高考后，针对教育方针中是否加入美育，以及对“减轻学生负担”和“克服片面追求升学率”等问题不乏政策文件和领导人讲话的讨论，然而与教育教学改革相关的政协提案却处于较低水平（图1）。邓小平在1978年4月《在全国教育工作会议上的讲话》中提道“学校应该永远把坚定正确的政治方向放在第一位……学生负担太重是不好的……大中学校招生要德智体全面考核，择优录取”。1982年《宪法》和1986年的《义务教育法》以法律的形式进一步确定了“在品德、智力、体质等方面全面发展”的教育方针。是否将“美育”列入教育方针中在80年代存在争议，虽然最终并未将其列入《义务教育法》中，但1986年六届人大四次会议的报告中和《关于〈义务教育法〉的说明》中，都提出“德智体美全面发展，加强劳动教育”的方针[①]，教育部门领导人的讲话和出台的政策中，提及教育方针时，也经常将“美育”和“劳动教育”与“德、智、体”并论[②]。然而，反映在政协提案中，80年代针对美育和劳动教育的提案寥寥（仅4件），并非委员们争论的焦点。80年代的教育教学改革政策上，除了关于教育方针的争论外，自1983年开始，教育部门屡次出台文件，强调为了贯彻教育方针，需要减轻学生负担、克服“片面追求升学率”的应试教育带来的弊端[③]。然而，在中央的文件和法律中，并未对此明确提及，关于减轻中小学生学业负担的提案虽然80年代也有些委员提出，但是数量和规模都较小（图3）。

---

① 虽然《义务教育法》中并未出现美育和劳动教育的字眼，然而李鹏在4月六届四次人大会议上《关于〈义务教育法〉的说明》中提出，应当贯彻德智体美全面发展的方针，加强劳动教育。何东昌在1986年“没有美育的教育是不完全的教育”的讲话中提道：“全国人大常委会在审议《义务教育法》的时候，对是否把美育和适当加强劳动教育正式列入法案有不同的意见，因为《中华人民共和国宪法》规定对教育的要求是品德、智力和体质，牵涉要不要修改《宪法》的问题，所以最后没有把这个内容列入《义务教育法》。但是，李鹏同志在解释的时候是两者并提的，虽然有不同的理解，但丝毫不意味着大家不赞成加强美育和劳动教育。”在1986年3月六届人大四次会议《关于第七个五年计划的报告》中，也提出德智体美全面发展的方针，并根据自身的特点适当加强劳动教育。

② 例如，国家教委在1986年《义务教育全日制小学初级中学教学计划（初稿）》中，教育方针为德、智、体、美、劳全面发展。

③ 1983年，教育部《关于全日制普通中学全面贯彻党的教育方针、纠正片面追求升学率倾向的十项规定（试行）》。1988年，国家教委出台《关于减轻小学生课业负担过重问题的若干规定》、《关于全日制普通中学端正办学方向、纠正片面追求升学率倾向的督导评估的几点意见》等文件。1993年，国家教委《关于减轻义务教育阶段学生过重课业负担、全面提高教育质量的指示》。

关于在1990年代开始流行的“素质教育”的提法，在1980年代末期就形成雏形。1987年4月全国九年制义务教育各科教学大纲通告会讲话中，国家教委副主任柳斌首次使用“素质教育”的提法：“基础教育不能办成单纯的升学教育，而应当是社会主义的公民教育，是社会主义的公民的素质教育”。在进入九十年代后，“素质教育”的提法几次出现在例如张承先等教育行政部门领导的讲话中（张承先，1990）①。此时“素质教育”作为替代“升学教育”的概念而提出。然而在当时，中共中央国务院出台的政策文件中却并未明确提及此类问题。同期的全国政协提案中，并未出现“素质教育”或“应试教育”的字眼。政协委员就学生负担过重问题进行联名提案，直至1990年才首次出现（1990年孟雁君等25人“减轻中小学生学业负担，使其得到全面发展的唯一途径是改革升学制度案”；陈乃昌等5人“救救孩子！减轻小学生的课业负担案”）。在1980年代末期至1990年代初期，关于教学过程改革的政协提案处于低谷期（图2）。

在1980年代，高考的内容与形式以及高校招生也经历了一系列的变革，针对高考改革的政协提案数目却也相对较少（图2）。1978年高考恢复了全国统一命题。随之高考科目也进行了调整：1982年起，生物考试纳入理科高考中，1983年外语成绩全部计入高考总分。1984年，考试招生制度进一步调整，保送推荐制度开始实行，特殊专业（艺术类等）招生开始实行统考和单考相结合的招考方式。1985年《中共中央关于教育体制改革的决定》确定了高等学校以扩大办学自主权、实行校长负责制为主要内容的教育体制改革，提出高校有权招收自费生，高校自费生和公费生“双轨制”招生开始进行。同期，国家教育部门对高中毕业会考制度试行的改革也指向高考招生的改革。1985年在上海进行会考试点，并且上海的高考实行分省命题。1989年印发的《关于试行普通高中毕业会考制度的意见》等两个意见的通知提出，力争三年内在全国试行普通高中会考制度，于1994年开始实行新的普通高等学校招生考试及录取办法。招收保送生和自费生

① 1990年，张承先“实行‘经、科、教’三位一体的综合整体改革”的讲话中提出，“教育上存在的一个很大的弊端就是片面追求升学率，要经过深化改革，变升学教育为素质教育”；在1991年的讲话中，也多次提到“把基础教育切实转到素质教育的轨道上”。

的政策虽然都是对于下放高校招生考试权力的尝试，然而保送生涉及的招生规模较小，高校招收自费生依然需要通过高考的选拔机制。在1980年代，虽然高考和招生也进行了很多改革和调整，然而在全国政协提案中，很少有提案进行高考和招生改革的讨论（图2）。

总的来讲，1980年代及1990年代初期对教育方针进行讨论，并对反对“片面追求升学率”问题屡次呼吁，然而，在中央正式文件中却缺乏对相关问题的关注，与此相应地，相关的政协提案却处于低谷期。类似地，虽然1980年代末期，有中央文件要求扩大高校自主权和招收自费生，且有若干政策对高等学校招生考试改革进行探索，然而高考和招生问题相关的政协提案较少，并不是政协委员关注的重点。

2. 1990年代末期：素质教育和高考内容改革提案凸显

随着1993年中共中央、国务院《中国教育改革和发展纲要》的颁布，教育教学改革类的政协提案开始上升。该纲要提出“中小学教育要由‘应试教育’转向全面提高国民素质教育的轨道”、“中小学要切实采取措施减轻学生过重的课业负担”，这是中央文件中首次对“应试教育”和学生负担过重做出的表述。1994年6月，李岚清副总理在全国教育工作会议上指出“基础教育必须从‘应试教育’转到素质教育的轨道上来，全面贯彻教育方针，全面提高教育质量”。与“素质教育”相对概念，由1980年代末期时的“升学教育”，正式更名为“应试教育”。1994年8月，中央层面在《中共中央关于进一步加强和改进学校德育工作的若干意见》中首次使用“素质教育”字眼。在此后，“素质教育”的相关政策快速推进，相关文件也不断出台。1996年，国家教委在湖南汨罗召开素质教育现场会。1997年，国家教委又在山东烟台召开了全国中小学素质教育经验交流会，进一步总结推广了汨罗、烟台的经验，对素质教育做出了全面部署。同年，国家教委颁发《关于当前积极推进中小学实施素质教育的若干意见》，文件要求深刻认识“应试教育”的弊端，“素质教育”是使得中小学摆脱“应试教育”束缚的有力措施。文件中也提出了为了促进素质教育的实施而需要采取的一系列措施。除了加强德育、建立完善课程体系、改革考试和评价方法等措施外，还包含了加强教师队伍建设、加强薄弱学校建设、调整教育结构等多个维度。在此时，为了落实“素质教育”而需要进行的改革已经超越了教育方针、教育内容、考试评价和招生改革等方面，涵盖了对加大教育投入、促进教育公平等方面的政策目标。1998 年 12 月，教育部《面向 21 世纪教育振兴行动计划》要求“从有利于中小学实施素质教育”的原则出发，“进行高考科目、内容、方法和制度的改革试点”。

根据对文件的梳理可以发现，从 1980 年代对教育方针的争论，到 1990 年代末期，素质教育的内涵不断地丰满和完善，从最初针对教育方针、培养内容和过程本身的特定讨论，到后来覆盖了考试与招生、教育的普及和公平、教师素质的提升和教育结构的改变等各个方面。所涉及的人群也从中小学阶段扩充到了各个教育阶段，并从学校教育扩展到家庭和社会教育中。1990 年，第一件直接使用“素质教育”措辞的提案出现在政协提案当中①。1992 年，张光瑛等 19 人联名提出“如何将当前应试教育转变为素质教育案”。伴随着中央颁发的反对“应试教育”、加强“德育”、推动“素质教育”的文件，自 1994 年开始，关于教育教学改革、教学过程改革和素质教育方面的全国政协提案数目开始快速增长（图 2），并于 1999 年前后进入高峰。为了对提案进行更为准确的描述，本文对相关内容进行更为窄口径的定义，将提案的标题中明确提及“反对片面追求升学率”、“应试教育”，要求“贯彻教育方针”、推行“素质教育”等方针字眼的提案撷取出来，共计 245 件。其中，仅明确提及“素质教育”的提案共计 112 件，提案趋势如图 3。可以发现，在 2000 年前后，伴随着中央要求全面推行“素质教育”的政策的出台，相关提案达到高峰，此后快速下降。而在 1998 年和 1999 年的提案中，分别有 19 件、11 件和 23 件提案在标题中直接提到了“素质教育”等口号性的字眼。

1999 年也是高考考试招生改革的关键节点，同时相关政协提案进入历史高峰。1999 年 2 月教育部发布《进一步深化普通高等学校招生考试制度改革的意见》，进一步明确了按照“有助于中学实施素质教育，有助于高校选拔人才，有助于高校扩大办学自主权”的方向，“进行高考科目、内

---

① 政协委员高良润提出“建议采取切实措施，将基础教育由‘升学教育’转到‘素质教育’的轨道上来案”。

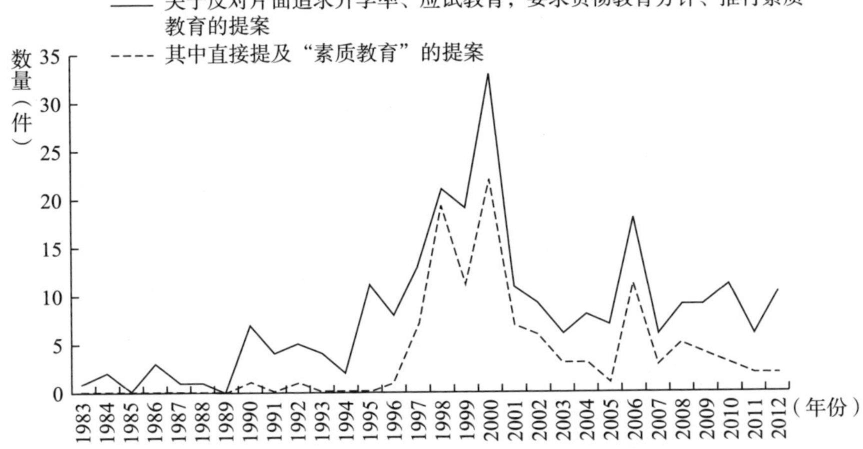

图3　1983～2012年全国政协提案中关于片面追求升学率、应试教育，要求贯彻教育方针、推行素质教育的提案（窄口径定义下）

容、方法和制度的改革试点”，并明确提出开展高中课程改革，公布了以“3＋X”科目设置来进行全国高考改革。同年6月《中共中央国务院关于深化教育改革，全面推进素质教育的决定》颁布，除了要求全面推进素质教育外，在同一文件中，提出要扩大高等教育规模、减缓升学压力，并要求扩大学校的招生自主权和考生的选择机会。1990年代末期的高考改革以高考的形式、内容和科目改革为主要特征，虽然提到了扩大招生自主权，然而此政策尚未得到实质性的推广和落实。高考招生相关的政协提案在1990年代中后期上升，并伴随着政策的出台而进入高峰。其中，与高考的内容、科目与形式改革相关的政协提案在1998年迅速上涨达到峰值11件（图4），其中有4件提出改革高考以利于素质教育，有4件提出要取消高考的文理分科。随着1999年中央政策的颁布，与高考内容与形式相关的提案快速下降。虽然进入21世纪后，陆续出台了多项针对高考招生的政策文件，但是与高考招生改革相关的提案却从峰值跌落。

由此可见，自1990年代中期开始，伴随着反对应试教育、推广素质教育相关的中央政策文件颁布，与教育教学改革相关的提案增加，与“素质教育”相关提案凸显、与高考招生相关的提案在此后也逐渐增多。1999年针对素质教育的中央文件的发布，确立了高校扩招的格局，并奠定了21世纪初期教育教学改革和高考招生改革的政策基础。值得注意的是，1999年

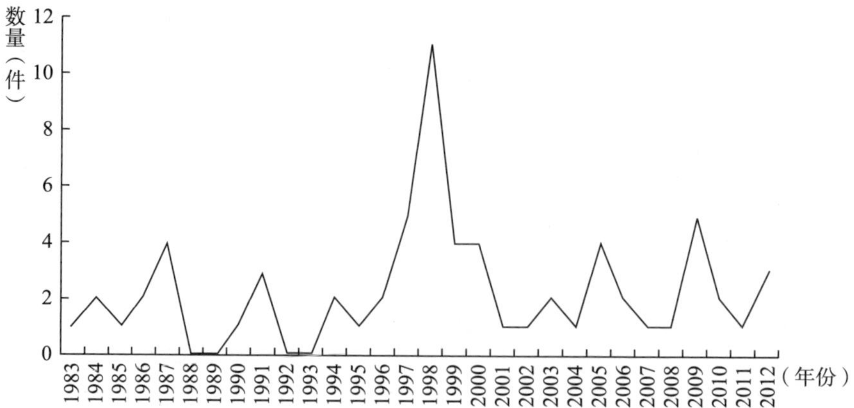

图 4　1983～2012 年全国政协提案中与高考内容与形式改革相关提案数量

的高考改革以高考的科目、内容和春季高考为主要特征；与教育教学改革、高考招生和教学过程相关的提案，均在政策文件发布后，于 2000 年达到峰值。

3. 21 世纪初期：扩招后的分权化招考改革

进入 21 世纪后，课程改革和招考改革都在紧锣密鼓地进行。我国出台一系列政策继续推行基础教育课程、中小学评价和考试制度等方面进行改革。2001 年，国务院发布《关于基础教育课程改革与发展的决定》，要求加快构建符合素质教育要求的基础教育课程体系。2002 年至 2004 年，教育部先后发布政策文件，推进中小学评价与考试制度改革、开展高中新课程改革等文件。在课程改革政策的同时，教育教学改革逐渐向高考和招生改革方向方面推移。2004 年底，教育部原部长何东昌上书中央，痛陈我国素质教育推不动，教育出了大问题。2005 年，由教育部、中宣部等多部委牵头的“素质教育大调研”正式启动，其中时任中国教育学会副会长谈松华牵头的“高校招生考试制度研究”是其中的一个重要内容。在这一时点上，以“新课改”为核心的素质教育改革已经不足以进一步深化推进素质教育，改革的方向开始进一步向高考和招生改革推移。

首先，高校扩招后，各省招生名额分配带来了新的变化，21 世纪初的高考招生改革的主要特点之一是分省命题改革。1990 年代末期亚洲经济危机背景下，作为刺激消费和促进经济增长的手段之一，高校扩招政策推行。我国高考一直采用的是分省定额录取模式，在高校扩招后，各高校针对各省的招生名额和录取分数线产生的矛盾愈加凸显，而分省命题的政策也随之而来。继 1985 年上海试点分省命题后，2002 年北京也开启自主命题。2003 年 6 月高考试卷失窃事件成为分省命题进一步扩大的直接导火索。2004 年，教育部将分省命题增加为 11 个省市；2006 年，全国（港澳台除外）实行自主命题的规模增至 16 个省份。高校扩招后各地区对于高校招生名额上的议论，也在政协提案中有所反映。例如，如图 5 所示，与高考公平性相关的提案（包括不同地区高考录取名额分配之争）在高校扩招之后急剧增加，在高峰年份 2000 年和 2002 的 14 件和 13 件呼吁招生公平的相关提案中，分别有 5 件和 6 件呼吁高校应统一高考录取分数线，还有众多呼吁加强对某省份的招生名额的提案。然而，在高考分省命题改革后，2003 年后相关提案数目有所下降。

高校招生自主权的改革也伴随着高校扩招而深入推进。虽然早在 1985 年的中央文件中就明确提出要扩大高校办学自主权，并开启了保送生等制度，然而在招生方面的高校自主权的较大变革发生在高校扩招后。2001 年，江苏省三所重点高校率先实行自主招生。2003 年，教育部发布《关于做好高校自主选拔录取改革试点工作通知》，北大、清华等 22 所“211 高校”（其中 15 所为“985 高校”）被赋予了招生计划总数 5% 的自主招生权。此后自主招生学校数目逐年增加，且多为全国重点高校，考生报名形式也由单一的中学推荐，变为学校推荐和个人自荐相结合的模式。2005 年教育部提出考生人数较多且生源质量好的高校可以突破 5% 的人数限制①。到 2007 年，部分高校的自主招生比例扩大至 10%。2006 年，以复旦大学为首的高校招生首次突破高考分数录取的刚性限制，制定“以考生自主测试面试成绩为主，高考成绩为辅”的录取政策。2010 年，形成了“北约”联盟、“华约”联盟、“卓越”联盟等高校招生联盟，采取“联考”方式。虽然自主招生的改革热烈地推进，然而 2010 年前，呼吁增加高校自主权的政协提案却是寥寥无几（图 5）。

由此可见，进入 21 世纪后，随着课程改革和素质教育的推进，以分省

---

① 参见 2005 年教育部发布《关于进一步做好高等学校自主选拔录取改革试点工作的通知》。

命题和自主招生改革为特征的高考招生改革开始推进。在此阶段，高考内容改革已经不是政协委员们关注的重点。在高考扩招后、分省命题改革推进前，统一高考分数线问题成为政协委员们热议的话题，然而在高考分省命题改革后，此类提案迅速消减。虽然自主招生改革在21世纪的第一个10年有很大突破，然而却并没有在政协提案上有所反映，极少有委员呼吁扩大高校自主招生的权力。

4. 十七大后：课程改革和招考改革的分化

2010年后，关于课程改革方面的文件是对21世纪第一个十年的政策的延续。2010年教育部发布《国家中长期教育改革和发展规划纲要（2010～2020年）》中，继续提出各级政府要把减轻中小学课业负担作为教工作的重要内容、各种等级考试和竞赛成绩不得作为义务教育阶段入学和升学的依据。在2010年后，与教育教学改革、教学过程改革相关的政协提案又一次进入了高峰。与1990年代末的教育改革提案高潮相比，在2010年后课程改革提案更为分散化和多元。例如，在2010年、2011年、2012年的107件、88件和104件提案中，直接提到“素质教育”字眼的提案分别只有3件、2件和2件（图3）。该时段却涌现出了大量细散而零碎的诉求，例如增加法律、心理健康、性教育、环保、医疗急救、网络、传统文化、艺术等方面的教育，同时也有委员提出增设武术、京剧、书法、礼仪、中医课程，减少英语和奥数等内容的多种诉求。

然而，与教学过程改革相关的提案不同，招考改革相关的提案增加势头有所放缓，上层决策部门对相关政策的出台也似乎存在分歧。虽然2010年《国家中长期教育改革和发展规划纲要（2010～2020年）》在“推进考试招生制度改革”方面，直接提出“探索招生与考试相对分离的办法”，然而在2011年到2013年，相关的新高考招生政策却陷入停滞状态。2013年十八届三中全会审议通过的《中共中央关于全面深化改革若干重大问题的决定》打破僵局，肯定了“探索招生和考试相对分离”的政策。中央层面发布文件，意味着对于高考招生改革的决策层级在上移（孙凝翔、林子，2018）。仅1个月后，教育部在官方宣布的《考试招生改革总体方案制定完成》一文中，将“探索招生和考试相对分离”的表述改成了“健全招生和考试相对分离”，可见招考分离问题在决策部门存在争议[①]。2014年8月底，习近平总书记在中共中央政治局会议上强调提高中西部地区和人口大省高考录取率。几天后，2014年9月4日，国务院发布了《关于深化考试招生制度改革的实施意见》，然而其中却并未包括“招考分离”相关的政策，却强调“完善和规范自主招生”、“严格控制自主招生规模”，并且要求“提高中西部地区和人口大省高考录取率”、“增加农村学生上重点高校人数”、“2015年起增加使用全国统一命题试卷的省份”，2015年和2016年分别新增3个和7个省份使用全国卷。自十七大起，政策风向从21世纪初期的增加高校自主招生录取，逐渐转向了加强高考公平性。无论是招生权还是命题权都进一步上移，在提高教育公平的话语体系下，高校和地方的招考自主权被削弱。

关于规范和限制高校自主招生、增加对农村中西部考生和异地高考等高考公平性问题的讨论，在2007年至2012年的政协提案中就能见其端倪。2008~2012年，平均每年有10件与流动人员子女高考问题相关的提案，提案数目是2003~2007年的近两倍。2008~2012年，共有14件相关提案呼吁放宽或取消户籍对高考资格的限制。在这样的背景下，2012年8月，教育部等部门发布《关于做好进城务工人员随迁子女接受义务教育后在当地参加升学考试工作的意见》，要求各省市2012年年底前出台异地高考相关政策。2014年9月，《国务院关于深化考试招生制度改革的实施意见》，提出了相似的要求，直指教育公平和自主选择权。

2010年后，随着自主招生规模的扩大，也出现了政协委员发声对其公平性进行质疑。有社会舆论批评自主招生加重了学校和考生的负担，高校“联盟”的考试时间和报名相互冲突，高校也缺乏明确和透明的选拔标准，自主招生公平性难以保证。2012年的文件对自主招生进一步规范：“试点高校自主选拔录取人数一般不超过本校年度本科招生计划总数的5%。”至此85所高校拥有自主招生资格，已达历史峰值。在2010年之前，自主招

① 教育部《考试招生改革总体方案制定完成——建立分类考试、综合评价、多元录取的高考制度》，http://old.moe.gov.cn//publicfiles/business/htmlfiles/moe/s5987/201312/160553.html，2013年12月7日。

生的高校数目增长迅速，然而相关政协提案却并不凸显。2010～2012 年，具有自主招生资格的高校数目增长缓慢，但是，与之相应的是关于高校自主招生方面的政协提案的增加。2011～2012 年共计 11 件与自主招生相关的提案中，有 5 件直接强调加强对自主招生的规管（图 5）。

虽然课程改革在继续推进，然而在 2007 年后，与高考内容、科目与形式改革相关的政协提案数目却并没有显著的上升（图 4），直至 2012 年，再也没有关于高考内容与形式改革相关提案的高潮。虽然 2010 年《国家中长期教育改革和发展规划纲要》中提出探索一年多次考试、高考社会化等改革方向，然而 2007 年后的高考相关的政协提案，并不是以高考内容和形式本身的改革为主要特征的。

可见，在 2007 年后，教学过程改革（以课程改革为主）和招考改革的政策推进出现了分化，这一分化也体现在了政协提案中。要求推进素质教育的政策是对以往政策的延续，而相关的政协提案则随着政策的不断出台而进入下一个高潮，且提案内容不断细化。然而，高校招考改革却在“考试与招生分离”的政策上前后摇摆。2010 年后，对高校自主招生规管政策出台、高考招生公平性问题（包括异地高考、增加中西部和农村地区考生录取率等问题）受到高层更多的关注，并且分省命题状况向统一命题回归，高考招生的改革向着更为集权的方向演变。虽然与高考招生相关的政协提案也有所上升，然而，总体来讲，上升趋势明显更为缓慢。

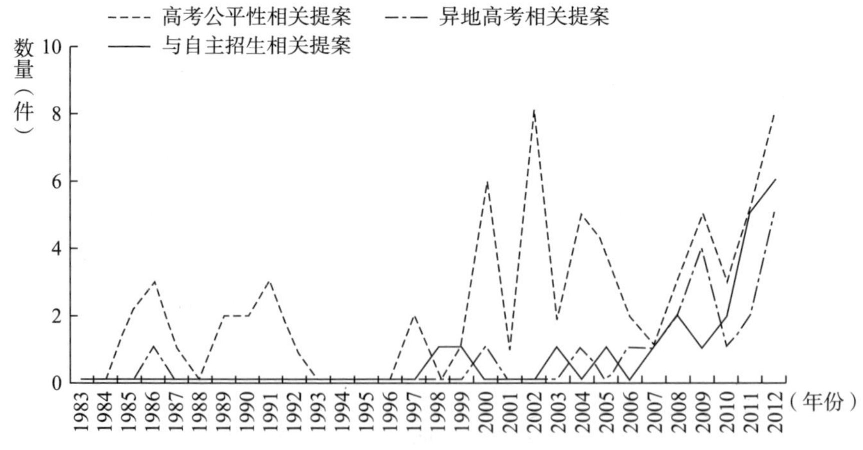

图 5　1983～2012 年与自主招生、高考公平性相关的全国政协提案数目

三 总结

三十年来，教育教学改革是贯穿了全国政协教育类提案的焦点问题，且以教学过程改革（如课程改革）和高考招生改革为主要内容。在十七大前，教育改革相关提案和高考招生改革提案呈现较为一致的趋势。在恢复高考后，虽然教育行政部门就出台了多项关于“减轻学生负担”、反对“片面追求升学率”的相关政策，然而相关政策尚未出现在中央文件中，与教学过程改革和高考招生改革相关的政协提案处于低谷期。1994 年前后中央文件中明确提出反对“应试教育”、推进“素质教育”，教学改革相关的政协提案也开始攀升。伴随着 1990 年代末期的高校扩招和素质教育等政策的出台，高考招生改革和教学过程改革的提案都进入高峰。在 2000 年前后的高考招生改革提案的峰值主要以“高校扩招”和“高考内容和科目”等改革为特征，教学过程改革相关提案则以素质教育为主要特征。在进入 21 世纪以后，高考招生的分权化改革不断推进：高考分省命题、自主招生等改革启动。反映在政协提案上，教学过程改革和高考招生改革的相关提案从高点回落。

然而，在十七大后，与教学过程改革和高考招生改革相关的提案却呈现出相背离的趋势。随着义务教育经费保障机制的建立，中央和地方开始分项目、按比例进行义务教育的经费分担。以课程改革为主要内容的教学过程改革不仅指向着教育本身，同样也具有增加财政投入的指向，十七大后，教学过程改革相关提案不断增加和细化，进入了新的高潮。与此相应的，对于高考招生来说，“教育公平”问题受到了更多的关注，要求高考指标在地区间平衡的提案呈现了上升趋势，高考招生改革向着集权化的方向演变：高考招生中的非户籍人口高考、农村学生和中西部贫困地区考生录取率等问题也越来越多地出现在政协提案和国家政策中，高校自主招生也受到了更多的规管、分省命题逐步向全国统一命题收紧。随着政府对高考招生的宏观调控力度的回升，虽然课程改革方面的呼声继续增强和细化，高考和招生改革方面的呼声却相对冷却，关于教学过程改革的提案和高考招生改革方面的提案呈现背离的趋势，后者的峰值明显低于前者。在

2007 年后的高考改革提案的峰值，主要包含了高考公平性、异地高考等方面的提案，并没有太多以高考内容、形式和科目本身为主旨的提案。

几十年来，教育教学改革相关政协提案呈现出两个趋势，第一个趋势是在历史的大部分时期，以课程改革为主的教学过程改革和高考招生改革都呈现出相似的趋势。高考招生改革是课程改革的重要指向和基础，二者的走势息息相关，这一趋势从 1980 年代开始保持到 21 世纪初期。随着教育教学改革受到中央层面更多的关注，相关提案也在 1990 年代走高，并于世纪之交达到峰值。然而，第二个趋势是，当课程改革在十七大后进入深水区时，高考招生改革向着集权化方向收紧，高考招生改革提案的焦点向着“公平性”的方向转变，相关政协提案却并没有随着政策的出台而再次进入高峰。在这样的背景下，教学过程改革和高考招生改革提案的趋势发生了分化，教学过程改革的相关课改提案愈发细化复杂和分散。然而，在曾经“招考分离”的改革方向已被逆转的背景下，高考招生改革的呼声并没有随着政策迭起而再次凸显，呈现不温不火的态势。在高考改革向着集权化的方向进行时，并不再伴随着高考招生改革相关政协提案的高峰。近年来，虽然各地的新高考改革方案陆续出台，“素质教育”旗号下的课程改革如火如荼，但是几十年一以贯之的“减轻负担”和“提高素质”的目标，仍然面临着重重困境。

参考文献

孙凝翔、林子，2018，《“麻烦治理”与无声革命：素质教育再审视》，《文化纵横》第 4 期。

张承先，1990，《实行‘经、科、教’三位一体的综合整体改革》，载烟台大学编辑委员会主编《张承先教育文集》，北京大学出版社。

与民间办学相关的人大议案和政协提案的特点分析

王江璐*

2016年11月7日《民办教育促进法》修正案正式通过，其配套文件（俗称“1+2”文件）亦于2017年1月18日出台，并将于同年9月1日起正式实施。新法的落地开启了对民办学校将采用“营利性”和“非营利性”的“分类管理”模式，特别强调了对民间办学要创新财政扶持方式、建立差别化扶持体系等，同时要求各地的各项支持政策尽快落地。在由《民办教育促进法》开启的民办学校扶持体系改革之际，我们也应当充分回溯历史，理解国家出台针对民间办学政策的演变过程。而本文则试图以1983年至2012年的全国人大议案和政协提案为抓手，呈现国家在民间办学所涉主要问题上遇到的主要争论，以此来为当下《民办教育促进法》的进一步推进提供参考。

一　与民间办学问题有关的人大教育类议案

1983～2012年间，共有55件人大议案与民间办学有关，具体可以分为六大类。其中，以对“民办教育法”的立法和修改为最多，有45件，占总数的81.82%；其次是对社会力量办学的立法及相关议案共4件，占

* 王江璐，应用经济学博士，毕业于江西财经大学，现为北京大学中国教育财政科学研究所博士后。

总数的 7.27%；接下来“提高民办教师待遇”、“校企合作促进法”与“集资办学”分别是 2 件，占比为 3.64%；最少的是有关“中外合作办学条例”的议案，仅 1 件，并且是与“社会力量办学条例”的修改一起提出的。图 1 中反映了历年来涉及“民间办学”议案数目的总体变化，还有六大类中涉及“民办教育”和“社会力量办学”相关议案的数目变化，而图 1 中的“比例”指的是所有“民间办学议案数目”在当年所有教育类议案中所占比例。另外四大分类，即“提高民办教师待遇”、“校企合作促进法”、集资办学、中外合作办学条例相关议案较少，故未在图 1 中显示，而是以

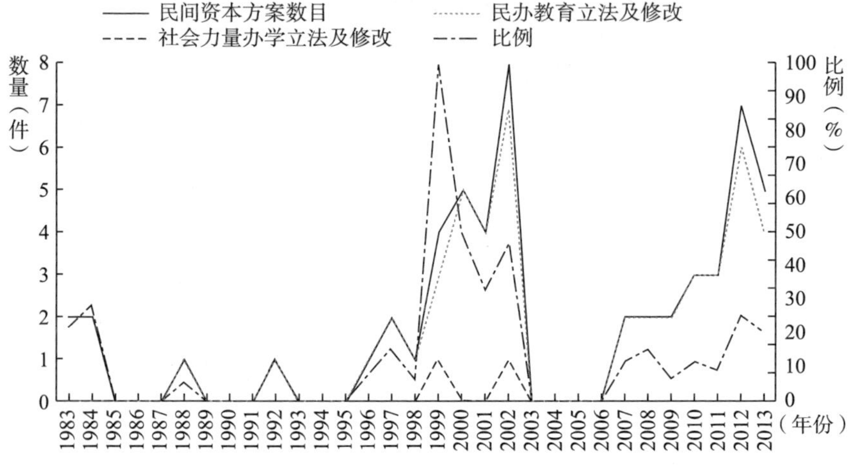

图 1　1983～2012 年民间办学的相关议案

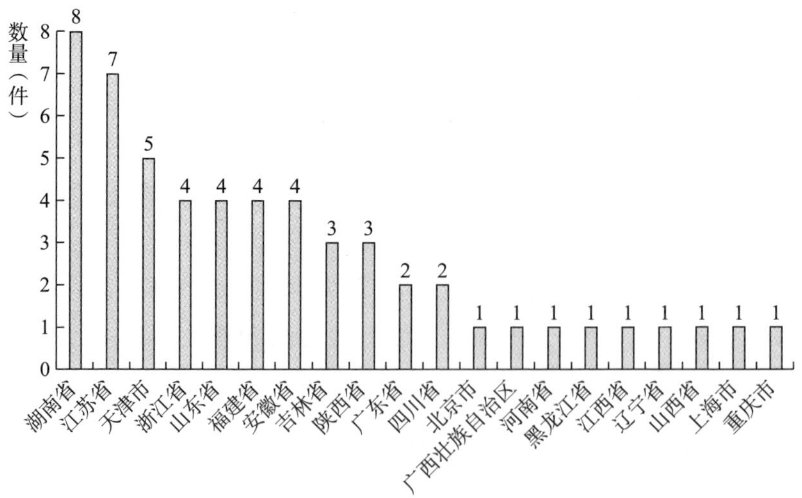

图 2　1983～2012 年各省份民间办学议案数

表 1 呈现其出现的年份。

表 1　其他民间办学相关议案一览

议案内容	议案数目（件）	出现年份
集资办学	2	1983 年、1988 年
提高民办教师待遇	2	1984 年
中外合作办学条例	1	2002 年
校企合作促进法	2	2012 年、2013 年

表 2　人大代表提出超过 1 件议案的年份

单位：件

人大代表	议案数目	1999	2000	2001	2002	2003	2004	2005	2006	2007	2008	2009	2010	2011	2012	2013
A	2	√			√											
B	2	√			√											
C	3		√	√	√											
D	2		√		√											
E	2			√	√											
F	2										√	√				
G	7											√	√	√	√√	√√

注：本表中代表人名都已隐去，用 A – G 表示。

综合图 1、图 2、表 1 和表 2，可以看到以下事实。

第一，对民间办学的热议时期处于 1999 年至 2002 年，此时不管是数量还是比例上来说都是最高的。在 2012 年左右再次出现了一个小高峰，但此时总体议案增多，因此比例并不突出。30 年来民间办学议案占所有教育类议案总数的 11.68%。分年度看，1983 年和 1984 年的议案占当年议案数的比例分别为 22.22% 和 28.57%，但是这两年的议案中并未提及立法。① 随后几年的比例一直低于或略持平于历史平均水平，但是到了 1997 年，比例提高至 15.38%，1999 年达到顶峰为 100%。这是由于 1999 年的教育类议案仅有 4 件，而这 4 件又恰好全部与促进民办教育立法相关。随后 2000

① 1983 年的 2 条议案中有一条为“增加教育经费，并动员社会力量支援教育事业”，归在了“社会力量办学”中。

年至 2002 年的三年中，提案比例和数目都保持着较高的水平。2003 ~ 2006 年的议案数为零，之后再缓慢上升。

第二，“民办教育立法”和“社会力量办学立法”的议案都是同时在 1996 年出现的。即便是 1997 年出台了《社会力量办学条例》（以下简称“97 条例”），却没有消减对民办教育立法的热衷程度，反而在短短两年内达到顶峰。1996 年，人大对民间办学的立法问题讨论较为激烈，在此之前并不热衷，“97 条例”的颁发也并没有满足人大的立法需求，反而激励了人大将条例变为法律的动力，这个动员直到 2002 年颁布了《民办教育促进法》后才得以平息，2003 年议案数变为零。2007 年开始，关于对《民办教育促进法》进行修改的议案逐步增加，但相较之前的动员力度均较小，而 2013 年对《民办教育促进法》修改的正式出台是在 2012 年后相关议案达到又一次高峰后实现的。除了民办教育和社会力量办学立法的相关议案外，2002 年有 1 件议案为“关于修改《社会力量办学条例》、《中外合作办学暂行规定》的议案”，这是已有数据中唯一提及修改“97 条例”和《中外合作办学暂行规定》，而到了 2003 年《中华人民共和国中外合作办学条例》发布。这表明政策的出台和人大议案在时间上存在同周期性。

第三，《民办教育促进法》出台前夕部分人大代表持续性地提出相似提案。从表 2 中可以看到，在 1999 年前，并不存在着同一代表数次为民办教育发声的情况，但自 1999 年起，情况开始逐渐改变，到 2002 年《民办教育促进法》出台，其间共有 5 位代表至少就民间办学的相关问题提出了 2 件议案，其中有 1 位代表提出了 3 件议案。也就是说，在 2002 年提出的 7 件关于民办教育立法的议案中，就有 5 件的提案人之前就已提出过类似议案，并在 2002 年聚集成为较有力的立法动员。提出相关议案最多的代表，担任了经济较发达省份的教育厅厅长一职，从 2009 年至 2013 年共提出了 7 件议案。但是，与《民办教育促进法》出台前夕的情况相比，持续地提出相关提案的委员明显减少，在 2008 年后只有 2 人。

第四，从对图 2 的省份统计上来看，共有 20 个省、自治区和直辖市提出了相关议案。所涉地区较为平均，中东西省份均有涉及，且 4 个直辖市都包括在内。其中经济发达的省份（如广东、浙江、江苏和福建等地）加上直辖市所提议案共 25 件，占总数的 45.5%，约一半。而议案提出最多的是湖南省，8 件议案由 7 位不同的人大代表提出。而江苏省的议案均由一人提出，集中在 2009 ~2013 年。类似的情况还有来自天津的一位代表，先后提出了 3 件相关议案，其本人也同样来自教育领域。可以看到经济发达和教育事业发达的地区对民办教育的立法更为热衷，而民办教育大省，如陕西省的提案数目总体居中，而类似于湖北等教育大省却并未在民办教育上发声或少有发声。

综上所述，政策（法律）的制定与人大议案的提出有着较为一致的周期，并且在法律出台前夕有部分人大代表持续性地提出相似提案，形成了较强的立法动员。另外，从分省份的描述中也可以看到，有关民间力量的议案在经济发展较好的省份中较为活跃，但活跃的省份不都是经济发展靠前的省份。

二　政协教育类提案中的民间办学问题分析

1983 ~2012 年，教育类政协提案共计 9015 件。按照民间力量参与教育领域的内容，所有民间办学的相关提案可以分为两大类，分别是狭义的民间办学和广义的民间办学。首先，狭义的民间办学，在这里指涉及利用“非财政性经费”举办教育机构的提案，共有 427 条。就办学主体来说，可以分为明确提出的“民办”、“社会力量办学”、“企业办学（国有、民营）”、“独立学院”、“名校办民校”、“校中校”、“私立（人）/贵族学校”、“境外组织”（如教会办学等）、“民主党派”、“工商联团体”、“人民（群众）团体”办学等，另外“转制”、“民办公助”的学校也包括在内。广义的民间办学则指除了以上提到的利用“非财政性经费”举办教育机构外，其他的涉及民间力量参与办学的提案，主要包括：第一，涉及“广义的教育产业和民间资本”的提案，如广泛意义上的教育产业化（包括产学研）、引入民间资本，但并不谈及是否私营化；第二，“民间辅助/参与办学”，包括“后勤社会化”、“校企合作”，以及“公办民营”等；第三，“多渠道筹资”。在下文中的“民间办学”专指狭义的民间办学。

为了更深入地理解政治参与对民间办学的影响，以下将着重分析政协提案中的民间办学问题，同时结合教育财政和人大议案的变化周期进行考虑。

1. 民间办学相关提案的总体变化趋势

关于民间办学的提案共 427 条，占所有教育类提案的 4.71%。图 3 反映了各年份中相关提案的数目和比例变化。在 2002 年之后，由于总体提案数目的增加，民间办学提案在数量上虽然有所增加，比重略有下降，但总体上数目与比例的变化趋势是一致的。民间办学的提案内容非常复杂且多元，因此需要根据不同提案内容进行具体分析。

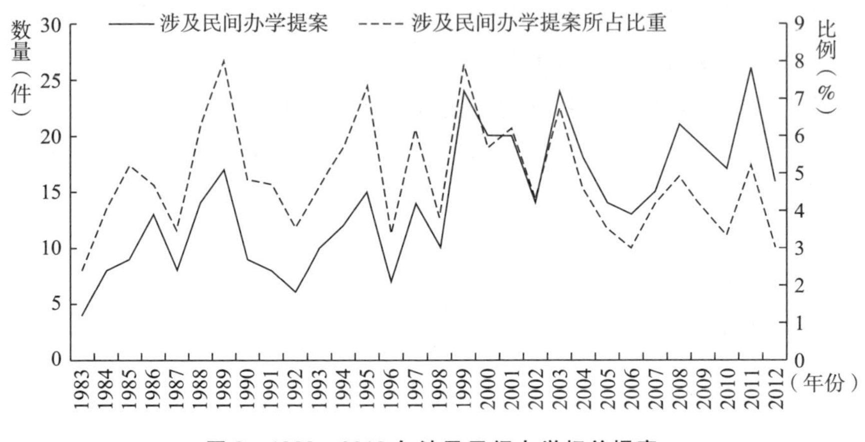

图 3　1983～2012 年涉及民间办学相关提案

2. 政协提案中对民间办学态度的对比分析

民间办学的发展一直以来是一个争议较多的话题，与各级各类公办教育在政协提案中不断出现的“促进”和“支持”等不同，民间办学的发展中也始终贯穿着对其的管制和规范态度，这也是民间办学提案中最突出的特点。在这里可以将此类态度的表达分为“正向”鼓励/推动以及“反向”抑制/规范两个方面，以下简称“正向”提案和“反向”提案。值得注意的是，在若干提案中同时谈及“正向”鼓励/推动和“反向”抑制/规范，为了更加准确地反映问题，将此类提案归到“反向”抑制/规范一类，原因是此类提案一般以管制为主，例如“关于建议由地方政府加强对民主党派、工商联所办业余学校统一领导管理并组织上给予支持”等。

在 30 年间，要求对民间办学进行扶持的提案共 153 条，占所有民间办学提案的 35.83%，而要求对民间办学加强管制的提案为 63 条，占所有民间办学提案的 14.75%。虽然“正向”提案在数量上明显超过了“反向”

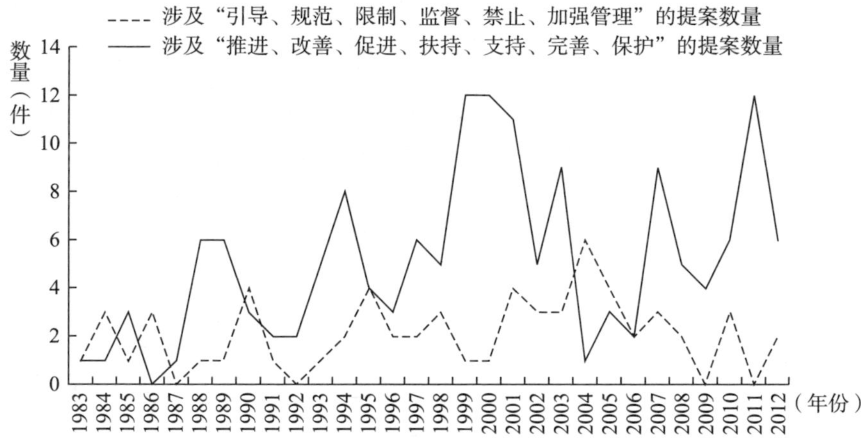

图4　1983～2012年涉及民间办学态度的提案数量

提案，但从图中可以看到，这两大类提案的周期在总体上呈现了此消彼长的互补态势。也就是说，当“正向”提案较多时，同时期的“反向”提案则较少，反之亦然。要求推动民办教育发展的提案较多的集中在1988年、1994年、2000年、2007年和2011年前后，而这几个年份中，除了1994年和1997年“正向”和“反向”提案处于同向变化外，其他时间段“反向”提案都处于数量较少，甚至是一定时期内最低的时期。具体而言，在“97条例”出台前的若干年内，“正向”提案和“反向”提案都有一定的上升趋势，这时针对民间办学的政策并没有形成一个明显且稳定的态度。这种情况在2002年《民办教育促进法》出台前发生转变，在1998年至2001年间，“正向”提案要远超过“反向”提案，说明此时针对民办教育的扶持问题的动员强度和能力已经远远高于“97条例”出台前的情况。2004年则是“正向”提案处于低值，而“反向”提案处于历史最高，而《民办教育促进法实施条例》也是在2004年出台的。在2011年，“正向”提案高峰再次出现，与人大提案此时期开始强调要修改《民办教育促进法》表现出一致性。

总体而言，在“97条例”出台前，人大中较少出现对社会力量办学进行立法的议案，且由于政协提案中“正向”和“反向”提案数都在上升，并没有形成一个具有明显“优势”的为社会力量办学发声的稳定群体。不久后，这个情况开始逐步改变，从1997年起到2002年中要求出台《民办教育促进法》的人大议案逐步攀升达到高峰，此时的政协提案中的正向提案则出现了几乎完全一致的趋势，而反向提案则处于低位。2004 年，人大中并没有关于《民办教育促进法》修改的议案，但是在政协中则有更多的“反向”提案，要求规范民办学校。从 2007 年到 2011 年，人大开始对《民办教育促进法》进行热议并要求修改，而政协的“正向”提案在 2009 年有所回落外，基本上保持着较高的数量。因此，在涉及民间办学的立法等问题上，人大议案、政协提案均与政策发布的周期有着较高的一致性。

3. “独立学院”和“名校办民校/校中校”的态度差异

80 年代至 90 年代初，“反向”提案均强调的是要求教育部对社会力量办学予以管制和整顿，有的甚至加上了“严格”、“严禁”的表达。90 年代中后期起，提案内容开始出现分化和细化，出现了针对具体的办学类型的内容。特别是在进入 2000 年之后，此时的大部分“反向”提案有相当比例在强调划清公办和民办之间的界限，包括规范“名校办民校”、“校中校”。同时期，教育部在 2002 年出台了《关于加强基础教育办学管理若干问题的通知》（教基〔2002〕1 号），其中提到了办学质量高的公办学校是“长期积累形成的公共教育资源，不得改为民办或以改制为名实行高收费”，严格控制“公办中小学校异地办学和招生”以及“坚持义务教育阶段公办学校就近免试入学，任何民办和各类进行办学体制改革的小学、初中也不得以考试的方式择优选拔新生”等规定。但是从图 5 中可以看到，

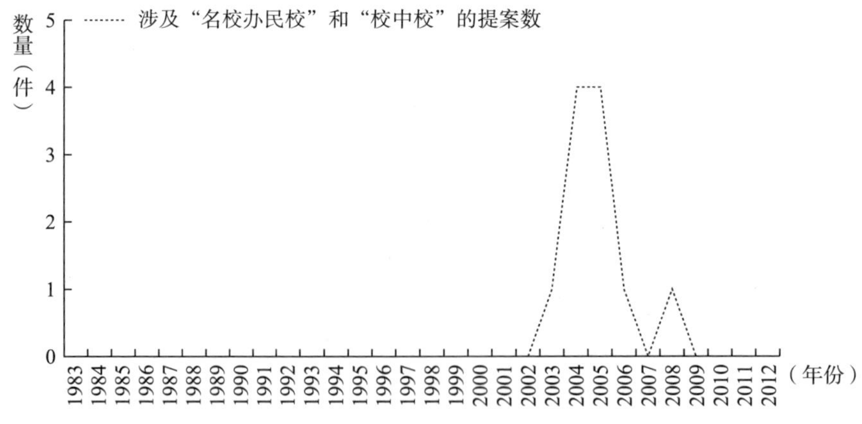

图 5　1983 ~ 2012 年涉及“名校办民校”和“校中校”的提案数变化

政策的出台后，相关诉求反而在提案中迅速升温，这个问题在现实中并没有得到较好的落实和解决。

有关“独立学院”的提案共17件，也是在2002年之后开始出现并逐年上升的，分别在2005年和2009年达到提案高峰。在2005年前后，国家先后出台了各项规范和促进独立学院发展的政策，包括《关于规范并加强普通高校以新的机制和模式试办独立学院管理的若干意见》（2003年）、《关于做好独立学院本科专业清理备案工作的通知》（2004年）以及《教育部关于加强独立学院招生工作管理的通知》（2005年）等。另外，在2004年的《民办教育促进法实施条例》中专门提到了关于“公办学校参与举办民办学校”的问题，包括对“不得利用国家财政性经费”的重新申明，必须具有独立法人的资格，并要求“防止国有资产流失”等。可见，除了2003年的文件外，其他文件中国家的态度是较为保守的。在2008年出台的《独立学院设置与管理办法》后，相关提案再次达到高峰。

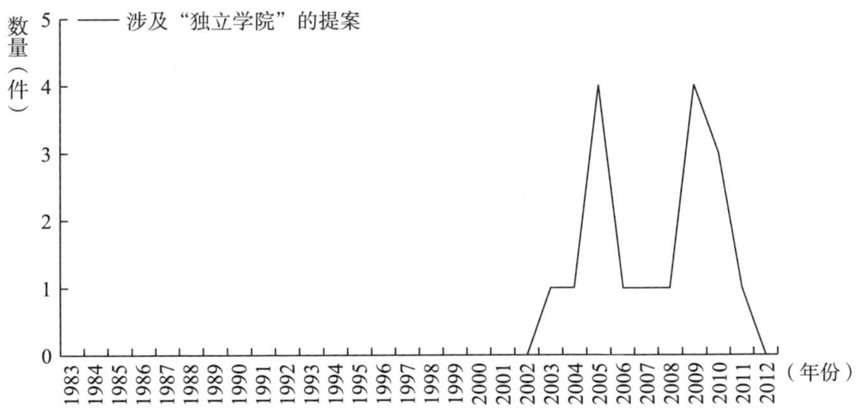

图6　1983～2012年涉及“独立学院”的提案数变化

“独立学院”和“名校办民校/校中校”均属于利用公办学校资源设立民办教育机构。[①] 前者在高等教育领域，并被国家法律法规所允许，后者在基础教育领域，在社会上引起的舆论效应更加广泛，但是在提案中并没有产生“独立学院”相关提案那么强的动员效果。虽然两大提案主题出现的时间非常集中，“独立学院”的提案出现于2003年至2008年，“名校办

① 本文中“名校办民校”和“校中校”仅指举办基础教育的所涉相关机构。

民校”的相关提案出现于2003年至2011年，且前者一直以来都明显高于后者。值得注意的是，同样是利用公办教育资源扶持民办教育的发展，在高等教育和基础教育中呈现了完全不同的态度。在“名校办民校”和“校中校”的问题上，11件提案全部是持“反向”态度的，而且态度较强，例如“坚决制止”、“禁止”、“严肃整治”、“清理整顿”此类学校等。但是在高等教育领域中有关“独立学院”的共17条提案中，只有1件是“反向”的，为2005年的“关于规范高等院校独立学院办学行为的提案”，其他均是要求支持和鼓励独立学院发展的，包括直接要求更多支持、要求解决学位问题、减税免税、设立新学院等。

因此，在相同时期内，虽然“独立学院”和“名校办民校”在提案周期上呈现了相似性，但是提案的态度和内容是不同的，甚至是完全相反的。而“独立学院”的相关提案和政策的“分歧”更大，在政策中态度较为保守，而政协提案中更多强调促进，这些都形成了较为明显的反差（如表3所示）。这说明，在高等教育领域，国家在一边推进“独立学院”发展，一边要求明晰产权，规范招生，但是政协中则更加强调前者，需要更大的政策空间；在基础教育领域，不管是政策还是提案都反对“名校办民校”的办学形式。

表3　政协提案与国家政策对“独立学院”和“名校办民校/校中校”的态度

提案内容	提案态度	政策态度
涉及“独立学院”	正向	反向
涉及“名校办民校/校中校”	反向	反向

对于高等教育和基础教育，在公办学校中设立民办学校的态度的不同，需要审视两者不同的教育财政支持方式的变化。

首先，“独立学院”是高校拓宽经费来源的一项重要制度安排，而基础教育阶段的“名校办民校”则不是。自上个世纪80年代以来，国家对高等教育进行了办学体制的改革，这其中包括了在1985年出台的《关于教育体制改革的决定》中指出对高校实行简政放权，以及在1993年的《中国教育改革和发展纲要》中又进一步强调在加强省级政府对高等教育统筹作用的同时，逐步改变学校原有的单一隶属关系和单一经费来源的状况，逐步形成“以国家财政拨款为主，多渠道筹措教育经费的体制”。进入新世纪，我国已基本完成了高等教育管理体制和布局结构的调整，并不断完善和发展多渠道筹资机制。2003 年，教育部提出了“积极支持、规范管理”的原则，并要求所有学院采取民办机制。① 这是我国高等教育开始扩招后，大量院校下放至地方政府管理，地方高等院校开始通过独立学院的模式缓解办学经费紧张的问题的一项重大制度安排。

其次，民办学校率先发展的是基础教育和职业教育，而对高等教育管控多、起步晚。国家一方面希望推动社会资本进入公办高校，但另一方面却对民办高等教育进行严格限制。② 在 1994 年分税制改革后，中央对高等教育的经费承担方式在央地关系上没有太大变化，仍然是中央和地方切块安排教育经费。然而，正值高校开始扩招，除了国家大批的财政资金投入外，同时也需要在基础建设、后勤社会化等方面加大预算外的筹资渠道。③ 此时国家通过后勤社会化、金融、基础建设等方式，将民间资本通过多渠道筹资的方式引入体制内。

最后，基础教育，特别是义务教育阶段的民间办学与公共教育财政之间的关系也逐步发生演变。在 1994 年分税制改革后，中央的宏观调控能力明显增强，基层的支出责任却没有因此得到相应调整，地方财政格局受到冲击，而基层政府对义务教育支出的压力日益增加。1995 年开始，虽然国家规定了县乡两级政府要“分级统筹管理基础教育”，④ 然而乡级政府仍是农村义务教育的主要承担者。2001 年，农村义务教育管理体制改革为“分级管理，以县为主”。⑤ 由于对基础教育的管理是分权化的，公办民办之间

---

① 参见《关于规范并加强普通高校以新的机制和模式试办独立学员管理的若干意见》。

② 在《中国教育改革和发展纲要》中提出高等教育则要形成“中央、省（自治区、直辖市）两级政府办学为主、社会各界参与办学的新格局”。《高等教育法》中也提到“国家建立以财政拨款为主、其他多种渠道筹措高等教育经费为辅的体制，使高等教育事业的发展同经济、社会发展的水平相适应”。同时鼓励“高等学校同企业事业组织、社会团体及其他社会组织在科学研究、技术开发和推广等方面进行多种形式的合作”。但是在《社会力量办学条例》中则提到“国家严格控制社会力量举办高等教育机构”。

③ 陈至立：《总结经验，再接再厉，努力实现高校后勤社会化改革的预定目标》（转引自何东昌主编，2003：1058）。

④ 参见《中华人民共和国教育法》。

⑤ 参见《关于基础教育改革与发展的决定》。

的界限有时并不非常清晰，在快速扩大教育规模的同时，由于国家对基层的保障机制很弱，硬化了地方的预算约束，激励地方去拓宽非财政性经费来源，大力发展民办的同时就会利用公办教育资源办学，导致了政协提案中所提出的需要治理和规范的各种现象。但是随着2006年起的义务教育保障新机制的推进，基层教育经费得到了较好的缓解，虽然相关提案不再出现，但这并不代表“名校办民校”模式的消失。

因此，仅就民间办学中公办和民办的“合作”在政协中的发声情况上看，就能发现民办教育在各级各类教育中体现了不同的变化周期，这不仅源自教育财政的变化，也源自宏观财政体制及其集分权的变化。

4. 政府支持

涉及要求“政府支持”的提案，在这里可以细分为：第一，宽泛地提及“加大扶持力度”，即不明确指出扶持的具体方式的提案，在2005年和2008年各1件；第二，涉及“民办公助”的提案在1986年和1991年各1件；第三，涉及“税收”优惠和减免的提案有4件，分别出现在1999年、2006年、2009年和2010年；第四，涉及要求“加大财政投入/纳入补助范围”的提案有10条；第五，涉及“平权”等相关提案有11条。图7反映的是涉及“加大财政投入/纳入补助范围”和“平权”的相关提案的变化趋势。

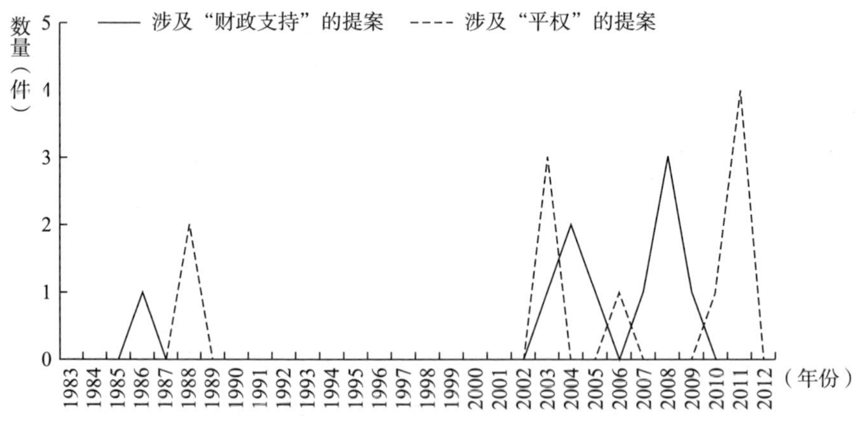

图7　1983～2012年涉及“财政支持”和“平权”的提案数量

在涉及“平权”的提案中，总的来说可以进一步细分为三类，第一类是宽泛地提出民办学校需要“同等政策支持”，第二类是民办学校教师待遇与公办一致，第三类是少量关于民办学校学生与公办学校学生应享受同等权利的提案。2003年和2011年的提案高峰中的内容有所不同。2003年的提案中3件属于第二类，1件属于第二类，而1988年的2件都是关于教师的，而2011年的4件提案中，3件是属于第一类，1件是第三类。可见，经过若干年的变化，提案中要求“平权”的内容逐步抽象化，从具体的教师和学生扶持逐步提出要涉及民办学校整体的公平发展。

此外，直接提出要求“财政支持”的提案密集出现在2002年之后，其中有4件直接指出了将开展义务教育的民办学校纳入“免费义务教育”和“两免一补”政策之中，分别出现在2007年1件，2008年2件和2009年1件。而2004年左右的提案高峰内容多涉及从企业改制和剥离的学校需要财政补助，2004年有2件，2005年1件，例如“关于中央增加企办学校剥离资金投入的提案”等。关于义务教育投入的提案在2001年至2006年达到高峰，2006年新修订的《义务教育法》规定了义务教育阶段不再收取学杂费，农村义务教育经费保障新机制也在同年出台。但此时关于民办学校义务教育免费的诉求并没有发生在国家对公办义务教育大力投入的开始阶段，而是在普及了义务教育免费政策的后期，政协中才开始出现将民办义务教育学校纳入财政保障范围的发声。

5. 其他特点

除了以上谈及的若干民间办学政协提案的特点外，还有若干提案虽然数目少，但却重要的特点。这里包括了涉及“民主党派办学”、涉及“营利性”和“非营利性”的提案。

图8反映的是30年间涉及“民主党派办学”的提案变化图，共16件。此类提案只在1997年前（含）出现过，在此之后再未有过涉及“民主党派办学”的提案，即提案内容涉及民主党派办学的提案全部出现在“97条例”出台前，且集中在1980年代中后期和1990年代初。1985年是提案高峰，共有4件相关提案。另外，与“民主党派办学”在同一件提案中出现的办学主体，有“工商联办学”，共4件，时间分别为1985年、1986年、1990年和1995年。如“对民主党派、工商联举办的大专和中专学校希望国家教委另订政策，以资鼓励与支持案”等。同样，与“民主党派办学”在同一条提案中出现的办学主体，还有“社会（力量）”、“群众团体”、“人民团体”办学等。

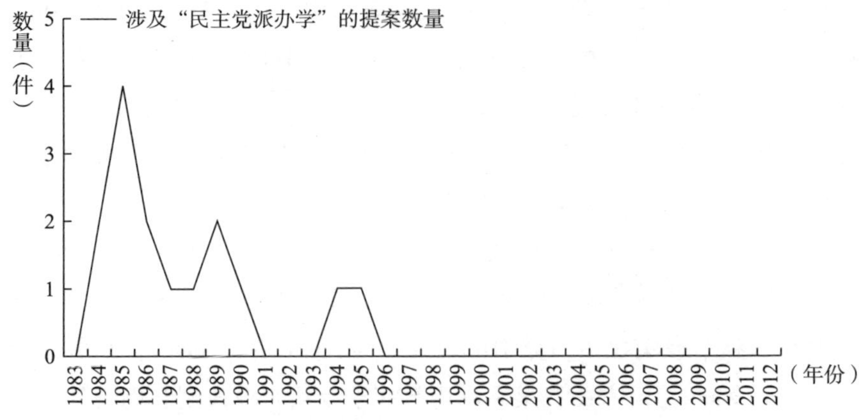

图 8　1983～2012 年涉及“民主党派办学”的提案数量

此外，值得注意的是，谈及对民办学校进行“营利性”和“非营利性”管理的提案非常少，仅 1 条，是 2012 年提出的“关于营利性和非营利性民办高校实行分类管理的提案”，此提案为个人联名的提案，提案人为某民办高校创始人兼中国民办教育协会副会长。这说明，针对民办学校的分类管理改革的问题在政协中并没有体现一个明确和清晰的思路，至少在 2013 年之前如此。

三　两会中民间办学发声机制的变化

在简要分析了 30 年来我国民间办学人大议案和政协提案的基本特征后，本部分将综合梳理两会中民间办学发声机制的变化。

首先，政协提案在不同的历史阶段呈现了不同的特点。第一个阶段为“97 条例”出台前，此阶段以争取办学权力为主要提案内容，其中有部分提案直接提及扶持和促进民主党派办学。第二个阶段为 1997 年至 2002 年，大量出现要求出台法律和各项政策以支持民间办学的提案，这个趋势出现了一个历史高潮，内容也开始逐渐涉及不同办学类型，甚至是具体的民办学校。第三个阶段是 2002 年至 2007 年，即十六大至十七大期间，提案以对民间办学管制、规范化的政策导向加强的内容为主。第四个阶段是十七大之后，要求民办与公办平权的呼声开始出现，且“平权”的内容逐步抽象化。

其次，人大中关于对民办教育和社会力量办学进行立法的议案周期与政协中“正向”提案的周期具有一致性，尤其是在《民办教育促进法》颁布之前的1997年至2002年间，以及要求修改《民办教育促进法》的2007年到2011年间，在这两个时期内，动员有一致性，并且强度在增强。

再次，利用公办学校资源设立民办学校，虽然同样是基于分权化的管理体制，但对于基础教育和高等教育的态度和管制方式却是不同的。国家在90年代严格控制民办高等教育，但却希望通过在公办院校中引入民办机制扩大经费供给，“独立学院”作为一项制度安排是被政策和法律法规承认的。对于基础教育而言，虽然分税制使得中央的调控力度增强，但是并没有在短时间内扩大支出责任，基层仍然有冲动去拓宽非财政性经费来源，大力发展民办的同时就会利用到公办教育资源，导致了政协提案中所提出的需要治理和规范的各种“名校办民校”的现象。

最后，要求直接财政支持的提案并不多，但是内容诉求比较单一。提案中希望财政将民办义务教育学校纳入“免费义务教育”和“两免一补”政策之中的提案出现在义保新机制推行后的2007年至2009年之间，国家在扩大教育财政支出总盘子的同时，使得民办义务教育也希望可以纳入财政保障机制。现实情况中，对民办义务教育的生均经费的补贴在各地正逐步实现，只是补贴力度有所差异。

总体而言，由于民间办学提案内容的复杂程度较高，通过抽取和分类后，就能发现民办教育不同的问题上体现了不同的变化周期，民办教育提案的周期既受到了总体宏观背景因素的影响，也受到了教育财政政策取向的影响。当下，在推进新修订的《民办教育促进法》时，不能仅以民办教育本身作为研究对象，同样也应当考虑宏观财政和教育财政体制和承受能力，以此来推进公办和民办的和谐发展。

参考文献

何东昌主编，2003，《中华人民共和国重要教育文献 1998－2002》，海南出版社，第1058页。

上海市民间办学的政策演变与政协提案的特点分析

——基于2003~2016年的数据

王江璐*

上海市民间办学的发展一直走在全国前列，虽然已有不少研究专门对上海市民间办学有着较为系统的描述和分析，但已有文本中并没有为相关的制度安排提供一个合理解释的视角。本文希望通过梳理上海市政协提案中关于民间办学的相关内容，结合上海市民办教育政策的变迁，来比照政策出台与政协提案之间的特点。

一 提案的选取标准

上海市政协提案数据库来自“上海市政协提案信息管理系统”，涵盖了上海市2003年至2016年的所有政协提案，共13994件。每一件政协提案包括了“届次代码”、“提案号”、“提案者”、“案由”和“承办单位（主合办）”五项内容。在本文的讨论中，狭义的民间办学则主要是指利用非财政性经费举办的教育机构，包括各级各类民办学校、民办教育机构、中外合作办学等。广义的民间办学，则在狭义的民间办学的基础上，增加了包括了“教育产业化”、“教育集团化”、“产学研”、“校企合作”、“公

---

* 王江璐，应用经济学博士，毕业于江西财经大学，现为北京大学中国教育财政科学研究所博士后。

办学校多渠道筹资”、“后勤社会化”等民间资本参与教育领域和民间资本辅助办学等情况。依据对广义和狭义的民间办学的分类标准，抽取出的提案数为 91 件，其中涉及狭义民间办学的提案有 64 件。由于“产学研”等广义的民间办学内容涉及广泛、复杂，且数目也较少，为了聚焦分析，以下将主要讨论狭义的民间办学及其所涉及的各级各类教育机构学校的提案。

由于民间办学的相关提案在上海市总体提案中的占比较小，仅 0.46%，故不在图中列出占比。从图 1 中可以看到，民间办学提案数较多的是 2003 年和 2008 年。在 64 件提案中，个人提案有 43 件，个人联名提案有 8 件，各民主党派（含工商联、侨联等）提案有 13 件。在民主党派提案中，有 5 件是由民进上海市委提出的，提案主要内容是促进并扶持民办教育发展，民盟上海市委、市工商联各提出了 2 件提案，农工党上海市委、台盟上海市委、九三学社上海市委、市侨联等各提出了 1 件提案。

由于民办学校提案不仅涉及各级各类教育和机构，还涉及了各种支持/规范内容，在本文中则依据上海市对民办学校及教育机构进行“分类管理”的政策演变的若干维度来分析民间办学的相关提案。①

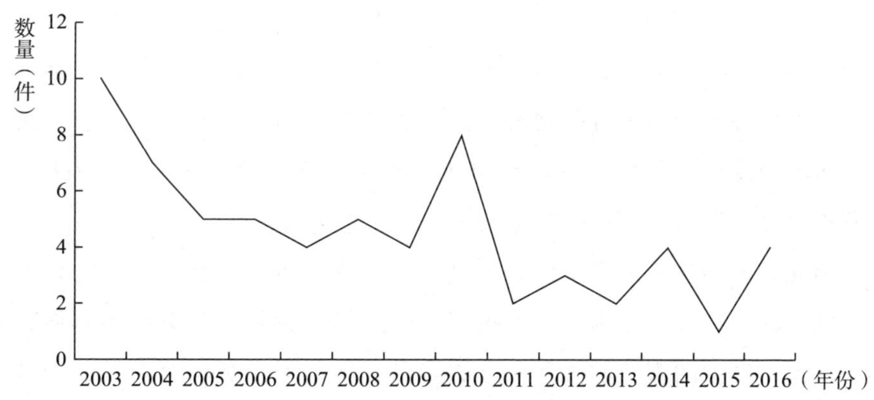

图 1　历年上海市政协提案中涉及民办学校/教育机构的数目变化

① 值得注意的是，在上海的案例中，“分类管理”并不是指当下对民间办学机构的“营利性”和“非营利性”的划分，而是上海经过自身发展而呈现的对不同类别民办办学机构所采取的不同政策，即从最早的“学历”和“非学历”的划分到“经营性”和“非经营性”的划分。

二　上海市民间办学相关提案的特点

在上海民办教育的政策演变过程中，自 1990 年代初期起，就已经在民间办学中区分学历教育和非学历教育，以达到促进和规范的作用。1989 年的《上海市社会力量办学管理办法》中所管理的对象涵盖了学历和非学历在内的所有社会力量办学机构，但是在 1994 年发布的《上海市民办学校管理办法》中，学历教育的民间办学机构被定义为“民办学校”，而设立实施非学历教育机构的，则按《上海市社会力量办学管理办法》规定办理。这与此时国家仅提及社会力量办学的表达有所不同。上海市率先区分了民间办学中的学历和非学历教育的制度安排，这一区分延续到了之后对民间办学的分类管理中。

进入 2000 年，上海市对民办学历教育和非学历教育的分类管理有着进一步的分化，特别是在《中华人民共和国民办教育促进法》的颁发后这一特征愈加明显，针对学历教育的有《上海市民办中小学收费暂行规定》（2003 年）、《上海市民办高等学校财务管理办法（试行）》（2009 年）、《上海市民办中小学校财务管理办法》（2010 年）、《上海市民办高校教育收费管理暂行办法》（2013 年）等；针对非学历教育的有《关于社会力量办学中的民办非学历教育收费若干问题的通知》（2002 年）、《上海市民办非学历教育院校（机构）审批和管理办法（试行）》（2009 年）、《上海市经营性民办培训机构管理暂行办法》（2013 年）等。

因此，基于政策演变中此分类规范和管理的特点，在对提案进行分类讨论的时候，将提案分为四大类进行讨论。第一类是在提案中不具体指明办学层次和类型的宽泛的涉及民办教育的提案；第二类和第三类分别是提供学历教育的民办学校和提供非学历教育的民办教育机构，更进一步，在提供学历教育的民办学校中将提供学历教育的民办学校分为民办基础教育和民办高等教育；第四类为中外合作办学，由于这种模式既涉及学历教育，也涉及非学历教育，故将其进行单独讨论；第五类为涉及农民工子弟学校的相关提案。

（一）“民办教育”和“民办学校”相关提案

在所有提案中，涉及广泛的“民办教育”和“民办学校”的提案有20件，占所有民间办学提案总数的近1/3。

表1　涉及“民办教育”和“民办学校”的相关提案内容分布

年份	2003	2004	2005	2006	2007	2008	2009	2010	2011	2012	2013	2014	2015	2016
涉及“民办教育”和“民办学校”	√√	√√	√√	√	√√ √	√√	√	√	√	√	√	√	√	√
公益性	√													
扶持/鼓励/促进	√		√√	√	√√		√		√			√		√
平权		√				√		√						
税收减免						√	√							
财政支持									√					
规范办学										√				
分类管理											√			
自主权													√	

注：本表中“涉及‘民办教育’和‘民办学校’”一栏的提案数量为此部分提案的总体，本栏包含了“公益性”、“扶持/鼓励/促进”、“平权”、“税收减免”、“财政支持”、“规范办学”、“分类管理”和“自主权”所显示的数目。

在这20件关于民办教育/学校的提案中，要求民办学校坚持办学的“公益性”、规范办学行为、要求自主权等提案均只有1件。其间提案最多的类别就是对民办教育/学校的“扶持/鼓励/推进/促进”的提案，共10件，占此类提案的50%，占全部民间办学提案的15.87%。可见，在促进和支持民办教育发展的提案中，提案人更愿意选择用广泛的民办教育/学校的方式呈现。提案中也仅有1次直接提及需要加强财政保障，即“关于妥善解决民办学校办学经费短缺问题，促进我市民办教育健康发展的建议”（2011年）。值得注意的是，在政协提案中，直接涉及分类管理的相关提案仅有1件，即“关于对民办学校开展单独和分类登记管理的建议”（2013年）。

将政策出台与提案内容对照，可以发现，在《民办教育促进法》出台之前，上海对于民办教育的发展主要采取放权的模式，有着比较宽松的政策环境。[①] 2003 年之后的政策也没有立即出台更加积极主动的政策，主要以规范性的文件为主，如《关于加强民办学校（非学历教育）教学常规管理的若干意见》（2003 年）、《上海市实施〈中华人民共和国民办教育促进法〉、〈中华人民共和国民办教育促进法实施条例〉若干问题的暂行规定》（2005 年）等。虽然对民办教育一直有经费扶持和补助，但直到 2006 年才出台系统性的财政政策举措，即由上海市教委和财政局联合出台了《上海市促进民办教育发展专项资金管理办法》，将支持民办教育的专项资金纳入市级财政年度教育经费预算中。

自 90 年代初期以来，上海市教委比较支持民办教育，分权化的政策倾向也较为稳定，虽然也出台了一些管理性的政策，但没有限制办学行为。政协提案的倾向表现出了与上海市教委比较一致的取向，提案中也没有呈现明显的动员特征，也鲜有通过动员向财政部门施加压力的做法。2006 年以后，上海市教委也出台了一些对于民办学校的管制政策，而提案中对此类政策没有明显的响应，这说明限制性政策的制定动因主要是对国家政策的跟进。

（二）民办学历教育的相关提案

民办学历教育涉及高等教育、职业教育、中小学教育，甚至幼儿园教育等，分类较多且提案诉求非常分散。[②] 在政协提案中，明确提及了民办学历教育（学校）问题的有 23 件，不包括宽泛提及的“民办教育”提案，同时也剔除了中外合作办学中的学历教育。除此以外，提案中涉及基础教育（含幼儿园）的有 14 件，涉及高等教育（含高职）的有 9 件。

1. 民办基础教育

在基础教育的 14 件提案中，有 12 件关于中小学，其中 2 件关于国际

---

① 参见《上海市社会力量办学管理办法》（根据 1989 年《上海市社会力量办学管理办法》重新发布）、《上海市民办学校管理办法》（根据 1994 年《上海市民办学校管理办法》重新发布）、《上海市境外机构和个人在沪合作办学管理办法》（根据 1993 年《上海市境外机构和个人在沪合作办学管理办法》重新发布）等。

② 根据上海政策文件中的划分，幼儿园教育通常被归为中小学学历教育中一同探讨的，如《关于加强上海市民办中小学管理工作的若干意见》、《上海市民办中小学校财务管理办法》和《上海市民办中小学校会计核算办法》等文件中均如此。

学校，2 件关于学前教育；3 件涉及公办学校转制问题，分别出现在 2003 年、2004 年和 2006 年；有 2 件涉及民办学校教师工资问题，出现在 2005 年和 2010 年；有 4 件涉及加大政府投入，其中 2 件关于农民工子女受教育问题，均出现在 2010 年，将在后文中详细探讨；提高教育质量的有 2 件，均在 2012 年提出。在加大政府投入的 5 件提案中，2003 年 1 件，2006 年 1 件，2008 年 1 件，2010 年 2 件。提案相关内容的分布如表 2 所示。

表 2　涉及民办基础教育的提案内容分布

	2003	2004	2005	2006	2007	2008	2009	2010	2011	2012	2013	2014	2015	2016
中小学教育	√√	√√	√	√√ √		√		√ √√						
学前教育											√			√
公办学校转制	√①	√		√										
加大政府投入	√			√		√		√√						
教师工资			√					√						
农民工子女教育								√√						
国际学校		√		√										

注：表格中有 1 个“√”表示当年有 1 件相关提案，2 个“√”表示当年有 2 件相关提案，以此类推。空白栏表示当年没有相关内容提案。

本表中“中小学教育”和“学前教育”两栏的提案数量为“民办基础教育”提案的总体，此两栏包含了“公办学校转制”、“加大政府投入”、“教师工资”、“农民工子女教育”、“国际学校”所显示的数目。

①此为明确提出要求规范公办学校转制的提案，即“应立即规范本市公办中小学校‘产权转让’行为”。

从表 2 中可以看到，关于民办中小学的提案大多集中在 2010 年以前，2010 年后的 2 件提案均与学前教育问题相关。在具体内容方面，加大政府投入占有较大比重，共 4 件，占民办中小学提案总数的 41.67%，其中包含了要求加大对民办农民工子女学校投入的 2 件提案。相比之下，普通民办学校要求加大财政投入方面的提案并不算多。

事实上，从 1980 年代末期以来，上海就开始对民办学校进行扶持，在最早的关于民间办学的规章制度——《上海市社会力量办学试行办法》(1985 年）中就特别提到了对“公助民办”的扶持，即公办学校可以借出校舍并合理收费，以此支持社会力量办学。进入 1990 年代，政府对民办学校的扶持力度继续扩大，例如，在1996年出台的《关于加强上海市民办中小学管理工作的若干意见》中，“民办公助”的形式走向多样化。这其中包括了对义务教育阶段的民办学校核拨一定的生均公用经费，对民办学校建立奖励评优制度并对办学有突出成绩的民办中小学给予专项奖励，以及帮助办学条件较差的民办中小学等。另外，在民办义务教育与公办教育的公平性上，所在地区学生按照“就近入学”和“免收学费”的原则进行招生，以保证民办义务教育在运营和生源上的持续性。在《民办教育促进法》及实施条例出台后，上海在2005年和2006年相继出台政策，设立民办教育发展的专项资金，并将此纳入市级财政年度教育经费预算中。[①] 在对民办教育的拨款问题上，也首次明确了受政府委托举办义务教育的民办学校，政府需要拨付相应的教育经费，标准与同区域同级的公办学校一致。而在之前的文件中，关于向民办学校拨付生均经费仅在转制中小学中有特别提及，这说明政府拨付民办中小学的范围有所扩大。2010年，上海市教委、市财政局发布《关于加强扶持民办中小学发展的通知》，在针对加强扶持的民办中小学的政策中：第一，鼓励区县政府设立促进民办中小学发展的专项资金；第二，对收费标准低于同级同类公办学校生均经费拨款的义务教育阶段的民办学校，按上海市义务教育公办学校生均公用经费基本定额给予补助；第三，师资培训，并纳入统筹；[②] 第四，设立促进民办中小学规范特色发展试验专项资金。[③]

不难发现，从80年代开始，上海市对于民办中小学的扶持就已经呈现出了范围广、力度大的特点，特别是在2000年以来，相关政策的推出和落实的效率均较高。在2003年至2010年的此类提案中，主要是在要求

---

① 《上海市实施〈中华人民共和国民办教育促进法〉、〈中华人民共和国民办教育促进法实施条例〉若干问题的暂行规定》和《上海市促进民办教育发展专项资金管理办法》。

② 《上海市教育委员会关于拨付上海市民办教育政府扶持资金的通知》（沪教委民〔2012〕7号）。

③ 得到资助的民办中小学有四个限定条件，分别是：依法办学，年检合格；执行《上海市民办学校财务管理办法》和《上海市民办高等学校会计核算办法》；建立教职工年金制度；最重要的一点是“坚持教育的公益性，出资人不要求回报”。在之前的文件中，并没有专门提及政府补助是否会流向出资人是否“要求取得合理回报”的学校，而是以是否“受政府委托办学”划分的。

为民办中小学包括教师提供经费支持，这与市政府出台政策基本合拍。2010 年 3 月，上海市教委、市财政局发布了《关于加强扶持民办中小学发展的通知》后，此类提案就迅速减少了，而没有出现“得寸进尺”的倾向。另外，关于转制学校的提案在 2006 年的中央政策取向变化之后也随之消失，这表明提案本身仍然与中央提出要求规范转制学校的步调基本保持协调。

2. 民办高等教育

关于民办高等教育的提案共 9 件，其中 2 件涉及高职，分布在 2006 年、2007 年，2 件的内容分别是关于民办高职的化债问题和规范民办高职的办学问题。① 余下 7 件关于民办高校的提案分布为：2004 年 1 件、2008 年 2 件、2011 年 1 件、2012 年 1 件、2014 年 1 件和 2016 年 1 件。其中涉及财政扶持的仅在 2016 年出现，涉及民办高校统战工作的提案在 2011 年被提出，涉及制定民办高校法律法规的是 2004 年和 2008 年的提案。需要注意的是，2008 年、2012 年和 2014 年的共 4 件提案均是由上海一独立学院院长提出的，他所提出的 4 件提案中，2008 年的 1 件与其他 3 件有所不同，即“关于加快出台上海地方民办高等教育法规的建议”，而其他 3 件提案则关于扩大办学自主权和增强办学活力，如“关于将上海民办高校认定为自收自支事业单位的建议”。提案相关内容的分布如表 3 所示。

同样，这里将上海民办高校的政策出台与政协提案做对照分析。自 2006 年上海市设立民办教育发展专项资金以来，对民办高校的支持日益增加，到 2012 年，所资助的项目包括在专项资金中专设民办高校扶持资金、设置示范性民办高校建设项目、拨付内涵建设经费、民办高校及教师的科研项目申请、民办高校“强师工程”等，并且从 2013 年起，上海市还发起了“民办高等教育信息化三年行动计划”。② 与此同时，在上海政协提案中，关于民办高校的政策虽然占比不低，但要求财政补助和支持的仅有 2 件，含高职化债的 1 件，并且关于高教的这 1 件也是到 2016

---

① 另外，2004 年有 1 件关于高职的提案划分在了中外合作办学一类。

② 内容来自《上海市促进民办教育发展专项资金管理办法》、《上海市民办高等学校财务管理办法（试行）》、《上海市民办高等学校会计核算办法（试行）》、《上海市民办高等教育信息化三年行动计划（2013～2015）》等文件。

年才出现。

表 3　涉及民办高等教育的提案内容分布

	2003	2004	2005	2006	2007	2008	2009	2010	2011	2012	2013	2014	2015	2016
高校		√				√√			√	√		√		√
高职				√	√									
加大财政支持														√
民办高校法规		√				√								
自主权、办学活力						√				√		√		
统战工作									√					
化债				√										
规范办学					√									

注：本表中“高校”和“高职”两栏的提案数量之和为“民办高等教育”提案的总体，此两栏包含了“加大财政扶持”、“民办高校法规”、“自主权、办学活力”、“统战工作”、“化债”以及“规范办学”所显示的数目。

关于民办高等教育的提案内容比较具体，但取向比较分散。虽然在政协中要求财政支持民办高等教育的提案很少，但是现实并非如此。早在2006 年出台的《上海市促进民办教育发展专项资金管理办法》就已经把对民办高校的扶持纳入专项资金的资助项目之中，到了 2012 年出台的《上海市教育委员会关于拨付上海市民办教育政府扶持资金的通知》（沪教委民〔2012〕7 号）中增加了“示范性民办高校建设项目”、“内涵建设经费”、“科项目”等，并且专门出台了《上海市民办高校“强师工程”教师培训项目实施方案》，将民办高校纳入“教师专业发展工程”的相关项目支持范围之中，与公办高校同等支持。因此，上海市对民办高校的扶持已经逐步走向多样化，而对民办高校的扶持政策的出台并不依赖于提案进行呼应。

（三）民办非学历教育的相关提案

在政协提案的数据库中，关于民办非学历教育机构（以下简称“民非机构”）的提案有 13 件，占民间办学提案的 20.31%，这在总数不多且诉求多元的民办教育提案中比例并不低。提案相关内容的分布如表 4。

表 4 涉及民办非学历教育机构的提案内容分布

	2003	2004	2005	2006	2007	2008	2009	2010	2011	2012	2013	2014	2015	2016
民办非学历教育	√√√		√				√√	√√√		√	√	√		√
税收减免	√√√													
扶持办学			√				√√	√		√				
规范办学								√√√		√	√	√		√

注：本表中“民办非学历教育”一栏的提案数量为“民办非学历教育机构”提案的总体，此栏包含了“税收减免”、“扶持办学”、“规范办学”所显示的数目。

从表 4 中可以看到，在 2003 年和 2010 年有 3 件提案，其次是 2009 年的 2 件。2003 年的 3 件提案都是针对民非机构的税收问题，均提出征税不当，要求减免营业税和企业所得税，并在 2003 年后不再有关于税收的问题。2002 年上海市出台的《关于社会力量办学中的民办非学历教育收费若干问题的通知》明确指出了社会力量办学中的收费项目，需要“到指定的价格主管部门办理收费许可证申领或变更手续，并按规定进行税务登记，收费使用税务发票”。2004 年，国家出台了《关于教育税收政策的通知》（财税〔2004〕39 号），仅就房屋和教学用地做了说明，[①] 也没有减免营业税和企业所得税。在国家政策不松动的前提下，地方财政对于社会力量办学的相关税收的变化很小。

在民办非学历教育机构的提案中，另外一个有意思的趋势是，2005 年和 2009 年的 3 件提案均以“扶持”和“鼓励”民非教育机构为案由的，而在 2010 年起，案由开始以“规范”、“取缔”和“监督”为主，其中只有 2 件提案是“规范”和“扶持”并重的，即 2010 年的“规范管理与加大扶持并重，推进民办非学历教育机构健康发展”和 2012 年的“关于进一步促进和规范本市民办非学历教育健康发展的建议”，有 1 件是没有明显的态度用语的，[②] 剩下的全部都是关于规范、取缔、治理和监督民非机构的提案，共 5 件。这也就是说 2010 年是关于民非教育机构提案的分水

① 即“由企业事业组织、社会团体及其他社会和公民个人利用非国家财政性教育经费面向社会举办的学校及教育机构，其承受的土地、房屋权属用于教学的，免征契税”。

② 这一件提案是“关于幼儿园、小学晚托班、兴趣班的建议”（2014 年）。

岭，在此之前的提案多以减税、扶持为主，而之后慢慢转为以规范和监督为主导态度的提案。

事实上，在2003年左右正是上海市对民间办学管理和规范都较为密集的时期。2000～2003年之间出台了不少于9个规范和管理民非机构办学的政策文件，仅2002年就有4个。[①] 这9个文件涉及民非机构的各方各面，包括教学管理、办学水平分等定级评估指标、收费、教师上岗培训、学费专用存款账户管理等，甚至还两次出台"坚决制止举办中小学生补课班"的通知。在一系列关于民非机构规范的相关政策出台后的两三年内，政协中就开始较为频繁地提及对民非机构予以支持的相关提案。2003～2009年，关于民非机构的规范政策较少。同样，和政协提案趋势一致的是，2009年至今又有一系列关于民非机构的相关政策出台，涉及了设置标准、管理办法，甚至包括了要求民非机构设置专款专用账户以保障办学质量和学校续存的稳定性。[②]

可见，对于民非机构的相关政策以"规范办学"为主，且在关于民非教育机构的政协提案中，如表5所示，提案存在与政策发布有一个相对吻合的周期。在2003年（含）前期发布的规范民非办学机构的相关政策后，在2003年至2009年期间，政协提案中有6件提出要扶持民非机构，但关于扶持民非机构的相关政策并未出台，只是不再出台新的规范性文件。2009年后是提出规范性提案的另外一个高峰，而此间正好也是对于规范性

---

① 这9个文件分别是：《关于在社会力量办学（非学历教育）中坚决制止举办中小学生补课班的通知》(2000年)、《关于调整上海市社会力量办学管理办公室职能与成员的通知》(2001年)、《关于开展社会力量办学（非学历教育）教师持证上岗培训工作的意见》(2001年)、《关于对本市社会力量办学院、校教师和管理干部实行上岗培训的通知》(2002年)、《关于印发〈上海市社会力量举办学校（非学历教育）办学水平分等定级评估指标（试行）〉的通知》(2002年)、《关于印发〈上海市社会力量举办学校（非学历教育）办学水平分等定级评估工作操作规程〉的通知》(2002年)、《关于社会力量办学中的民办非学历教育收费若干问题的通知》(2002年)、《关于重申社会力量举办进修学校不得举办以中小学为对象的文化类班的通知》(2003年)、《上海市教育委员会关于加强民办学校（非学历教育）教学常规管理的若干意见》(2003年）等。

② 这5个文件分别是：《上海市民办非学历教育院校（机构）审批和管理办法（试行)》(2009年)、《上海市教育培训机构学费专用存款账户管理暂行规定》(2012年)、《上海市经营性民办培训机构管理暂行办法》(2013年)、《上海市民办非学历教育机构设置标准》(2015年)、《上海市民办非学历教育机构管理办法》(2015年)。

政策出台的密集期。简言之，就是“规范办学”的提案与规范性政策的发布有一个的正向趋势，而“扶持办学”的提案与规范性政策的发布有一个相反的趋势。

表 5　民非机构办学政策和提案变化趋势

	2003 年前	2003 ~ 2009 年	2009 ~ 2016 年
规范性政策	↑	↓	↑
“规范办学”提案	无数据	↓	↑
“扶持办学”提案	无数据	↑	↓

因此，在民非机构的政协提案中，不管是 2003 年至 2009 年间关于规范性政策的减少以及“扶持办学”提案的增多，以及 2009 年至 2016 年间关于规范性政策的增加以及“规范办学”提案的增加，都表明了政协的提案与教委出台政策导向的一致性。

（四）中外合作办学

中外合作办学在上海市教育体系的全面发展中有着非常重要的位置，在其发布的若干政策中可以找到依据。最早的相关政策是 1993 年发布的《上海市境外机构和个人在沪合作办学管理办法》（已于 1997 年重新修订）和 1995 年的《上海市国际合作办学收费管理暂行规定》，远早于国家 2003 年发布的《中华人民共和国中外合作办学条例》及之后的《中华人民共和国中外合作办学条例实施办法》。然而，与其他民办政策不同的是，在国家政策发布后，上海市只在 2003 年出台了《关于贯彻落实〈中外合作办学条例〉的若干意见》，而没有立即出台相应的管理办法或者规定等。

表 6　涉及中外合作办学的提案内容分布

	2003	2004	2005	2006	2007	2008	2009	2010	2011	2012	2013	2014	2015	2016
中外合作办学	√√	√	√									√		
加强监管	√													
完善法律法规	√	√	√											
加强合作办学												√		

注：本表中“中外合作办学”一栏的提案数量为此部分的总体，此栏包含了“加强监管”、“完善法律法规”、“加强合作办学”所显示的数目。

虽然在2000年后上海并没有更新已有的政策框架，而是更多地参照了国家的相关规定，而在政协的数据中有5件是关于中外合作办学，为2003年2件、2004年1件、2005年1件和2014年1件，其中有3件为要求强化和建立中外合作办学的相关法律法规，只有1件是关于加强两岸三地合作办学的提案。2003年的2件由农工党上海市委提出的"关于加强中外合作办学监管的建议"和2005年由九三学社上海市委提出的案由为"关于实施和完善中外合作办学相关法规的若干建议"。在2004~2006年间，上海市开展了一系列规范中外合作办学活动，对项目和机构进行复核评审、实地检查。2004年有33个中外合作办学机构（项目）终止办学活动，2006年有64个。[①] 此外，在上海政协的提案中，要求制定和修改合作办学相关规章制度在2003年至2005年频繁出现，但并未有相关规范和制度出台，但却在实践中，政协提案出现的时间与上海市对合作办学进行整改的时间高度契合。

另外，以上已经提及，在民办基础教育中涉及"国际学校"的提案有2件，综合"中外合作办学"机构的提案，可以看到一方面上海的国际学校和中外合作办学等涉外办学机构发展迅速，市教委在1993年出台的政策也远早于中央，但是政协的提案较少，这一点与民办高校类似。近年来，上海市关于涉外办学的规范性文件，主要依据来自2012年上海市转发的《教育部办公厅关于加强涉外办学规范管理的通知》，也没有另外出台政策，对涉外机构的设立、审查、监管等主要以"批复"文件为主。[②] 因此，不同于民办高校的是，对于涉外机构，教委较少出台积极的支持性政策，仍然是以分权导向为主。

（五）来沪务工子女的教育问题

1980年代以来，随着大量农民工涌向城市，农民工的福利待遇及其社会问题逐渐引起关注，其子女在城市中的受教育问题成为民生工程的重要落脚点，农民工子女的就读学校也成为这一社会现象的特殊产物。

---

① 数据来自2004~2007年《上海教育年鉴》。

② 参见上海教育门户网站中关于"国际合作与交流"的信息公开部分，http://www.shmec.gov.cn/web/xxgk/rows_list.php?node_code=430。

2003 年，国家针对农民工子女受教育问题的政策相继出台，包括《关于做好农民进城务工就业管理和服务工作的通知》和《关于进一步做好进城务工就业农民子女义务教育工作的意见》等。这两个文件提出了要“保障农民工子女接受义务教育的权力”，流入地政府要采取多种形式安排农民子女接受义务教育，“以全日制公办中小学为主”，同时“加强对社会力量兴办的农民工子女简易学校的扶持，将其纳入当地教育发展规划和体系，统一管理”。

结合上海市政协提案的相关数据，虽然明确提出农民工子女在民办学校就读题的提案仅 2 件，均出现在 2010 年，但是在整个上海市政协提案数据库中，强调来沪务工人员子女教育问题的提案总数达 10 件，分布在 2004 年、2005 年、2008 年、2010 年和 2011 年各 2 件。提案中强调加大对民工子弟学校财政扶持的有 3 件，分别是 2010 年 2 件和 2011 年 1 件，并于 2012 年起就不再出现相关提案。由于农民工子女接受义务教育的问题，一部分被纳入公办教育体系，还有一部分原有的农民工子弟学校转制为合格合规的子弟学校，[①]于是在民办教育的提案中就无法与来沪务工子女受教育问题的整体提案分割，在这里也将此问题作为一个重要部分进行单独探讨。

自国家提出了政策要求后，上海市在 2004 年出台了《上海市教育委员会关于进一步加强本市以接收进城务工就业农民子女为主学校管理工作的意见》（沪教委〔2004〕44 号）。在这个文件中，从办学目的到办学经费，还没有提及上海市财政的保障力度，只要求学校有稳定的经费来源，而且解决的是“进城务工就业农民比较集中的地区”的农民工子女接受义务教育的问题。也就是说 2004 年的政策中，很少有推动此项教育事业的硬性条款，也没有对此类学校进行转制的相关说明。同时，在 2005 年（含）之前发布的上海市历年的教育公报中，几乎从未涉及农民工子女的教育问题，仅在 2004 年提及了农民工子弟学校问题“需要全社会来关心和共同参与”。上海市在 2006 年国务院文件《关于解决农民工问题的若干意见》（国发〔2006〕5 号）后发布了《上海市人民政府关于本市做好农民工工

---

① 张嘉宁（2011）通过调研发现，对农民工子弟学校的转制有三种途径：直接民办化、赎买民办化和引进民办化。

作的实施意见》（沪府发〔2006〕44 号），提出了坚持“以流入地政府管理为主，以全日制公办学校就读为主”的原则，积极探索以公办中小学为主、社会力量办农民工子女学校为辅的多渠道运作办法，将农民工同住子女义务教育纳入上海市教育事业发展规划，并在浦东新区先行试点，对农民工子女小学进行转制。当年非上海市户籍学生在公办学校就读的比例就首次过半，达到了 53%（上海市教育委员会，2008）。

表 7　涉及农民工子女受教育问题的提案内容分布

	2003	2004	2005	2006	2007	2008	2009	2010	2011	2012	2013	2014	2015	2016
农民工子弟受教育问题		√√	√√			√√		√√	√√					
民办农民工子弟学校								√√						
加强管理农民工子弟学校		√												
促进农民工子弟接受教育			√√			√√								
加大财政补助								√√	√					
义教后的继续教育									√					

注：①本表中“农民工子弟受教育问题”一栏的提案数量为此部分提案的总体，此栏包含了“民办农民工子弟学校”、“加强管理农民工子弟学校”、“促进农民工子弟接受教育”、“加大财政补助”、“义教后的继续教育”所显示的数目。

②2004 年的 1 件提案为“农民工子女教育问题”，在标题中未提及具体的内容，故未在表格中列出。

可见，在 2004 年、2005 年，虽然国家出台了政策，虽然政协提案中也已有代表发声，但是上海市并未立即采取直接有力的行动。从这两年间的政协提案案由来看，分别是“关于加强对民工子弟学校管理的若干建议”、“民工子女教育问题”、“关于重视和推动民工子女教育事业发展的建议”、“关于开设民工子弟学校的建议”。这 4 件提案的主要内容更加宽泛，指向的是宏观的对民工子弟学校的发展、设立和管理的问题，而不涉及具体的财政补助等。而到了 2006 年之后，随着指导上海市农民工子弟学校的专项办法出台，在 2006 年至 2007 年两年间也并无相关提案。

2008 年出台的《上海市教育委员会关于进一步做好本市农民工同住子女义务教育工作的若干意见》（沪教委基〔2008〕3 号）是使得试点扩大至整个上海市的关键文件。这个文件可以总结为四个“明确”。第一，明确了管理和改善农民工子女教育问题是政府的责任；第二，明确了解决农民工同住子女教育问题是通过委托现有民办中小学和提高进入公办学校就读比例的方式解决，同时控制农民工子女小学的审批；第三，明确了将农民工子女小学纳入民办教育管理工作的完成时间是 2010 年，并将停办不具备基本条件的农民工子女学校；第四，明确了市和区（县）的财政资助，“做到义务教育经费保障机制全覆盖”。自此，上海市启动了农民工同住子女义务教育三年行动计划。在 2008 年至 2010 年的三年中，农民工同住子女义务教育问题得到不断改善，到 2010 年已经全面完成“进城务工人员随迁子女义务教育三年行动计划”，实现了全上海市 47 万进城务工人员随迁子女全部在公办学校或政府委托民办小学免费就读的目标，其中 33.6 万人在公办学校就读，占总数的 71.41%，其他则在政府委托的 162 所民办小学免费接受义务教育（上海市教育委员会，2011）。

2008 年和 2010 年各有 2 件相关提案，这 4 件提案方向更明晰，诉求也更具体。值得注意的是，2010 年的 2 件提案都是专门针对“民办农民工子女学校”的财政问题，分别是“关于继续加大对本市民办农民工子女小学扶持力度的建议”和“关于民办农民工子女学校办学经费不足问题”，且这 2 件提案的提出是在上海市级财政办学成本补贴由 2007 年的每生每年 1000 元提高至 2009 年的 1500 元之后提出的。值得注意的是，在 2010 年上海政协十一届三次会议的召开时间是在 1 月 25 日，恰好此时上海市教委发布了《关于加强以招收农民工同住子女为主的民办小学规范管理的若干意见》（沪教委基〔2010〕7 号）这个专门针对以招收农民工同住子女为主的民办小学的管理问题的文件。此文件强调了此类学校的资产管理、财务管理和会计核算办法等，并要求“以招收农民工同住子女为主的民办小学纳入本区县义务教育经费保障范围，逐步增加财政投入，加大扶持力度”。当年，上海市财政为 162 所以招收进城务工人员随迁子女为主的民办小学配备了标准图书室，增配了体育运动器材等（上海市教育委员会，2011）。也就是说，在 2009 年生均经费补助提高后，政府加大了专项资金的扶持，扶持领域主要集中在完善教学基本设施上。

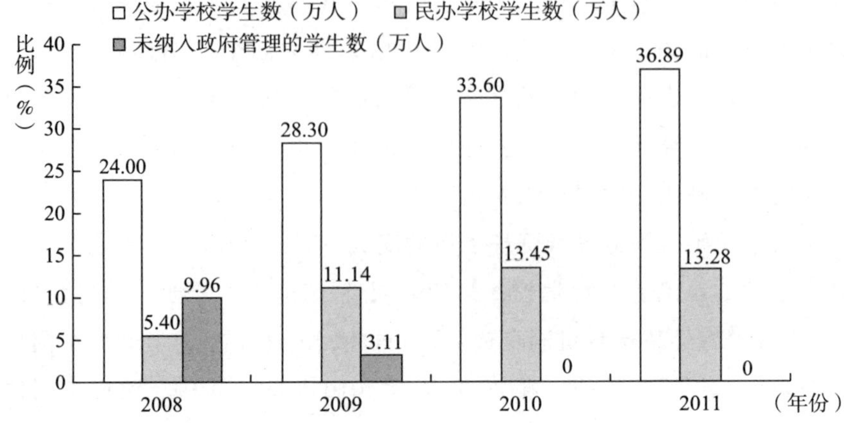

图 2　上海市农民工子女接受义务教育人数及占比的变化

数据来源：2009 年至 2012 年《上海统计年鉴》中的 2008 年至 2011 年《上海教育公报》。

2011 年的 2 件提案内容分别是“农民工子女在沪全享免费义务教育的政策建议”和“关于上海民工同住子女完成义务教育后继续受教育的五点建议”，这是基于当年“在沪随迁子女免费接受义务教育政策得到全面落实”而提出的。从图 2 中可以看到，2008 年至 2011 年，农民工子女的规模由 39.36 万人增加到 50.17 万人，民办学校学生占比从 2008 年的 13.72% 逐步提高到 2010 年的 28.59%，这期间由于对农民工子弟小学的转制为民办学校，占比有所上升。2011 年间，这个比例略有回落，符合“提高进入公办学校就读比例”的政策要求。除了义务教育外，上海市还针对农民工子女在完成义务教育后的教育问题进行进一步探索，主要体现在扩大中职学校对招收随迁子女的数量。2011 年共有 61 所中职校招收随迁子女 6031 名，招生数量比上年提高近 50%，占年度中职招生总数的 12.5%。另外，随迁子女在上海中职学校就读同样可以享受中职免费的待遇，并补助生活费（上海市教育委员会，2012）。同时，政府允许符合条件的中职毕业随迁子女参加高职自主招生等。在 2011 年，也就是农民工子女接受教育问题完全纳入保障范围，且其后续教育问题得到缓解后，不仅是相关的政策还是政协提案中都不再提及。

总体而言，通对比农民工子弟教育问题的政策演变和同期的上海市政协数据，不难发现，虽然两者随时间的波动较为一致，但是政策力度却存在差异。在中央出台政策伊始，上海市并没有出台强制性条款，政协提案中对此类问题有所反应，但是政策要求不够具体。但自 2008 年以来，虽然提案数量有限，但却提出了很具体的政策要求，是典型的自上而下的政策动员过程。

三　上海市民办办学政协提案特点总结

通过对广泛的民办教育/学校、民办学历教育、非学历教育、中外合作办学和农民工子弟学校的政协提案与同期的政策出台作对比分析，可以发现：第一，当上海市比较主动地出台关于民间办学的政策时，既可能是支持性政策，也可能是限制性政策，而政策对象属于民办中小学、民办非学历教育机构时，提案中与官方政策意图相呼应的提案较多，即政策和提案的倾向基本一致，但没有达到动员施压的强度；第二，当针对民办高校和涉外教育机构的问题时，即便出台的政策是积极正面的，提案中反应并不明显，即并未在政协内被广泛讨论；第三，当针对打工子弟学校时，上海市没有立即积极出台政策，提案活跃程度也较为有限，但所有提案都会在国家出台政策后有不同程度的呼应和反馈。因此，总体而言，政协提案与官方政策出台的呼应程度非常高，这体现在各级各类民办教育机构中，构成了上海市民办教育“分类管理”的政策变迁及其在政协提案中的特点。

参考文献

上海市教育委员会，2008，《上海市 2006 年教育公报》，载《2007 年上海教育年鉴》，上海人民出版社。

上海市教育委员会，2011，《上海市 2010 年教育公报》，载《2011 年上海教育年鉴》，世纪出版集团上海人民出版社。

上海市教育委员会，2012，《上海市 2011 年教育公报》，载《2012 年上海教育年鉴》，上海人民出版社。

张嘉宁，2011，《上海农民工子女小学转制研究》，华东师范大学硕士学位论文。

高等教育财政问题在政协提案中的特点分析[*]

张文玉[**]　王江璐[***]

2017年9月21日，世界一流大学和一流学科（简称“双一流”）建设高校及建设学科名单公布，引起了社会各界的热烈讨论，有关高等教育的投入问题再次成为热点。众所周知，自改革开放以来，我国高等教育事业取得了长足发展，财政投入力度不断增大，与高教相关的各大政策陆续出台，使得我国高等教育财政发展在管理主体、筹资渠道和投入重点上，都发生了显著的变化。本文将结合教育财政的投入机制以及1983年至2012年的教育类政协提案，试图为读者呈现一个理解我国高等教育财政的新视角。

高教提案与义教提案的“错峰”出现

1983年至2012年的9015件教育类政协提案中，涉及普通高等教育内容的共2653件。90年代以来，政协教育类提案数量迅速上升，从每年170件左右上升到523件。与此同时，高教提案数量也呈上升趋势，但与政协

---

* 本文改自“谁在为教育发声（二）”：张文玉、王江璐，《从“政策先于提案”到“提案先于政策”》，《中国青年报》2017年11月13日。

** 张文玉，管理学博士，毕业于北京大学中国教育财政科学研究所，现为北京育灵童教育集团研究院研究员。

*** 王江璐，应用经济学博士，毕业于江西财经大学，现为北京大学中国教育财政科学研究所博士后。

教育类提案相比，变动趋势相对平缓，在1986年和2000年为两个较为明显的提案高峰。1998年之后，高教提案占比开始出现下降趋势，在2006年达到谷底后整体趋于平稳，每年占比在25%左右。

结合教育财政体制的变迁来看，具体而言，1986年《义务教育法》出台后，此时教育类提案的重点开始转向了义务教育。这个时期，义务教育财政体制发生重大变化。高教提案占比则开始迅速下降，到1995年已经下降至历史最低，为27.32%。1980年代之前及1980年代初，义务教育的经费主要由地方负责和管理，但是在1986年起，《义务教育法》确定了“地方负责，分级管理”的原则，同时教育事业费和基建费用规定为“由国务院和地方各级人民政府负责筹措，予以保证”，开始逐步强调中央财政对义务教育的财政责任。之后，愈来愈多的提案开始关注义务教育。

进入90年代，国家明确提出了教育经费的达标概念，即在1993年的《中国教育改革和发展纲要》中提出了“逐步提高国家财政性教育经费支出占国民生产总值的比例，在本世纪末达到4%”。自1994年开启了分税制改革后，至2000年间，高教提案增长速度比义务教育略快，其间出台了《高等教育法》以及一系列的重点投入政策，即“211工程”和“985工程”。而此时的义务教育，虽然在1995年出台的《教育法》中规定了县乡两级政府要“分级统筹管理基础教育”，仍是将乡级政府作为农村义务教育的主要承担者，中央财政的作用并不明显，义务教育的相关提案相较而言显得并不激烈。

2000年后，高教提案持续下降，而义务教育的数量却不断上升。高教提案的占比从1998年的41.2%一路下跌至2006年的25.23%，而义务教育的占比在同时期内则从20.86%上升至51.75%，二者趋势出现明显反差。这是由于，2001年农村义务教育管理体制改革为“分级管理，以县为主”，但并没有将支出责任具体化。此后，要求中央财政对义务教育投入的提案不断增加。2006年修订了《义务教育法》，确立了“明确各级责任，中央地方分担，经费省级统筹，管理以县为主”的义务教育管理体制，并全面推进农村义务教育经费保障新机制，实行“两免一补”政策。2006年和2008年先后实现农村和城市的免费义务教育，相关提案才开始有所减少。中央承担义务教育经费的实现基础来自中央财政在分税制后的宏观调配能力的增强，即财政收入增速的加快、税权的上收以及转移支付体系的逐步完善。

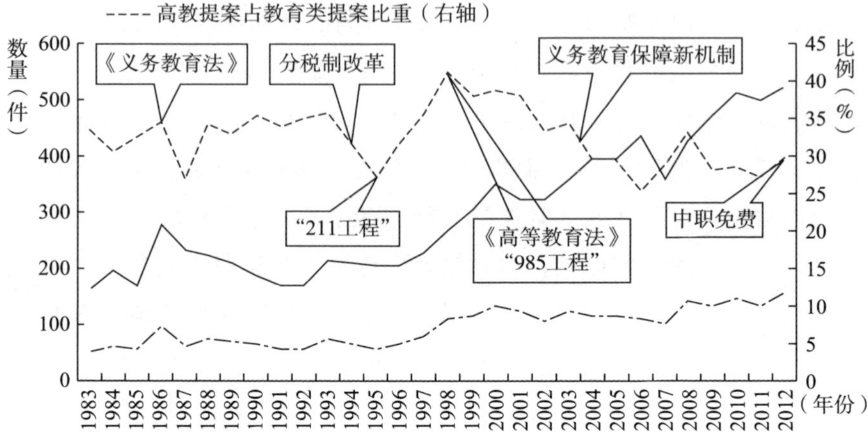

图 1　1983～2012 年政协高教提案变化趋势

在 2006 年之后，高等教育的提案的数量开始稳步增长，但是由于总体提案数量的增加，占比上基本保持在 28% 左右，其中仍有大量要求中央财政对地方高校予以财政扶持的提案（图 2）。另外，职业教育相关提案激增，在 2011 年达到最高的 37 件，涉及农村职教与资助免费政策的提案占比大幅提高，地域诉求类提案也不断增加。这些都表明随着中央财政的调控能力增加，为不同教育层级、基层教育事业的发声越来越多。

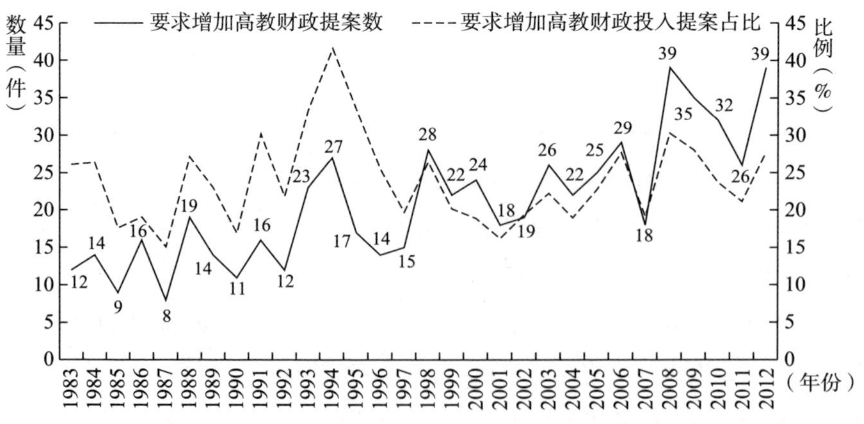

图 2　要求增加高教财政投入的提案变化趋势

为了更加清晰地呈现高教财政体制的变迁，本文将分时期对高教财政体制和政协提案的相关特点做分析。

1983~1994 年：下放自主权+多渠道筹资

1980 年代以前，由于宏观政治经济发生的剧烈变化，我国高等教育的管理模式，也在“块块为主”、“以条为主”、“统一领导、分级管理”的模式中不断调整。改革开放后，伴随着我党的工作重心转移到“以经济建设为中心”上，教育成为推动经济发展的重要抓手。

1985 年出台的《中共中央关于教育体制改革的决定》（以下简称《决定》），指出政府有关部门对高等学校“统得过死”，使学校缺乏应有的活力，因此要“在加强宏观管理的同时，坚决实行简政放权，扩大学校的办学自主权”。于是，为调动各级政府办学的积极性，提出了“实行中央、省（自治区、直辖市）、中心城市三级办学的体制”。在 1986 年 3 月国务院发布的《高等教育管理职责暂行规定》中，进一步明确了对于高校的管辖权，即在国务院领导下，国家教委直接管理少数高校、有关部委管理其直属高校，省（自治区、直辖市）政府负责管理本地区内的高等学校等，自此我国高等教育的管理体制走向重大变革时期。

管理体制的变化必然会引起财政投入方式的转变。1980 年代以前的高等教育，即便是在分权时期，也一直秉承着以国家投入为主的单一经费筹措模式。结合“划分收支、分级包干”的宏观财政体制，从 1980 年起，教育事业经费由各级地方政府统筹安排，即形成了“包干使用、超支不补、结余留用、自求平衡”的投入原则①。此外，由于需要快速发展，《决定》允许高校通过收取委托培养与自费生的学费，以及与外单位合作等，开启了高校得以自筹经费的历史，并在 1990 年代初期形成了以国家财政拨款为主、多渠道筹措教育经费的体制。

但是，在政协提案中，笔者发现，关于要求扩大高等教育自主权以及多渠道筹资的相关提案非常有限。在 1983 年至 2012 年的 30 年间，前者的

---

① 《高等学校财务管理改革实施办法》（何东昌，1998：2509）。

提案仅为31件，后者仅23件，只是零散地分布在各个年份中，两者之和占所有高等教育类提案的2.04%。而且，在这两项政策开始推行的1980年代，即1983年至1990年间，关于要求扩大高等教育自主权的提案总数为4件，多元筹资的提案总数为5件，出现提案的年份中最多是2件，而这期间每年大约有近70件高教提案，这两大提案明显显得单薄。从要求增加财政支持的相关提案上也能看到变化，在图2中，可以看到，1994年起，37所高校试行“公费”与“自费”并轨后至1997年我国高等教育收费并轨正式完成，关于增加高教财政投入提案的占比开始下降，由1994年最高的41.54%降至19.74%（见图2）。

高教自主权的扩大活管理权限的下放，以及筹资模式的多元化，鲜有来自地方政府和高校的诉求，但自从在政策上打开了多元筹资的通道，要求国家财政予以支持的提案就明显减少了，这些都体现了简政放权的思路。

1995～2005年：快速崛起的重点高校

1985年的《决定》为“中央部署高校”和“地方高校”的分离提供了依据，这体现在：一是对“成绩卓著的学校给予荣誉和物质上的重点支持”，二是有计划地建设一批重点学科，以增强科学研究的能力，培养高质量的专门人才，而“重点学科比较集中的学校，将自然形成既是教育中心，又是科学研究中心”。但是在1994年之前，并没有任何涉及重点大学建设工程的提案。

进入1990年代，国家明确指出了要“有重点地办好一批大学”，并于1993年正式启动“211工程”，分期滚动实施，目标是“力争到21世纪初，我国有一批高等学校和学科、专业进入世界先进行列，在教育质量、科研水平和学校管理等方面能与国际著名大学相比拟”。“211工程”所需的建设资金采取国家、部门、地方和高等学校共同筹集的方式解决。涉及“211工程”的相关提案出现在1995年至2008年间，共20件。1995年，15所首批“211工程”大学产生，1996年提案随即上升到历史最高，为4件，此后不断出现要求增列某所高校或某地区高校为“211工程”，共17

件，其他 3 件则是要求给已纳入名单高校增加财政支持的提案。2008 年后，相关提案变为零，也是最后一批“211 工程”高校的进入时间。

“985 工程”是继“211 工程”后，对我国高等教育发展的又一强大推动力。1999 年，“985 工程”正式启动建设，第一期的投资标志是自 1999 年连续三年向北京大学和清华大学各投入 18 亿元①。2004 年出台的《2003 - 2007 年教育振兴行动计划》和《教育部、财政部关于继续实施“985 工程”建设项目的意见》，启动了前后共 39 所高校进行二期建设。但是在政协提案中，关于要求纳入“985 工程”的提案并不多，虽然仅有 2 件，但是都出现在 2004 年与政策的出台密切相应。值得注意的是，在 2011 年官方强调不再增加“211 工程”和“985 工程”后，相关提案变为零。

另外，由于“211 工程”和“985 工程”仅涵盖了一百余所重点高校，并获得了巨额的财政支持，但其他高校并非如此。从图 2 中仍然可以看到，即便虽然 1998 年之后要求增加高教财政投入的提案占比比之前有所降低，但是绝对比例仍然很高，稳定在 20% ~25%。

可见，政协提案与重点高校的政策发布和落实有着较强的周期性。也即，官方出台重点投入的政策后，政协里的回应包括两个方面：一是要求将部分地方高校加入“211 工程”或“985 工程”项目，二是要求将未进入重点扶持名单的高校增加财政扶持。

2005 ~2012 年：化解债务 + 增加普通高校经费

高等教育的多渠道筹资模式，在 1990 年代逐步完善，逐步形成了以“财、费、税、产、社、基、科、贷、息”等为内容的多元化投资格局，与之相伴的是高等教育的扩招。从经费供给上，一方面，由多所高校合并而成的高校，其基本建设经费大多按 2000 年左右合校初期核定的平均拨款额度拨付，导致高校来自中央的拨款极其有限；另一方面，在高等教育“大众化”背景下，为了不增加受教育者的成本负担，高校学生学费标准要求保持在 2000 年水平，不得提高。于是，财政资金和学费收入无法满足

① 参见余小波等（2019）中提供的信息和论述。

高校扩建的需求，许多高校基础设施建设所需资金则通过银行贷款的途径去解决。根据全国政协 2007 年 5 月公布的数据，当时全国高校贷款总额已达 2500 亿元（历志钢，2007），沉重的债务负担使很多高校时刻面临资金链断裂的风险。

在政协提案中，共有 27 件与化债内容相关，在 2005 年前仅出现过 2 件，但是随着还贷高峰的到来，自 2006 年起相关提案快速增加，并在 2008 年和 2009 年政协高教提案迎来了化债提案的高峰年，这两年的化债提案共 16 件，占高教提案总数的 59.26%。

为了化解高校债务风险，财政部、教育部先后发布了《关于启动中央高校减轻债务风险试点工作的通知》（财教〔2009〕242 号）、《关于减轻地方高校债务负担　化解高校债务风险的意见》（财教〔2010〕568 号），陆续启动了中央和地方高校债务化解工作，提出了“谁贷款、谁偿还”的原则，同时规划和协调省教育厅、财政厅、国土资源部等各单位共同推动以高校自筹和财政支持相结合的模式化解债务负担。相关政策出台后，高校化债提案从 2010 年开始下降，2011 年仅有 1 件相关提案，2012 年降为零。

另外，“211 工程”和“985 工程”的重点政策导致了全国教育资源和质量的不平衡。一般院校获得的机会少，产生不少负面效应和恶性循环，并导致“好的越好、坏的越坏”的“马太效应”。要求增加财政投入的相关提案在 2008 年、2009 年和 2010 年分别达到了 39 件、35 件和 32 件，为历史最高值。2010 年，中央开始增加对地方高校的投入，一是中央财政设立地方高校发展的专项资金，以支持地方高校的重点发展和特色办学；二是采用“以奖代补”的方式对地方高校生均经费进行支持。此项政策出台后，2011 年相关提案略有下降至 26 件，但 2012 年又迅速上升回到了 39 件。同年，“2011 计划实施”，通过“竞争”和“轮换”的机制方可让更多高校参与其中，其投入也覆盖了非重点大学。

不难发现，和前二十年的高教财政政策的出台有所不同，2005 年以来，不管是高校化债还是增加对地方普通院校的支持，都是先体现在政协提案中，而后才有政策的出台和实施。

小 结

三十年来的高等教育财政政策的演变及其在政协提案中的反映，总的来说呈现了两大特点。

第一，高等教育与义务教育提案的错峰出现。1986 年《义务教育法》出台后，义务教育相关提案上升，高教占比有所下降。在 1994 年分税制改革后，随着中央的调控能力增强，《高等教育法》以及“211 工程”和“985 工程”等重点投入政策的出台，高等教育的提案开始增加。进入新世纪，高教提案持续下降，而义务教育的数量则不断上升，其间明确了中央对义务教育的投入责任，并于 2006 年起实施义务教育经费保障新机制。2006 年之后，高等教育的相关提案又开始逐步增加。

第二，从“政策先于提案”到“提案先于政策”。在早期的高教提案数据中，相关重大政策的发布都是先有政策，随后政协提案才会跟进，包括下放高校自主权和允许高校采取多渠道模式进行筹资。1990 年代中后期开始，高校的重点扶持政策铺开，后有不少提案参与讨论，要求进入“名单”或增加财政投入，“名单”也确实有所增加。2005 年后，不管是高校化债还是增加对地方普通院校的支持，都是先体现在政协提案中，而后才有政策的出台和实施。

以上两大特点表明，宏观财政体制的变化影响着各级各类教育的财政投入方式及不同时期的提案重点。在高等教育领域，随着时间的推移，通过政协提案中的利益诉求，国家的相关政策也会随之发生调整。

参考文献

何东昌主编，1998，《中华人民共和国重要教育文献 1976～1990》，海南出版社。

历志钢，2007，《国开行重组高校贷款》，《财经》第 21 期，第 98 页。

余小波、刘潇华、黄好，2019，《改革开放四十年：我国高等教育改革发展的基本脉络》，《江苏高教》第 3 期，第 1～8 页。

义务教育教师工资制度改革中教师待遇相关两会呼声变迁[*]

王江璐[**]　冯昕瑞[***]

将教师待遇与公务员待遇进行比较一直是热门话题，2018 年 1 月中共中央、国务院《关于全面深化新时代教师队伍建设改革的意见》中，将教师工资所挂钩的公务员工资的具体定义，从 1995 年《国家教委关于〈中华人民共和国教师法〉若干问题的实施意见》中规定的“国家统计局规定的工资总额构成的口径统计的平均工资额”，转变为公务员的“实际收入水平”。本文通过分析 30 年间全国两会时期关于教育待遇与公务员待遇的议案和提案的内容变化，试图去理解教师待遇与公务员待遇“挂钩”的历史演变过程。本文发现，从 80 年代中后期筹备《教师法》开始，就开始有以将教师和公务员待遇进行“挂钩”为切入点推动立法的声音，并且在 1993 年的《教师法》中以“不低于或者高于国家公务员的平均工资水平”规定了下来。此后，随着分税制改革、教师工资和津补贴标准的制定权下放，不同地区间的教师实际待遇差异加大，两会中难以形成较为统一的关于教师待遇的呼声。然而，随着 2001 年起中央对地方教师工资保障的逐步加强，政协提案中关于教师待遇方面的呼声由冰点逐渐回暖，人大议案中

---

* 本文改自“谁在为教育发声”系列（三）：王江璐、冯昕瑞，《代表委员为教师待遇发声 30 年》，《中国青年报》2018 年 3 月 5 日，第 10 版。

** 王江璐，应用经济学博士，毕业于江西财经大学，现为北京大学中国教育财政科学研究所博士后。

*** 冯昕瑞，北京大学中国教育财政科学研究所在读博士生。

也出现了关于加强中央对教师工资保障的建议。2006 年后，中央财政一边增强对教师工资的保障，一边也对地方津补贴等政策进行清理，而此时两会代表关于教师待遇问题关注度明显提升，提案内容开始愈加细化和多元，议案中出现了“教育公务员”等进一步强化教师和公务员待遇之间的挂钩关系的建议，虽然这未体现在 2009 年修订的《教师法》中，但直至今日关于这个话题的讨论依然热烈。此外，30 年来人大议案和政协提案关于“挂钩”的内容有所区别，前者更加上位，也有着较为统一的发声，后者则更加强调保障的细节。

人大议案、政协提案与教师待遇重大政策出台的同周期

1983～2013 年的教育类人大议案中，共有 45 件议案与教师相关，1983～2012 年的教育类政协提案中，教师待遇相关提案共有 540 件。人大议案与政协提案的变化趋势基本一致。议案和提案的峰值出现在 1986～1988 年、1993 年、2008～2011 年，低谷出现在 2002 年左右。这几个时间点也恰逢几个重大政策的出台（图 1）。

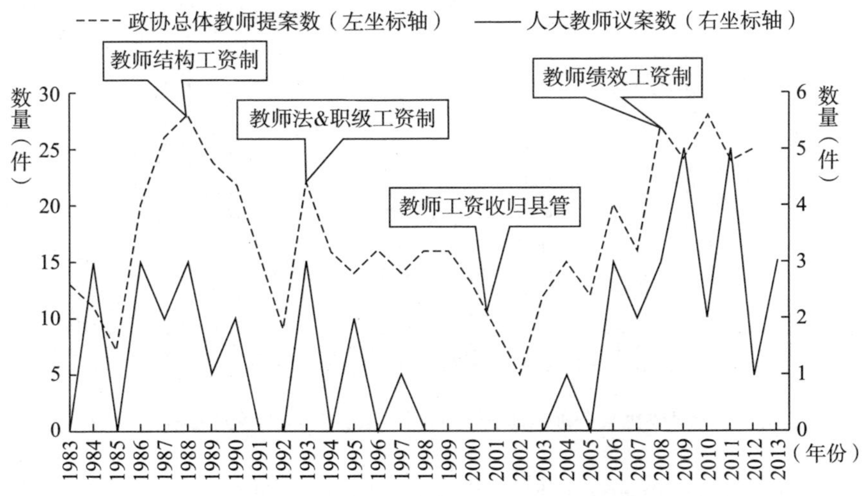

图 1　全国人大和政协教师待遇相关议案/提案数目

第一个峰值为 1988 年，这是在 1985 年中央推行了结构工资制改革后，

随即针对教师工资问题，国家出台了关于各级各类学校教师工资及待遇的重要方案和文件[①]。第二个峰值为1993年，此时恰逢《教师法》出台，同时进行了教师职级工资体制改革。然而，在2001年"以县为主"的改革使得教师工资收归县管，这个重大政策的出台却伴随着教师相关的议案/提案的低谷。第三个议案和提案高峰为2008年绩效工资制改革之后。其中有所不同的是，人大议案和政协提案的高峰时期，在1980年代出现在工资制度改革之后，而1990年代以及2008年的提案高峰几乎与教师待遇改革同期。

在1983～2012年的540件涉及教师待遇的全国政协提案中，涉及义务教育教师的提案共有330件，其数目的波动趋势与总体教师待遇提案趋势一致。然而，如果观测政协义务教育教师待遇提案在义务教育财政类提案中的占比可以发现，其在1987～1988年的占比高达40%以上。而2008年后的义务教育教师待遇提案峰值却仅占当年义务教育财政类提案的20%上下。也就是说，提高教师待遇在80年代末是义务教育财政问题的焦点，然而2008年以后，政协委员以教师待遇为抓手而为义务教育财政投入问题发声的统一性下降（图2）。

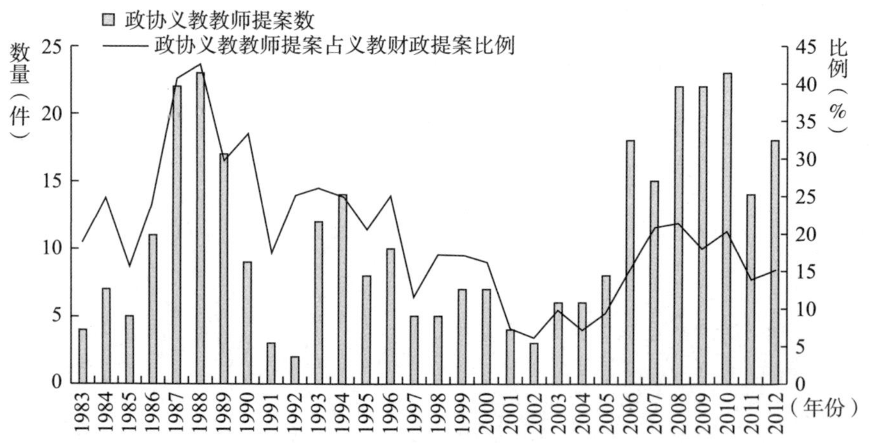

图2　全国政协义务教育教师待遇提案数目及占义教财政提案比例

---

① 参见：国务院工资制度改革小组、劳动人事部联合出台《关于高等学校、中等专业学校、中小学教职工工资制度改革问题的通知》，该通知中包含了《高等学校教职工工资制度改革实施方案》《中等专业学校教职工工资制度改革实施方案》《中小学教职工工资制度改革实施方案》《关于教师教龄津贴的若干规定》等文件。

1980 年代：挂钩机制的雏形 & 以增设津补贴为主要内容的提案高峰时期

1986 年至 1990 年共计 11 件与《教师法》相关的议案，人大代表积极提议以教师工资“挂钩”的形式立法保障教师待遇①。1985 年，人大代表张承先在全国人大常委会议中指出，为落实陈云同志的要求，要“使农村的中小学教师的待遇略高于当地中等劳动力的人均收入水平，城市中小学教师待遇略高于当地职工平均收入水平”（张承先，2012a：320－327）。1986 年第六届全国人大第四次会议上，张承先联名 303 名代表首次提出的“尽快制定《教师法》”的议案。在 1989 年的全国人大山东代表团全体会议上，张承先进一步提出应将教师工资水平与“全民所有制的平均工资水平”进行“挂钩”的建议②，可以视为教师待遇挂钩机制的雏形。

1980 年代中期，教育管理体制和教师工资体制进行了一系列改革。随着 1980 年代的经济体制改革和财政分权化改革，乡镇财政支付农村公办中小学教师工资，乡村两级共同负责民办教师工资（赵俊婷、刘明兴，2015）。同期，建立了以职务工资为主的结构工资制。较之 1956 年起实施的高度集中的“等级工资制”，此次工资制度的调整虽然使中央政府缩小了对工资体制的管控范围和财政部门的保障范围（赵俊婷、刘明兴，2017），但中央仍然对教师的基本工资和职务工资标准严格管控。虽然地方单位发放物质福利的情况较为常见，但各项津补贴的发放仍需经中央审批。

在教育财政下放地方而工资津补贴制定标准仍然由中央较为集中化管控的背景下，1980 年代后期逐渐出现的关于教师待遇的提案中，委员们所主要关心的是以提高津补贴的方式提高教师待遇。关于要求提高津补贴的提案在 1987 年和 1989 年都达到了 12 件之多，另外，有关退休教师的相关

① 早在 1984 年，教科文卫委员会在第一次全国教育立法研讨会上就将《教师法》列入人大工作的重要议事日程（吴福生，1993：220）。

② 张承先提出：“第一步使教育系统职工平均工资水平达到全民所有制的平均工资水平；第二步再考虑使教育系统职工平均工资水平比全民所有制职工高一些，比如高 25% 到 30%”（张承先，2012b：499－510）。

提案在 1987 年也达到历史峰值，与义务教育教师相关的有 6 件之多。在此期间，国家出台了若干政策以提高基础教育教师的待遇，将中小学和幼儿园教师工资提高 10%，建立中小学教师超课时酬金制度，并提高中小学班主任的津贴标准，但具体的提高幅度和数额是分权给省级政府自行确定的。

由于 1980 年代末期的机关事业单位工资管控还较为严格，在分权化的财政体制下，政协委员们积极呼吁以设立和提高各类津补贴的形式提高教师待遇，而人大代表则对以教师工资“挂钩”的立法保障教师待遇积极提议。此时虽然提案在政策上可能产生了一定的效果，但由于分权化的管理和投入体制，农村义务教育教师工资采取的是“分散型”模式，教师工资的筹资和分配下沉，由县乡承担（曲铁华、张立军，2012）。1980 年代中期后，部分地区因为基层财政的困难，各地出现了不同程度的拖欠工资事件（顾卫临，1994），只是并不在提案中体现罢了。

1990 年代：挂钩机制入法 vs. 以要求保障为主要内容的提案上扬时期

1993 年，历时七年、几易其稿的《教师法》终于颁布，且在同期迎来相关议案的又一高潮。在 1991 年正式提请全国人大常委会审议的《教师法（草案）》中并未将“挂钩”规定纳入①。由于该草案关于教师待遇的规定过于空泛，弹性较大，许多委员建议将法律推迟通过（吴福生，1993）。随着《中国教育改革和发展纲要》中教师待遇相关规定的出台，1993 年共有 3 件人大议案呼吁尽快修法。该年 10 月颁布的《教师法》最终纳入了将教师工资水平与国家公务员平均水平“挂钩”的规定。而此时“平均工资水平”指按国家统计局规定的工资总额构成的口径统计的平均工资额。至于教师的住房、医疗、退休金等其他待遇问题，一是考虑到公费医疗制度正在进行改革，二是可以调动中央和地方两个积极性，所以没

---

① 该草案关于教师待遇的第二十四条规定：“国家分别规定适合高等学校和中小学教师特点的工资制度。随着国民经济的发展，国家不断提高教师的工资水平，具体办法由国务院制定。”

有进行太细、太死的规定（朱开轩，1993：39－40）。

同时，在政协提案中，教师工资改革相关提案数亦于1993年迎来了第二个高峰，此时也恰逢“分税制”财政体制改革和职级工资制改革的关键年份。1980年代的结构工资制将机关事业单位与国有企业脱钩，而职级工资制改革进一步将机关与事业单位的工资制度脱钩，使教师工资的具体标准制定下放到省，也使教师工资与学校的收入能力密切相关；虽然由中央政府来决定基本工资标准，但是地方有更大的自由和灵活的空间来调整区域内的津补贴水平，同时其支配预算外收入的权力也大幅提高（赵俊婷、刘明兴，2017）。但是，分税制改革后，教师的工资保障机制也出现了两个突出问题，一方面部分地区基本工资占比呈现倒挂的趋势明显，即基本工资占比逐步降低；而另一方面，部分地区的基层财政运转困难加大，即教师在基层经济困难的地区愈加缺乏实质的财力保障。而这两年全国政协义务教育教师提案分别是12件和13件。1993年的提案组成中，3件是关于提高工资津补贴的，4件是明确涉及师资投入的。1994年的提案中，6件是关于要求落实《教师法》的，4件是关于代课/民办教师转正式编制或提高待遇的，4件是关于解决拖欠教师工资问题的。这些都可以反映基层对教师保障的困难。

2000年前后：两会呼声的回落 vs. 零散的政策诉求时期

分税制改革后至21世纪初，教育事业单位的局面发生很大内部分化，两会代表并未形成较统一的呼声。在1993年后，中央放开了发放各项津补贴的规定，教师的实际收入和学校的财力密切相关，加之教育财政责任下沉到基层负担，虽然部分财力较差的地方拖欠教师工资，但财力较好的地区或学校的教师实际工资待遇显著高于公务员。在此背景下，提案和议案很难再不断针对教师工资的结构化组成部分发声。此时期是教师待遇相关议案和提案的低潮。1994年到2003年的十年间，总共只有3件关于《师范教育法》的议案与教师群体直接相关；同期相关的政协提案也有明显回落。中央继续出台政策和法律，进一步要求地方对教师待遇等问题进行保障。

然而，进入21世纪后，随着教师工资的负担逐渐向中央转移，针对中西部农村学校教师的财政体制保障问题进入大家视野。一些人大代表在呼吁制定或修改《教育投入法》《义务教育法》等宏观教育或财政分担方面法律中，也涉及教师待遇问题。例如，安徽省全国人大代表胡平平在2001年提出的“建议尽快制定《义务教育投入法》”议案中，建议“农村义务教育教师工资、事业费一律收归县管，中央、省、市的义务教育经费转移支付到县财政”（胡平平，2014：322－381）。在随后两年中她继续建议：将义务教育阶段教师纳入国家公务员系列，中央负责承担国家统一标准的教师基本工资、津补贴的供给；省、市、县级财政承担省级地方政府出台的教师津补贴等政策性工资的供给①（胡平平，2014：322－381）。总的来说，此阶段虽无专门针对教师待遇的议案，但人大代表也在其他教育类议案中提出了增加中央对教师工资的财政责任、建立各级政府对教师工资的分担体制、将教师纳入公务员队伍等建议。

在此期间，政协提案还没有针对教师待遇问题形成较为一致的诉求，2002年前后教师待遇相关提案数量达到历史低点。在2000年关于拖欠教师工资的提案达到4件后，便迅速降低。2000年前后，关于提高教师津补贴、增加师资投入、教师培训等方面的提案很少，每年仅有1件或2件。此时公办、民办教师间的待遇差距虽进一步扩大，但政协提案中在1996年至2005年的十年间只出现过2件民办教师或代课教师相关提案。也就是说，虽然基层对民办教师仍然面临比较严峻的财政保障问题，但国家对于预算外收入还没有进行全面的清理和规范，不同地区民办教师的问题程度不一，也较难形成统一的提案诉求。此阶段的提案更多的关注更为宏观的和“教育经费投入”相关的问题。

2006～2013年：以进一步强调挂钩vs.细化保障为主要内容的两会发声时期

以进一步强调挂钩和细化保障为主要内容的两会发声在2006年后的一

---

① 她在“加大和完善财政转移支付，依法建立稳定的农村义务教育投入保障机制”中对此有详细说明。

系列政策和改革，使得中央对义务教育保障经费体制建立、教师工资的标准制定和财政压力都进一步收归中央，同一地区公办教师与公务员之间以及公办教师群体内部的账面工资收入差距在进一步缩小，近年来中央财政对教师待遇的支持也进一步细化。2008 年起，基于中央财政收入较高的增速和财政集权的宏观背景，中央逐步增加其财政保障机制，实行了公务员和教师绩效工资体制改革[①]。此次的工资制度改革在提高公办教师待遇的同时，却规定了“学校不得在核定的绩效工资总量外自行发放任何津贴补贴或奖金，不得违反规定的程序和办法进行分配”。于是，与以往不同的是，各级各类学校的收费权及定价权被逐渐限制，教师工资与公务员工资之间的硬性挂钩机制被进一步强化（赵俊婷、刘明兴，2017）。近年来，国家又陆续出台了加强农村义务教育师资建设的文件，中央的财政支持逐步愈加具体和细化。[②]

人大议案中，在 2006～2013 年，共有 22 件议案呼吁修订《教师法》。2009 年的《教师法》修改中只将“国家工作人员对教师打击报复构成犯罪的，依照刑法第一百四十六条的规定追究刑事责任”改为“依照刑法有关规定追究刑事责任”，并无其他实质性修订，在修订《教师法》后，人大代表对继续修法的呼声依然强烈。在教师待遇方面，修法的呼声大致分为三类。一是细化对特定人群的待遇保障。例如，人大代表张淑琴自 2010 年起连续三年联名三十余位代表提出修改《教师法》的议案，希望社会力量所办学校教师待遇不得低于当地同级同类公办学校教师的待遇，并保证其医疗保险、养老保险和失业保险的落实。她还建议从法律上规定对从事特殊教育的教师以及民族地区、偏远地区工作的教师予以特殊津贴补助（朱磊，2012）。人大代表张雅英连续两年提出了关于依法保证企办中职学校和幼儿园离退休教师待遇的建议。二是继续提高教师工资的财政保障层级，增加中央和省级政府的责任。例如，在

---

① 参见《关于转发人社部、财政部、教育部关于义务教育学校实施绩效工资指导意见的通知》（国办发〔2008〕133 号）、《教育部关于做好义务教育学校教师绩效考核工作的指导意见》（教人〔2008〕15 号）。

② 参见《教育部　中央编办　国家发展改革委　财政部人力资源社会保障部关于大力推进农村义务教育教师队伍建设的意见》（教师〔2012〕9 号）。

2008 年提出修法议案的人大代表庞丽娟（2007）建议：建立义务教育教师工资、待遇的中央、省（市）、县三级政府承担制度，其中农村教师的国标工资由中央、省级财政共同全额支付；教师工资的拖欠问题由中央和省级财政共同负责尽快解决。三是试图以转变教师身份的方式，进一步将教师待遇与公务员挂钩。以周洪宇、庞丽娟等人为首的代表呼吁建立的“教育公务员”制度，将教师纳入国家公务员行政管理系统中，使教师也能享受到公务员所享受的各种津补贴。但此建议不仅涉及福利待遇问题，对于中国传统的编制和任命体制也有一定冲击。上述建议均未在 2009 年《教师法》的修订中体现。

与此相应，2006 年起教师相关的政协提案数量也迅速走高，形成了 30 年来相关呼声最多的时期，且对教师待遇的诉求变得更为多元化。2006 年的政协提案为 18 件，到了 2010 年达到 23 件，之后略有回落。在这 5 年中，涉及编制、确保/增加师资投入、提高教师素质、农村地区教师问题、民办教师问题、住房问题等相关提案数量都达到了历史峰值。

由此可见，在教师工资财政责任、教师收入标准的制定权力都向中央政府转移的时代，两会代表对教师待遇的呼声数目增加，内容具体且细化。虽然中央出台了一系列政策予以回应，然而各类教师待遇方面的呼声仍然此起彼伏。立法议案中虽然出现了“教育公务员”等进一步强化教师和公务员待遇之间的挂钩关系的建议，然而并未体现在新修订的《教师法》中，此后人大代表对《教师法》修法的议案依然热烈。

总　结

总体来说，在教师工资标准较为集中、财权和教师工资发放责任下沉地方的 80 年代末期，政协提案中的政策建议以增设和细化津补贴规定的方式为提高教师待遇发声，人大议案则以教师工资“挂钩”为抓手推动立法。在 1994 年后，随着《教师法》的实施、财权收归中央、教师工资和各类津补贴标准的制定权下放地方，不同地区间的实际教师待遇差异加大，虽然部分地区存在较大困难，但两会代表难以形成较为统一的关于教师待遇的呼声。然而，随着 2001 年起中央对地方教师工资的负担力度逐步增强，政协提案中关于教师待遇方面的呼声由冰点逐渐回暖，人大议案中也出现了关于加强中央对教师工资保障的建议。2006 年后，中央财政对教师工资的转移支付不断增强，同时加大对地方津补贴政策的清理、教师工资和学校收入能力脱钩。在此背景下，两会代表对增设各类津补贴和待遇保障的呼声高涨，而一些代表也提议通过转变教师身份为“教育公务员”而修订《教师法》，进一步加强教师与公务员之间的挂钩关系。

值得注意的是，民办教师（含公办学校代课教师）相关政协提案变化是在上述教育财政和工资体制变迁的背景下，委员们的发声的典型案例。1983～2012 年 30 年间，共有 45 件相关提案。其中 1983～1990 年民办教师问题受到了一些委员的关注，但委员们主要聚焦教师工资津补贴相关问题，专门针对民办教师的讨论并不热烈，每年提案在 1～3 件间波动，8 年间共计 13 件。在 1993 年《教师法》出台后的两年内，伴随着“落实《教师法》”的呼声，共有 6 件相关提案要求解决民办教师问题。虽然 90 年代末期是民办教师工资拖欠问题最为严重的时段，但 1996～2005 年 10 年间仅有 2 件相关提案。其间民办教师工资主要依靠农村教育费附加来支付。在财权上收、民办教师工资负担下沉、代课教师境遇堪忧的年代，相关政协提案却跌入谷底。然而，在 2006 年后，中央建立义保机制、教师工资发放与学校财力脱钩、代课教师问题得到缓解后，相关提案反而陆续涌现，在此后 7 年间共计 24 件之多，2010 年达到峰值 8 件，次年在相关政策出台后快速回落。

与人大议案中频繁地出现“挂钩”相关建议不同，与工资挂钩的政协提案非常少见，仅在 1994 年和 2006 年各出现过 1 次。教师工资与公务员工资水平挂钩的条款在 1993 年提出后，在后续的《义务教育法》和各类文件中不断被提及，然而政协提案中极少使用与“公务员工资”相关的手段作为抓手而要求中央财政保障的局面，主要还是以提出具体的扶持要求为主。围绕着教师本身的各种政策目标是多维度的，提案内容更为具体化和多元化。这在近年来的政协提案中，也能找到类似的证据。例如，王东林委员在 2011 年提出了“关于尽快依法制定解决国企退休教师待遇统政策的提案”，2017 年，其将目标锁定为提高教师在学生研究性学习上的指导能力（中国政协网，2017a）。2017 年陈群委员则建议教师培训的自主权应该下放到教师自身，让教师根据需要吃“自助餐”（中国政协网，2017b）。

与政协中多元、具体且微观的提高教师待遇的政策建议不同，关于修订《教师法》的人大议案的标题格式更为统一，往往以更为长远、高位且宏观的角度，对教师待遇和公务员待遇之间进行“挂钩”发出较为统一的呼声。1993年之前的议案以“教师工资不低于国家公务员”为抓手，而在2006年后的修法议案则呼吁建立“教育公务员”制度，强化教师的待遇和身份与公务员之间的挂钩关系。虽然“教育公务员”立法将在更宏观的体制层面推动改革、釜底抽薪地强化教师待遇保障，但涉及公务员体系的重大调整，最终在2009年修订《教师法》时并未将此纳入条款。此后虽然有人大代表持续为此发声，但另一些代表则转向以增加和细化津补贴项目、增加中央和省级政府对教师工资的保障责任等更为微观的方式推进保障教师待遇的法律修订。

对于近年来关于教师待遇和公务员待遇相挂钩的争论，2018年1月20日中共中央、国务院《关于全面深化新时代教师队伍建设改革的意见》中予以正面回应。该文件要求“核定绩效工资总量时统筹考虑当地公务员实际收入水平，确保中小学教师平均工资收入水平不低于或高于当地公务员平均工资收入水平”。也就是说，教师工资所挂钩的公务员工资的具体定义，从1995年《〈教师法〉实施意见》中规定的“国家统计局规定的工资总额构成的口径统计的平均工资额”，转变为“实际收入水平”，进一步加强了公办义务教育教师待遇和公务员待遇之间的挂钩关系。

参考文献

顾卫临，1994，《至圣的焦虑——关于拖欠教师工资的思考》，《开放时代》第5期，第50~54页。

胡平平，2014，《挑战：我的40年教育实践及反思》，教育科学出版社，第322~381页。

庞丽娟，2007，《建设农村师资队伍的对策》，《光明日报教育周刊》3月28日，第11版。

曲铁华、张立军，2012，《农村义务教育教师政策：近30年的演进与思考——以农村教师工资待遇为视角》,《沈阳大学学报》(社会科学版)第5期,第1~5页。

吴福生,1993,《一部重要法律的诞生——制定〈教师法〉的前前后后》,载全国人大教科文卫委员会教育研究室主编《教师法学习宣传讲话》,北京师范大学出版社,第220页。

张承先,2012a,《必须高度重视加强基础教育》(1985年1月19日),载烟台大学《张承先教育文集》编委会编《张承先教育文集》,北京大学出版社,第320~327页。

张承先,2012b,《治理整顿中要正确贯彻落实确保教育发展的方针》(1989年3月24日),载烟台大学《张承先教育文集》编委会编《张承先教育文集》,北京大学出版社,第499~510页。

赵俊婷、刘明兴,2015,《教师工资体制改革:历程、困境与出路》,北京大学中国教育财政研究所内部报告。

赵俊婷、刘明兴,2017,《教师工资体制的宏观运转机理与基层实施效果分析》,《北京大学教育评论》第4期,第2~16页。

中国政协网,2017a,《王东林委员:严重的问题在教育教师》,http://www.cppcc.gov.cn/zxww/2017/12/16/ARTI1513309238046818.shtml,11月9日。

中国政协网,2017b,《全国政协委员陈群建议:教师培训要多吃"自助餐"》,http://www.cppcc.gov.cn/zxww/2017/12/16/ARTI1513309227686826.shtml,3月21日。

朱开轩,1993,《关于〈中华人民共和国教师法(草案)〉的说明》,载全国人大教科文卫委员会教育研究室主编《教师法学习宣传讲话》,北京师范大学出版社,第39~40页。

朱磊,2012,《修改教师法保障教师权益》,http://www.donews.com/dzh/201209/1631292.html,9月10日。

从“合理回报”到“分类管理”：两会中民办教育政策制定的焦点变迁*

王江璐**

党的十九大报告指出，要“优先发展教育事业”，同时“支持和规范社会力量兴办教育”。2017 年 9 月 1 日起，新修订的《民办教育促进法》（以下简称《民促法》），以及中央层面出台的《国务院关于鼓励社会力量兴办教育促进民办教育健康发展的若干意见》、《民办学校分类登记实施细则》、《营利性民办学校监督管理实施细则》和《关于营利性民办学校名称登记管理有关工作的通知》等相关配套文件均已实施，而《中华人民共和国民办教育促进法实施条例（修订草案）（征求意见稿）》和《中华人民共和国民办教育促进法实施条例（修订草案）（送审稿）》已分别于 2018 年 4 月和 8 月对外公布。站在新的历史起点上，我们有必要充分回溯民办教育在其相关重大政策出台过程中的争论焦点，而本文则主要从 1983 ~ 2013 年的全国人大议案和 1983 ~ 2012 年的全国政协提案，以及人大代表和政协委员在不同时期的发声中寻找依据，发现随着时间的推移，越来越多的相关议案/提案要求民办学校与公办学校的平等地位，同时加大财政扶持。另外，新修订的《民促法》，正是基于对民办学校进行“营利性”和“非营利性”的分类管理改革，理清了“合理回

* 本文改自“谁在为教育发声（四）”：王江璐，《走出“合理回报”的制度困境》，《中国青年报》2018 年 8 月 6 日。

** 王江璐，应用经济学博士，毕业于江西财经大学，现为北京大学中国教育财政科学研究所博士后。

报”的理论和制度困境，提出了建立差别化的扶持体系，体现了平等的政策思路，但同时也出现了非营利学校比照公办学校、营利学校比照非营利性学校的诉求。

人大议案与政协提案的概况

1983～2013年间，共有471件教育类人大议案，涉及民办教育/社会力量办学[①]的有50件，占所有议案的10.62%，而这50件议案中，对民办教育/社会力量办学的立法与修改占据了绝大多数，有48件，且均产生于90年代之后。1983～2012年间，涉及民办教育/社会力量办学的教育类政协提案共425件，在提案名中直接提出要“推进”“改善”“促进”“支持”“完善”“保护”民办教育/社会力量办学的提案（以下简称“促进类”提案）有153件，占总数的35.83%。

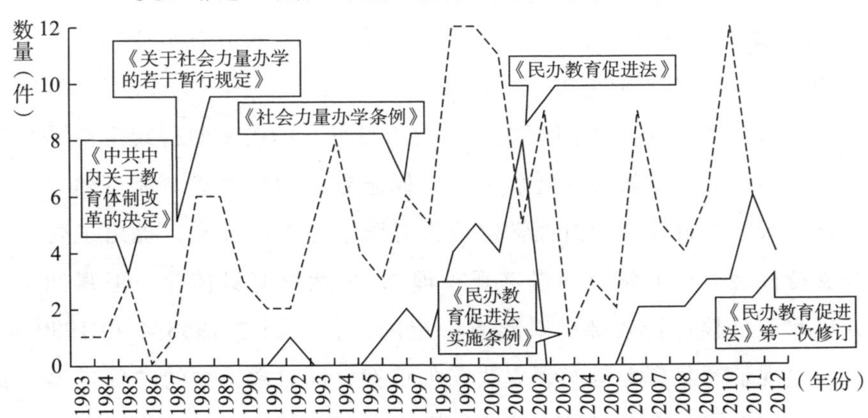

图1　1983～2013年涉及民办教育的全国人大议案和1983～2012年“促进类”民办教育的政协提案

① 在不同时期的政策语言中，“民办教育”与“社会力量办学”的内涵稍有差异。本文为了方便表达，均将其界定为“国家机构以外的社会组织或者个人，利用非国家财政性经费，面向社会举办学校及其他教育机构的活动”，且不包含中外合作办学的情况。二者在本文中将交替使用。

1980 年代至 1990 年代初期：缓解教育经费不足，动员社会力量办学

1980 年，中央提出了国家不能完全承担小学经费教育，需要充分调动社会力量的积极性，通过厂矿企业、社队集体、群众自筹等方式进行①。1982 年，第五届全国人大第五次会议通过的《宪法》，明确提出了“国家鼓励集体经济组织、国家企业事业组织和其他社会力量依照法律规定举办各种教育事业”，自此社会力量办学的合法性被确立了下来。1983 年 5 月，在《关于加强和改革农村学校教育问题的通知》中，国家强调中央和地方增加教育经费的同时，要求基层组织和农民集资办学。1985 年颁布的《中共中央关于教育体制改革的决定》是改革开放以来首个关于教育改革的重大文件，指出需要“调动各级政府、广大师生员工和社会各方面的积极性”，其中包括鼓励各社会组织、人民团体、民主党派、集体经济单位、离休退休干部、知识分子和个人等采用多种形式和办法办学。同时期，1983 年出现了“增加教育经费，并动员社会力量支援教育事业”的人大议案，1985 年有 3 件“促进类”政协提案。

1987 年，教育部颁布的《关于社会力量办学的若干暂行规定》是我国第一部专门针对民办教育的规章制度，标志着我国民办教育制度建设的开始。该暂行规定将社会力量办学定位为对国家办学的补充，提出了要“鼓励和支持社会力量办学，加强宏观管理”，虽然没有具体化，但强调了各级人民政府及教育行政部门对此有一定的责任。而在 1988 年和 1989 年，人大中出现了“集资办学必须立法”的议案，同时政协中的“促进类”提案均达到了 6 件，且 1988 年的比例稍高。

在《宪法》、《中共中央关于教育体制改革的决定》以及《关于社会力量办学的若干暂行规定》出台后的 1983 年、1985 年和 1987 年形成了 80 年代的议案和提案高峰，但总体来说并不热烈。而此时的人大议案，主要围绕着社会集资和筹措经费，还没有明确提出对于社会力量办学的法律制度建设。

---

① 参见《中共中央、国务院关于普及小学教育若干问题的决定》。

1990 年代初期至 2002 年《民促法》出台：要求对民办教育立法的高峰期与“合理回报”等诉求写入法律

1997 年《社会力量办学条例》（以下简称“97 条例”）的出台标志着我国对民办教育的重视提升至了全新的高度。同年 10 月，《国家教育委员会关于实施〈社会力量办学条例〉若干问题的意见》发布，进一步解释和强调了社会力量办学中涉及的审批、财务等一系列重要问题。根据人大议案的内容，“97 条例”出台前，1992 年和 1996 年分别有 1 件要求对民办教育立法的议案，1997 年达到了 2 件。1993 年颁发的《中国教育改革和发展纲要》是在党的十四大确立的“把教育摆在优先发展的战略地位”的指导思想下出台的，提出了要“改变政府包揽办学的格局，逐步建立以政府办学为主体、社会各界共同办学的体制”，以及对社会团体和公民个人的办学将采取“积极鼓励、大力支持、正确引导、加强管理”的十六字方针，这个方针后来也被写入了“97 条例”中。

1990 年代初期，政协中“促进类”提案的波动要稍晚于人大议案，同时人大在此时间段很少有诉求，政协提案虽然在 1994 年上升很明显，成为“促进类”提案的第一个高峰，数目为 8 件，占当年所有民办教育提案的 66. 67%，但之后便迅速下降。“97 条例”的出台并没有消减对民办教育立法和要求支持的热衷程度，使得二者的波动则又非常契合与同步，并且在 1999 年与 2000 年都同时达到了峰值。在 1997 年至 2002 年期间，不管是人大议案还是政协提案，从数量和比例上来看都达到了历史最高点。在人大中，议案数目从 1998 年开始稳步增长，到 1999 年有 4 件，占当年所有教育类议案的 100%，并于 2002 年《民促法》出台前达到了 8 件，但由于同年份其他议案内容也较多，占比不足 50%。同样，政协提案的急剧增长是在 1999 年，达到了 12 件。2000 年和 2001 年，人大和政协中议案或提案的数目都与 1999 年基本持平。而 2002 年“促进类”提案的数目迅速减少至 5 件，比例由 2000 年的 60% 跌至 35. 71%。

可见，人大和政协中对民办教育的态度在 2002 年及其之前基本吻合，形成了人大和政协同时发声的局面。

由于已有数据无法反映每件议案的具体内容，在这里，笔者挑选出法律法规出台期间联名人数较多的人大代表，以及频繁在人大中发声，即提出与民办教育立法与修改相关议案超过 1 件的代表，将其定义为“重点议案”的提出人，挖掘其当时在媒体、报刊上的发声。

《民促法》出台前夕的议案高峰期中，沈静珠代表在 1999 年联名 32 位代表、2002 年联名 36 名代表。她提出我国民办教育，特别是民办高校存在的若干问题，如总体办学水平不高，教学质量较低；民办大学文凭得不到认可；应予以民办大学扶持和优惠等；希望对民办大学加以规范和扶持，以利健康发展（九三学社，2000）。王维忠代表分别于 2000 年和 2001 年联名了 32 人与 37 人提出了要求“制定民办教育法”的议案，在同时期的访谈中，王维忠指出当时民办教育的高护毕业生不得参加护理上岗执业考试，临床医学专科毕业生也没有资格参加执业医师考试，政府应当减少对“民办教育设置障碍”（刘继安，2002）。另外，来自广东省的唐淑蓉代表在 2002 年联合了 38 位代表，就民办教育是否可以“营利”展开了讨论，认为需要删除《社会力量办学条例》和《中外合作办学暂行规定》中“不能以营利为目的”的规定，原因是不利于民间资本和境外资本的投资合作办学，可以允许取得“合法的投资回报”（《中国教育报》，2002）。

值得注意的是，2002 年之前的议案中提及的若干诉求，事实上有很多被写进了法律条文，包括了“民办学校与公办学校具有同等的法律地位”“民办学校的设置标准参照同级同类公办学校的设置标准执行”，以及民办学校举办者最为关心和担心的问题——“出资人可以从办学结余中取得合理回报等”。

《民促法》出台后至 2013 年第一次修订：“平等地位”“财政扶持”相关提案的增长期

在《民促法》出台之后，人大和政协中的相关内容一度“冷清”，即便是 2004 年《民办教育促进法实施条例》出台前后，也鲜有关于促进民办教育发展的相关议案和提案。2007 年，人大议案和政协“促进类”提案均开始“回温”。议案围绕着对《民促法》的修改而展开，并一直保持着一定的数目，且在2012到达到峰值，为6件。2013年第十二届全国人民代表大会常务委员会第三次会议通过了对《民促法》的修改，而当年也有4件要求修改法律的议案。此期间的“促进类”提案的变化在2009年有所回落外，基本上保持着较高的数量。此时期，围绕着民办教育的问题，人大议案与政协的“促进类”提案的呼应性很强，而议案/提案内容都与政策发布的周期有较高的一致性。

在《民促法》出台后，要求“平等地位”和“财政扶持”的议案与提案构成了此时期的政策焦点。在涉及“平等地位”的讨论方面，来自湖南省的任玉奇代表在2008年、2009年各联名了30位代表，建议对《民促法》进行修改，其建议修改的主要内容体现在：民办学校与公办学校、民办学校教师与公办学校教师的同等法律地位和待遇；给予民办学校在土地、税收、教师待遇等一系列财政和政策支持；放宽民办学校的办学环境（搜狐新闻，2008；红网，2009）。来自湖南的王石齐代表在2012年联名了59位代表，他建议打破身份歧视，让民办学校老师也能享受到公办教师的同等待遇（潇湘晨报，2011）。此外，时任江苏省教育厅厅长的沈健，在2009年、2010年、2011年、2012年和2013年均要求对《民促法》进行修改，其中以2009年联名的代表人数最多，为42人。沈健认为，需要让民办教师享受公办待遇，另外在修订法律的过程中还需要考虑事业法人的登记问题、税收问题、师资队伍建设，包括福利待遇和在职培训等一系列问题（中国网，2012）。此外，在跨度30年的政协提案中，涉及“平等地位”的有11件，除了1988年的2件涉及民办学校教师待遇与公办一致外，其余的都产生于《民促法》出台后。2003年有4件提案，其中1件为宽泛地提出民办学校需要“同等政策支持”，3件涉及公民办学的同等地位；2011年的4件提案中，1件为公民办学的平等地位，3件为宽泛地提出民办学校需要“同等政策支持”。可见，不管是议案还是提案中要求“平等权利”的内容都逐步扩大，涉及了民办学校全方位的平等问题。

另外，在要求“财政扶持”的讨论中，人大代表刘希平认为，资助民办学校、向民办学校购买公共教育服务等都是扶持民办学校的较好的方式。（刘希平，2010）已有数据中，相关政协提案共有10件。在1986年仅有1件，第二次出现在2003年，相隔了17年之久，2008年的3件为提案高峰。也就是说，直接提出要求“财政扶持”的提案密集出现在《民促法》出台之后，其中有 4 件直接指出了将开展义务教育的民办学校纳入“免费义务教育”和“两免一补”政策之中，分别为2007 年1 件、2008 年2 件和 2009 年 1 件。2004 年左右的提案高峰内容多涉及从企业改制和剥离的民办学校需要财政补助。除此之外，提案中还有涉及“税收”优惠和减免的提案有 4 件，分别出现在 1999 年、2006 年、2009 年和 2010 年。

值得注意的是，对比《民促法》出台前夕和 2013 年修订前夕的议案，能够发现以下两个变化。一是随着时间的推移，“重点议案”越来越多，也即联名的人数有所增加，同一代表为民办教育的法律问题坚持提出议案的代表也在逐步增加。二是在内容上，《民促法》出台前夕的议案针对的内容更加具体，而到 2010 年后，相关议案所涉及的范围越来越广，并且都更加强调对于平等权利的重视，并将平等问题的范围扩大到办学的各个方面。然而，相较于 2013 年的修法工作，虽然“重点议案”增加，单个代表的所提议案的强度在增加，但 2013 年 6 月 29 日第十二届全国人民代表大会常务委员会第三次会议通过对《中华人民共和国民办教育促进法》做出修改，将第二十三条修改为：“民办学校参照同级同类公办学校校长任职的条件聘任校长，年龄可以适当放宽”，仅修改了一条内容，其他的并未有大的突破。

第一次修订至今：从模糊的“合理回报”到明晰的“营利性”与“非营利性”落地

1. 对“合理回报”的争论

在“97 条例”出台之前，自 1996 年起，全国人大就已经开始对民办教育的立法工作展开调研和起草。2002 年 6 月九届全国人大常委会第 28 次会议上，《中华人民共和国民办教育促进法（草案）》（以下简称《草案》）首次被提请审议。《草案》前后共进行了 4 次审议后，才得以通过。而立法时间之长，共识达成难度之大，是在其他教育类法律的立法过程中是不曾出现的，而其中最大的争议莫过于围绕着“合理回报”是否合理而展开（表 1）。

表1 “合理回报”在《草案》中的表达

时间	会议	“合理回报”在《草案》中的表达
2002 年 6 月 28 日	九届全国人大常委会第 28 次会议	“民办学校在扣除办学成本和按国家有关规定必须提取的费用后，举办者可以取得合理回报。”
2002 年 8 月 23 日	九届全国人大常委会第 29 次会议	“民办学校在扣除办学成本和按国家有关规定必须提取的费用后，举办者可以取得合理回报。”
2002 年 10 月 25 日	九届全国人大常委会第 30 次会议	“民办学校在扣除办学成本和按国家有关规定提取必需的费用后，可以从办学结余中安排适当的经费，对出资人投入民办学校的资产给予适当的补偿。”
2002 年 12 月 28 日	九届全国人大常委会第 31 次会议	“民办学校在扣除办学成本、预留发展基金以及按照国家有关规定提取其他的必需的费用后，出资人可以从办学结余中取得合理回报。”

资料来源：（李勇，2002）。

综合审议意见（法制工作委员会办公室，2002a，2002b，2002c）和两会代表、委员的发声，支持“合理回报”的理由主要有以下几点。第一，教育属于公益事业，在这个前提下，合理回报是一种对举办者的扶持与奖励，并不属于营利性质。例如，2001 年，时任南开大学校长的侯自新提出，为了调动社会各界投资教育的积极性，“特别是非义务阶段的教育，又有‘投资’的属性”。即便是在基础教育阶段，也应该允许开设收取适当费用的民办中小学，而这些与“不以营利为目的”并不矛盾（唐景莉、翟博，2001）。第二，根据我国国情，大多数办学者还是属于投资办学，若不允许合理回报，就没有办学的积极性。例如，来自广东的唐淑蓉代表就认为，从现实角度入手，“投资人不是慈善家”，《社会力量办学条例》和《中外合作办学暂行规定》中“不能以营利为目的”的规定既不利于促进民间投入，也不利于办学体制和形式的多样化和多元化，因此建议删除（杨得志，2002）。第三，《教育法》中存在“合理回报”的法律空间。时任八届全国人大教科文卫委副主任委员的杨海波提出，《教育法（草案）》当年在审议时，将原有的“教育事业不得营利”的表达修改为“不得以营利为目的”，实际上就是为民办教育投资者取得合理回报预设了一点儿空间（李勇，2002），因此并无相悖之处。

反对的理由主要有以下几点。第一，“合理回报”在本质上就是营利的，违背了原《教育法》中“不得以营利为目的举办学校”的规定。也即，教育的公益性必须通过其非营利来体现，而合理回报与营利难以划清界限。第二，不符合国家对教育实施优惠政策的初衷，容易导致税收和土地政策紊乱。此时，“合理回报”会将营利性和非营利性教育机构混在一起，会导致税收政策的紊乱。即使要允许一些民办学校取得一定回报，也不能与教育法有明显抵触，并且对以营利为目的的学校也不得给予公办学校相同的优惠条件。第三，“合理回报”并非合适的法律用语，也缺乏客观具体的标准。第四，吸引投资办学主要是靠税收优惠，而不是“合理回报”。第五，即便是要给予办学者鼓励，也不能通过这种自取、自留的方式，而是应该由政府设立“民办教育奖励基金”来奖励办学者（刘万永，2002）。在《民促法》出台后，在2006年，人大代表纪宝成虽然没有明确指出“合理回报”的不恰当，但是批驳了学校投资需要取得回报、利润和分红，学校搞股份制等“教育产业化”的行为，会影响教育的健康发展。而民办学校属于非营利法人机构，需要贯彻“不得以营利为目的”的原则（网易新闻，2006）。

最后，在2002年11月对河北和天津的民办教育进行了调研后，时任全国人大常委会委员长李鹏指出了我国教育的发展有其“实际需求”，在“不能使单纯追求利润成为投资民办学校的目标”下，投资人应该被允许享有一定的、合理的经济利益上的回报。于是，在李鹏的推动和表态下，《草案》第四次审议才得以通过。可见，《民促法》中的“合理回报”的“模糊性”恰好满足了协调教育发展、提高教育投入积极性的现实需要。而《民促法》之所以呈现模糊性，有研究者认为，主要原因是法律过程中的多元参与者，由于政策偏好的不同以及在法律制定过程中影响力的相互制约，在人大领导的协调下进行了折中选择（程化琴，2012）。

在《民促法》出台后的2003年至2006年间，涉及民办教育的人大议案和“促进类”提案都较少。直到2007年开始，人大中开始陆续出现要求对《民促法》进行修订的议案。除了以上提到的“财政扶持”和“平等权利”外，也有不少涉及“合理回报”的问题。代表们一致认为，“合理回报”的规定在现实中难以操作，例如，2008年，任玉奇代表指出，已有的《民促法》对民办学校定性等一些关键问题没有做出明确规定，对某些操作性环节采取了模糊处理，对“合理回报”等问题采取了回避态度。这些模糊处理的环节和被回避了的问题很大程度上制约了民办教育事业持续健康发展，必须予以明确（腾讯新闻，2008）。

具体解决的路径分为了两大类。第一，“合理回报”的规定非常原则化，需要明确“合理回报”的比例。王元成代表在2009年的议案中提出，社会舆论对于民办学校取得合理回报存在质疑与歧视，迫使出资人“多在暗中取得回报”。同时，“合理回报”与《民间非营利组织会计制度》中规定的“民间非营利组织的结余不得向出资者分配”的规定相冲突。于是，他建议把“取得合理回报的具体办法由国务院规定”删除，增加“民办学校的出资者可以在每学年结束时以学校办学结余额为基数以略高于社会平均利润率的百分比进行投资回报分配”（王元成，2013）。另外，赵林中代表进一步提出了需要保护民办学校举办者的法人财产权，即法人财产的资助处置权和办学收益权（张璐晶，2012）。

第二，取消“合理回报”的规定，并对民办学校进行“营利性”和“非营利性”的改革。持此观点的人大代表有来自江苏省的沈健，他认为，办学者应该根据自己意愿来选择民办学校的“营利性”或“非营利性”性质，并确定非营利民办学校的事业法人属性，同时不同性质的学校享受不同的优惠政策（郑晋鸣，2013；张璐晶，2012）。钟秉林委员则认为，只有区分了“营利性”与“非营利性”，才能进一步明晰民办学校的法人属性，从而解决财政扶持、税收政策、会计制度等一系列问题（张璐晶，2012）。但与此同时，也有针对划分“营利性”和“非营利性”的直接批驳。例如，政协委员张杰庭直接表明：“如果当初知道会有这么个政策，我不会投资民办教育”（张璐晶，2012），认为分类管理会直接影响民办学校的发展。

2. **“分类管理”的关注点变迁**

事实上，在2002年对“合理回报”进行争论时，就已经有人提出了对民办学校进行分类管理。在九届全国人大常委会第28次会议上，就有一些专家和民办学校校长提出，必须将民办学校区分为营利性和非营利性。原因是，一方面可以鼓励非营利机构的非营利原则，另一方面有利于规范营利性机构的营利行为（法制工作委员会办公室，2002a）。在《民促法》

正式出台之时，在最后的“附则”部分第六十六条，规定了“在工商行政管理部门登记注册的经营性的民办培训机构的管理办法，由国务院另行规定”。这实际上也是为民办教育划分类型埋下了“伏笔”。

2010 年，国家明确提出要深化民办教育改革，探索和开展营利性和非营利性民办学校分类管理的试点工作①。但是，人大议案和政协提案的数据库显示，在 2012 年前仅有 1 件提案在标题中提及了划分“营利”和“非营利”的问题。虽然缺乏 2013 年及之后的数据，不过从公开的政协提案信息和相关报到中开始能够找到不少涉及分类管理的内容。也即，在国家明确提出要进行分类管理之后，才开始逐步有此方面内容的发声，并逐步增加。

2013 年，全国政协委员教育界别委员共 108 位，其中有 7 位来自民办教育界。当年，这 7 位委员在民办教育的发声上，主要关注了民办高校的专业设置、教师待遇、招生困难等，虽然提出了需要完善法律法规，但并没有形成统一的政策诉求（《人民政协报》，2013）。2014 年，吉林华桥外国语学院创始人秦和委员提出，“分类管理是当前深化民办教育改革的‘突破口’，解决当前民办教育的诸多问题，都需以分类管理为基础”。同时，国家应启动实施“高水平非营利性民办高校支持奖励计划”，以支持非营利性民办高校加快发展。（《人民政协报》，2014）2015 年，秦和委员进一步提出了需要针对不同类型、层次的民办教育的发展需求和面临的实际问题，制定相应的分类政策。另外，要全面落实对非营利性、普惠性民办学校的财政支持（《人民政协报》，2015）。全国政协常委朱永新、民进中央副主席朱永新在当年提出了应“允许营利性民办教育”。

2013 年，国务院法制办出台了教育法律一揽子修订草案，《教育法》和《高等教育法》得以在 2015 年 12 月 27 日率先通过。两部法律中各有一条对民办教育及其财政扶持政策有直接影响。第一，新修定的《教育法》中将“任何组织和个人不得以营利为目的举办学校及其他教育机构”修改为“以财政性经费、捐赠资产举办或者参与举办的学校及其他教育机构不得设立为营利性组织”。第二，《高等教育法》第二十四条删除了“不得以

① 参见《国家中长期教育改革和发展规划纲要（2010 ~ 2020）》和《国务院办公厅关于开展国家教育体制改革试点的通知》（国办发〔2010〕48 号）。

营利为目的”的规定。[①] 民办学校分类管理改革的另一个重要法律保障来自 2016 年 3 月颁布的《慈善法》，其出台填补了非营利机构运营上的立法空白。通过总结学者们对“非营利”的界定，其根本界定在于禁止将其获得的任何利润或盈余分配给其他组织或个人。

《民促法》出台后的十余年内，“合理回报”是对民办学校举办者是否可以取得收益的法律参照。但从内涵上分析，任何凭借股权、债权投资所取得的红利、股息和利息回报等，在法律上都是“合理”回报。若为“不合理”回报，那法律是不可能保护的。所以，取得“合理回报”就是取得投资回报，取得利润分配。而真正的捐资办学的非营利学校也没有享受到更多的优惠政策，这样就造成了严重的理论混乱（魏建国，2016）。而《慈善法》对民办非营利学校法律地位具有参照意义。这包括了以下几点。第一，确定了“非营利”的操作标准是遵循“禁止财产分配”规则。第二，“清算后剩余财产处理”规则。第三，“投资收益全部用于慈善目的”规则。第四，建立健全治理结构、执行国家统一会计制度、报送年度工作报告和财务会计报告规则、关联交易限制规则、信息公开规则等（魏建国，2016）。其中又以第一条规则为核心。于是《慈善法》为《民促法》的修改提供了制度参照。

到 2016 年《民促法》修订前夕，产生了不少围绕着“分类管理”的发声。这里主要分类三大类。第一，分类管理不能简单地用“一刀切”的方法。杨文委员认为，大多数民办学校是投资办学的性质，新法修订应符合我国实际和历史原因（杨文，2016）。秦和委员也认为，在实施分类管理时，需要充分考虑我国国情和办学者的现实诉求，保护和调动民办教育的积极性（秦和，2017）。第二，强化公益性和非营利性导向，明确非营利学校的扶持政策。基于新法施行后非营利性民办学校的纯公益性特点，国家应切实加大对非营利性民办学校的支持力度，人大代表张志勇（《人民政协报》，2016）、政协委员秦和（秦和，2017）等提出了对非营利性学

① 原《中华人民共和国高等教育法》中规定“设立高等学校，应当符合国家高等教育发展规划，符合国家利益和社会公共利益，不得以营利为目的”，在新修订的法律中改为“设立高等学校，应当符合国家高等教育发展规划，符合国家利益和社会公共利益”。

校应通过具体、精准方式，包括财政扶持、教师待遇、税收优惠、土地划拨等支持非营利性民办教育机构的发展。山东英才学院董事长杨文委员则提出，在扶持条款中增加生均拨款等内容，全面落实非营利性民办学校与公办学校的同等待遇（杨文，2016）。第三，对营利性学校也应当采取一定的扶持。例如，全国政协委员、西京学院院长任芳提出，营利性学校也应该享受教育的税收及土地等优惠政策（任芳，2016）。杨文委员也认为应给予营利性民办学校在土地、税收等方面的优惠政策（杨文，2016）。

对《民促法》的第二次修订的其实并不比 2002 年法律出台时简单。2016 年 10 月 31 日，《民促法》被提交十二届全国人大常委会第二十四次会议进行三审，于 11 月 7 日才正式出台。《民促法》被修订后，民办学校将开始区分营利性和非营利性，并且义务教育阶段学校不得举办营利性民办学校。伴随着新法的落地，两会中的相关讨论也随之发生了相应的变化。根据 2017 年和 2018 年两会代表的发声，主要分为以下三类。

第一，强调新法落地后强化地方政府责任和部门间的协调机制。新《民促法》及其配套文件中，提出了各级政府对民办学校的扶持责任①。此外，对民办学校进行管理的过程中，涉及税务、国土、人社、工商等部门的分工，而在已有文件中并不详尽。秦和委员由此也提出了要加强“政策协调”，“建议在国家层面成立由国务院领导同志牵头的民办教育协调机制”，以确保国家和各地政策能够精准及时落地（秦和，2017）。钟秉林委员则呼吁尽快出台具体的实施条例，进一步明确各级政府职责分工，尤其要强化地方政府职责（钟秉林，2017）。胡卫委员认为，在针对民办学校举办者变更等事宜上，教育、民政、工商行政管理等部门要尽快协商建立起联动工作机制，应加强合作、联合行动，加强监管（《人民政协报》，2018a）。

第二，要求非营利性民办学校教师的待遇与公办教师一致。人大代

① 例如，“县级以上各级人民政府可以采取购买服务、助学贷款、奖助学金和出租、转让闲置的国有资产等措施对民办学校予以扶持；对非营利性民办学校还可以采取政府补贴、基金奖励、捐资激励等扶持措施”和“各级人民政府要完善制度政策，在政府补贴、政府购买服务、基金奖励、捐资激励、土地划拨、税费减免等方面对非营利性民办学校给予扶持”等。

表、黄河科技学院院长杨雪梅提出，应制定全国非营利性民办高校教师与公办教师同等待遇的政策（杨雪梅，2017）。民办高校教师的“五险一金”，单位和个人缴费办法、缴费基数和比例按现行公办高校规定执行，地方补贴、生活补贴和教龄补贴部分，应参照公办学校做法，由政府财政支出（杨雪梅，2018）。北京城市学院校长刘林委员则特别关注民办学校教师同等权利、同等社会待遇的落实情况，建议地方政府设立的民办教育转向基金来优先用于教师队伍建设，采用按比例分担或者政府补贴的方式承担部分教师社保费用（刘林，2018）。除对在岗在职的民办学校教师外，张杰庭委员还提出了必须保障非营利性的民办学校教师与公办学校教师享有同等权利，通过政府给予民办学校退休教师补贴，保障其退休后享有同等待遇（张杰庭，2017）。当然，也存在不同的意见，人大代表张志勇就认为，应该设立非营利性民办学校的民办教师“单位法人负责为主，政府补贴为辅”的共同承担的“民办教师待遇单位法人责任制”（《人民政协报》，2018b），而不是主要依靠财政投入。

第三，要求建立对各级各类民办学校的扶持机制。由于义务教育阶段只可以设置非营利性民办学校，且国家对实行义务教育的民办学校的生均经费拨款等政策亦早已实施，因此已有发声中较少有人再为义务教育阶段民办学校的财政政策发声。与此同时，民办高校、职业院校和幼儿园的财政投入政策的诉求开始增加。针对民办高校，秦和委员提出了进一步落实支持非营利性民办高校的政策措施，并将高水平非营利性民办高校建设纳入“双一流”顶层设计（秦和，2018，）。杨雪梅代表提出要加大对非营利性民办高校财政支持力度，并设立为开展应用型研究生教育的专项财政基金（杨雪梅，2017）。针对民办职业教育，任芳委员提出了帮助非营利民办职业学校经费问题的“突破点”在于财政经费的支持，但是支持政策要避免“撒胡椒面”，把有限的资源用于优质的民办职业教育（任芳，2018）。民进中央则认为，对于普惠性民办幼儿园的拨款标准从参照公办园的拨款标准到逐渐统一标准，在公共财政投入上必须要加强并提升支持水平（《人民政协报》，2018a）。

第四，要求营利性学校与非营利性学校同等地位。胡卫委员认为，无论营利还是非营利，民办园幼儿均有提供普惠性服务的功能，应该将营利性民办园纳入普惠性服务提供主体范畴（胡卫，2018）。四川国弘现代教育投资有限责任公司董事长苏华委员认为，营利性民办学校、学生、教师应与非营利性民办学校、公办学校享有同等权利，享受国家同等的各项优惠政策。(《人民政协报》，2018c)

可见，在新《民促法》落地前后，两会中对于"分类管理"的态度，提及发声的内容均有较大的不同。在新《民促法》出台前，根据政协数据以及相关报，两会代表和委员在2013年之前很少提及"分类管理"，更没有形成关于"分类管理"的统一思路。从2013年起到2016年新《民促法》落地出台前夕，两会中的发声有不少要求呼吁尊重历史和现实，即对投资办学性质的考虑。对于营利性和非营利性学校的扶持政策，讨论也较为广泛。而在《民促法》修订后，两会中的讨论有了新的"抓手"，也即讨论的内容更加细致，要求财政扶持的参照的范围也更加具体，包括了对具体实施过程中的各部门的协调机制、对不同民办学校的扶持机制、将非营利民办学校教师参照公办教师、营利学校参照非营利性学校等。政协委员们都对分类管理改革持肯定和支持的态度，在此基础上，他们的相关提案以要求对非营利性、普惠性民办学校提供财政支持居多，而委员们大多是民办学校的举办者。

新法于新时代的作用与作为

从两会关于民办教育的议案和提案的历史变迁中，可以发现：各个时期，人大议案和政协"促进类"提案是同周期同趋势的，以此也可作为对国家对民办教育的"促进"定位的佐证。此外，随着时间的推进，人大和政协中对于民办教育的焦点问题的讨论发生了变化，1980年代至1990年代初期，相关议案的中心围绕着缓解教育经费不足、动员社会力量办学而展开；而"97条例"出台前到《民促法》的颁布期间，有大量议案和提案要求对民办教育进行立法，而"重点议案"中涉及的合理回报、公民办学校享有同等法律地位等诉求经过代表们的努力被写入法律；《民促法》出台后的十年内，议案和提案中涉及平等权利和财政扶持的内容越来越多。而在国家开始推进分类管理改革试点后，关于分类管理的讨论也开始升温，到2018年的代表和委员的发声中，其内容也越来越具体，参照对象也愈加明确。

虽然在2013年对《民促法》的第一次修订中没有太多修改，但是在2016年11月，第十二届全国人大常委会第二十四次会议审议通过了《关于修改〈中华人民共和国民办教育促进法〉的决定》（主席令第五十五号），其中特别强调的要创新财政扶持方式、建立差别化扶持体系，是基于对民办学校划分“营利性”与“非营利性”的分类管理而展开的。也就是说，在划分“营利性”与“非营利性”之后，国家才能够更加公平地对不同类型的民办学校进行扶持，体现了对“平等地位”与“差别化扶持”的协调。

党的十九大报告指出，要“优先发展教育事业”，同时“支持和规范社会力量兴办教育”。这说明针对民办教育的政策的制定方向将使得“支持”和“规范”并驾齐驱，但最终目标同样是为了发展民办教育事业。这也对应着新法修订的两大主线：一为健全财政扶持体系，二为强调完善管理与制度建设。当下，对民办教育的引导、促进和规范依然面临很多难题，例如如何监管民办学校，特别是在新法实施后将享受更多政策优惠的非营利性民办学校？如何提高民办学校办学质量，同时促进公办、民办学校公平竞争？以及地方在落实具体实施细则的过程中，特别是在不少省市开放了学校的融资渠道后，如何做到民办学校的风险防范，保障家长和学生利益？这些问题都直接影响了分类管理的落地和实施效果。

党的十九大报告还要求“加快推进基本公共服务均等化”。在2018年1月出台的《国务院办公厅关于印发基本公共服务领域中央与地方共同财政事权和支出责任划分改革方案的通知》（国办发〔2018〕6号）中也强调，对教育等公共事业的投入需要合理划分中央与地方的支出责任，完善转移支付制度。与此同时，市场的力量也应该被充分调动。作为最庞大公共服务提供部门之一的教育部门，为了提供公平而有效的教育服务，可以对基本公共服务与非基本公共服务的范畴做进一步的细分，即在公办和民办学校内部划分两者的提供范围和定价机制，在完成政府要求提供的基本公共服务后，对于非基本公共服务的部分，如基本课程之外的素质教育、个性化教学、超时的托管服务等，则可以允许学校采取市场化机制，同时公办学校和非营利民办学校必须遵循非营利原则。这样既可以满足以公平为导向的教育目标，也可以让公办和民办学校提供差异化的服务，通过市场竞争来提高服务质量。因此，民办教育在完善国家基本公共服务体系的过程中，在克服“人民日益增长的美好生活需要和不平衡不充分的发展之间的矛盾”中，正扮演积极且日益重要的作用。

参考文献

程化琴，2012，《民办教育促进法制定过程研究》，北京：北京大学出版社。

法制工作委员会办公室，2002a，《九届全国人大常委会第二十八次会议分组审议〈民办教育促进法（草案）〉的意见》，《九届全国人大常委会第二十九次会议参阅资料（十八）》，全国人大常委会办公厅秘书局，2002 年 8 月 22 日印。

法制工作委员会办公室，2002b，《九届全国人大常委会第二十九次会议分组审议〈民办教育促进法〉（第二次审议稿）的意见》，《九届全国人大常委会第二十九次会议参阅资料（五）》，全国人大常委会办公厅秘书局，2002 年 10 月 22 日印。

法制工作委员会办公室，2002c，《九届全国人大常委会第三十次会议分组审议〈民办教育促进法（草案）〉的意见》，《九届全国人大常委会第三十一次会议参阅资料（一）》，全国人大常委会办公厅秘书局，2002 年 12 月 20 日印。

何东昌主编，1998，《中华人民共和国重要教育文献（1949－1975）》，海南：海南出版社。

红网，2009，《任玉奇代表再次提交议案　关注民办教育和未成年人》，红网湖南频道，http://hn. rednet. cn/c/2009/03/10/1723617. htm，2009 年 3 月 10 日。

胡卫，2018，《呼吁普惠性民办幼儿园扶持政策导向由“低收费”向“公平而有质量”转变》，上海市民办，教育协会，http://www. shmbjy. org/item－detail. aspx？ newsid＝8855，2018 年 3 月 16 日。

九三学社，2000，《呼唤民办教育法出台》，九三学社中央委员会网站，http://www. 93. gov. cn/html/93gov/syfc/xxsc/5669334912742977764. html，2000 年 5 月。

李勇，2002，《是合理回报还是适当补偿　两词之争凸显立法民主》，《法制日报》12 月 30 日。

刘继安，2002，《人大代表呼吁：别给民办教育设置障碍》，《中国教育报》，http://www. edu. cn/min_ ban_ news_ 175/20060323/t20060323_ 25350. shtml，2002 年 3

月 8 日。

刘林，2018，《完善政策措施，推动民办教育健康持续发展》，《人民政协报》2018 年 3 月 19 日，http://www.shmbjy.org/item-detail.aspx? NewsID=8862。

刘万永，2002，《民办教育促进法立法备忘录》，《中国青年报》12 月 29 日。

刘希平，2010，《浙江教育厅厅长刘希平：教育要发展　根本靠改革》，腾讯教育频道，http://edu.qq.com/a/20101008/000147.htm，2010 年 10 月 8 日。

秦和，2017，《分类管理、精准施策》，《人民政协报》2016 年 3 月 8 日第 25 版。

秦和，2017，《全国政协委员、吉林华桥外国语学院院长秦和：加大统筹协调力度做好〈民促法〉的贯彻落实》，《人民政协报》，2017 年 3 月 7 日第 29 版，http://epaper.rmzxb.com.cn/detail.aspx? id=399566。

秦和，2018，《鼓励支持建设高水平非营利性民办高校》，《人民政协报》2018 年 3 月 14 日，http://epaper.rmzxb.com.cn/detail.aspx? id=419905。

《人民政协报》，2013，《对话十二届全国政协委员教育界别中的民办教育实践者》，《人民政协报》2013 年 2 月 27 日第 11 版。

《人民政协报》，2014，《秦和委员建议支持非营利性民办高校加快发展》，转自中国人民政治协商会议全国委员会网站，http://www.cppcc.gov.cn/zxww/2014/03/10/ARTI1394414887813431.shtml.20140310。

《人民政协报》，2015，《秦和委员代表教育界委员：着力制度创新大力发展民办教育》，转自中国人民政治协商会议全国委员会网站，http://www.cppcc.gov.cn/zxww/2015/03/11/ARTI1426036213275882.shtml.20150311。

《人民政协报》，2016，《民促法修订需要解决的问题和建议》，2016 年 3 月 23 日第 09 版，http://epaper.rmzxb.com.cn/detail.aspx? id=380435。

《人民政协报》，2018a，《加大支持，也要加强监管——民进中央两会代表委员为推动民办教育可持续发展鼓呼》，《人民政协报》2017 年 3 月 8 日第 29 版。

《人民政协报》，2018b，《提案与民意的邂逅　健全幼儿教师社会保障机制　各方要切实负起责任》，《人民政协报》2018 年 3 月 14 日，http://epaper.rmzxb.com.cn/detail.aspx? id=419890。

《人民政协报》，2018c，《〈民办教育促进法〉的落地需要进一步细化》，《人民政协报》2018 年 3 月 14 日第 21 版。

任芳，2016，《修法要着眼于教师和学生的利益》，《人民政协报》2016 年 3 月 8 日第 25 版。

任芳，2018，《为社会力量举办职业教育提供支持》，《人民政协报》2018 年 3 月

14 日，http://epaper. rmzxb. com. cn/detail. aspx? id = 419909。

搜狐新闻，2008，《任玉奇：制定发展民办教育的扶持政策》，搜狐新闻，http://news. sohu. com/20080317/n255749328. shtml，2008 年 3 月 17 日。

唐景莉、翟博，2001，《代表呼吁：加速〈民办教育法〉立法进程》，《中国教育报》3 月 13 日。

腾讯新闻，2008，《任玉奇代表四份议案被大会〈议案摘报〉刊载》，腾讯新闻，https://news. qq. com/a/20080315/002532. htm，2008 年 3 月 15 日。

《提高民办学校教师退休待遇》，《人民政协报》2017 年 3 月 18 日第 2 版。

王元成，2013，《政治角色视角下的全国人大代表政治行为研究——以笔者的亲身经历为例》，华中师范大学博士论文。

网易新闻，2006，《人大校长纪宝成：清算教育产业化》，网易新闻，http://talk. 163. com/06/0329/07/2DC8BQ3K00301 IJI. html，2006 年 3 月 29 日。

魏建国，2016，《〈慈善法〉的出台与我国民办非营利教育发展》，北京大学中国教育财政科学研究所《中国教育财政》第 6 期。

潇湘晨报，2011，《准备出台文件支持民办教育》，潇湘晨报，http://epaper. xxcb. cn/xxcba/html/2011 - 03/07/content_2436598. htm，2011 年 3 月 7 日。

杨得志，2002，《人大代表质疑“办学不得以营利为目的”的规定》，中国新闻网，http://www. chinanews. com/2002 - 03 - 11/26/168520. html，3 月 11 日。

杨文，2016，《修法当更好激发民办教育活力》，《人民政协报》2016 年 3 月 8 日第 25 版，http://www. lnzx. gov. cn/lnszx/myNews/zxnews/2016 - 03 - 08/Article_48231. shtml。

杨雪梅，2017，《加大对非营利性民办高校支持力度》，《人民政协报》2017 年 3 月 7 日第 29 版。

杨雪梅，2018，《呼吁加快落实民办高校与公立高校教师同等权益》，《人民政协报》3 月 14 日第 21 版。

张璐晶，2012，《媒体：中国民办高校受多重歧视　政策制定存分歧》，《中国经济周刊》，2012 年 3 月 20 日，见 http://edu. 163. com/12/0320/09/7T1H6UNP00294JD8. html。

郑晋鸣，2013，《沈健代表：扎进泥土办教育》，《光明日报》02 月 21 日，第 1 版，http://epaper. gmw. cn/gmrb/html/2013 - 02/21/nw. D110000gmrb_20130221_4 - 01. htm? div = -1。

中国江苏网，2008，《全国人大代表、省教育厅厅长沈健：修订民办教育促进法　促其健康发展》，转自创先争优网站，http://xf. wsoc. edu. cn/cxzy/List. asp? ID = 60，2011 年 3 月 10 日。

《中国教育报》，2002，《唐淑蓉代表质疑“办学不得以营利为目的”》，《中国教育报》，http://www. edu. cn/min_ ban_ news_ 175/20060323/t20060323_ 25392. shtml，2002 年 3 月 11 日。

中国网，2012，《沈健：〈民办教育促进法〉让民办教师享受公办待遇》，中国网，http://news. china. com. cn/2012lianghui/2012 - 03/06/content_24823526. htm，2012 年 3 月 6 日。

钟秉林，2017，《呼吁多举措激发民办教育新动能》，《人民政协报》2017 年 3 月 29 日第 10 版。

后　记

“谁为教育发声”课题的研究，起源于对全国两会议案、提案观察时，偶然间发现代表委员们的发声在很多问题上呈现超出预想的特征。这些议案、提案的数据看似庞杂繁复，然而尝试挖掘其中所蕴含的规律，却往往能够得到令人惊叹的发现，从而对理解教育领域的公共政策参与问题有所启发。研究遂逐步推进，文稿历经四五年的时间最终成形，凝聚着于洋、伍银多、王江璐等多位博士的博士论文精华，以及多名同学在校期间的不辍努力。本课题在此时暂告一段落，仓促成书的同时，也遗留了诸多问题有待进一步探讨。“嘤其鸣矣，求其友声”，我们热切地希望能与学界同行针对教育公共政策参与问题有深入的交流讨论，得到更多的批评指教，从而对下一步的研究有所启发。

在本课题的推进过程中，我们曾与数十名全国两会代表委员、机关干部、相关学者及研究人员进行交流访谈，他们对本课题给予了诸多帮助、建议和启发。本书的成稿，离不开北京大学中国教育财政科学研究所的王蓉所长孜孜不倦的关怀和指导，更离不开研究所的同事们和北京大学教育学院的多位老师的帮助。同时，特别感谢北京大学中国教育财政科学研究所对本研究的经费支持，感谢所内研究助理对文稿的整理和校对。书稿付梓之际，诸多同仁的支持、贡献和努力让我们感怀不已，在此深深表示感谢。虽然本研究尚有诸多不足之处，然而“遗簪见取终安用，敝帚虽微亦自珍”，倘若能借此书略微引发学术界更多的对教育政策问题的关注和讨论，便不枉本书的作者们在其中凝聚的心血和感情了。

图书在版编目(CIP)数据

谁为教育发声 / 刘明兴主编. -- 北京 : 社会科学文献出版社, 2019.11
(中国教育财政研究丛书)
ISBN 978-7-5201-4900-6

Ⅰ.①谁… Ⅱ.①刘… Ⅲ.①高等教育-发展-研究-中国 Ⅳ.①G649.21

中国版本图书馆 CIP 数据核字(2019)第 102205 号

中国教育财政研究丛书
谁为教育发声

主　　编 / 刘明兴
副 主 编 / 冯昕瑞

出 版 人 / 谢寿光
组稿编辑 / 杨桂凤
责任编辑 / 隋嘉滨

出　　版 / 社会科学文献出版社·群学出版分社(010)59366453
地址: 北京市北三环中路甲 29 号院华龙大厦　邮编: 100029
网址: www.ssap.com.cn
发　　行 / 市场营销中心(010)59367081　59367083
印　　装 / 三河市东方印刷有限公司

规　　格 / 开　本: 787mm × 1092mm　1/16
印　张: 14　字　数: 221 千字
版　　次 / 2019 年 11 月第 1 版　2019 年 11 月第 1 次印刷
书　　号 / ISBN 978-7-5201-4900-6
定　　价 / 79.00 元

彩色图解四库全书精华

《四库全书》是中华传统文化最丰富、最完备的集大成之作，被誉为“中国文化的万里长城”。